포　　스　　트

케　인　스　학　파

경　제　학　입　문

L'ECONOMIE POSTKEYNESIENNE
by Marc LAVOIE

포스트 케인스학파 경제학 입문 : 대안적 경제 이론

1판1쇄 | 2016년 10월 5일

지은이 | 마크 라부아
옮긴이 | 김정훈

펴낸이 | 정민용
편집장 | 안중철
책임편집 | 윤상훈
편집 | 이진실, 최미정

펴낸 곳 | 후마니타스(주)
등록 | 2002년 2월 19일 제300-2003-108호
주소 | 서울 마포구 양화로6길 19, 3층 (서교동)
전화 | 편집_02.739.9929/9930 영업_02.722.9960 팩스_0505.333.9960

홈페이지 | www.humanitasbook.co.kr
페이스북 | facebook.com/humanitasbook
트위터 | @humanitasbook
블로그 | humanitasbook.tistory.com
이메일 | humanitasbooks@gmail.com

인쇄 | 천일문화사_031.955.8083 제본 | 일진제책사_031.908.1407

값 18,000원

ISBN 978-89-6437-255-5 93320

이 도서의 국립중앙도서관 출판시도서목록(CIP)은 e-CIP홈페이지(http://www.nl.go.kr/ecip)와
국가자료공동목록시스템(http://www.nl.go.kr/kolisnet)에서 이용하실 수 있습니다.
(CIP제어번호: CIP2016022135)

INTRODUCTION TO POST-KEYNESIAN ECONOMICS

포스트 케인스학파 경제학 입문

대 안 적 경 제 이 론

마크 라부아 지음 | 김정훈 옮김

MARC LAVOIE

후마니타스

차례

일러두기

1. 이 책의 원본은 프랑스어판(2004)이다. 지은이가 직접 번역한 영어판(2006)이 출간된 이후,
   에스파냐어판·일어판·중국어판 등이 출간되었다. 이 책은 2009년 수정·보완해 출간된 영어판을
   기본서로 하고, 프랑스어판과 일어판(2008)을 참고해 번역했다. 후기도 2009년 판에서 추가했다.

2. 한글 전용을 원칙으로 했다. 고유명사의 우리말 표기는 국립국어원의 외래어 표기법을 따랐다.
   그러나 관행적으로 굳어진 표기는 그대로 사용했으며, 필요한 경우 한자나 원어를 병기했다.

3. 옮긴이가 본문에 첨가한 내용은 대괄호([ ])로 처리했고 각주 및 후주를 추가했다. 한국어판
   서문의 참고문헌은 기존 문헌에 포함했고, 후주의 참고문헌은 구분해 일괄했다.

4. 단행본·전집·정기간행물에는 겹낫표(『 』)를, 논문·논설·기고문 등에는 큰따옴표(" ")를,
   온라인 자료와 그림 제목에는 가랑이표(〈 〉)를 사용했다.

추천의 글

  우리가 (혹은 적어도 대부분의 경제학도가) 친숙하게 알고 있는 경제학은 '신고전학파 경제학'이다. 신고전학파 경제학은 1870년대에 '한계' 개념과 이를 분석할 수학적 도구(미적분)로 무장해 체계화되기 시작한 이래 20세기 초중반을 거치면서 현대 경제학의 '주류'를 형성했다.

  이 책에서 소개되는 '포스트 케인스학파 경제학'은, 이 책을 읽을 많은 사람들에게도 익숙한 이름은 아니겠지만, 신고전학파가 경제학의 주류를 형성하기 시작할 무렵부터 그 대안으로 제시된 경제학이다. 이름에서 짐작되듯이 출발점은 존 메이너드 케인스이다. 케인스 자신이 당대의 신고전학파 경제학의 태두였던 앨프리드 마셜과 아서 세실 피구의 경제학을 비판하며 경제를 분석했었다. 그러나 케인스 이후 '케인스의 경제학'은 신고전학파 경제학자들의 손에 의해 여러 방식으로 탈색되고 비틀리고 방향이 전환되는 운명을 맞았다. 그런 조류에 거슬러 발전한 포스트 케인스학파 경제학은 자본주의경제에 대한 케인스의 철학과 통찰 및 분석 방식을 토대로 하여, 현대자본주의 경제를 현실 모습 그대로, 즉 경제학자의 머릿속에서 수학적 모형을 통해 그려지는 모습이 아닌 방식으로, 분석하고자 했다.

  이 책은 포스트 케인스학파 경제학의 역사와 경제학적 분석을 소개한다. 독자들은 케인스 외에는 매우 낯선 이름들을 접할 것이다. 피에로 스라파, 미하우 칼레츠키, 조앤 로빈슨, 니컬러스 칼도, 루이지 파시네티, 요제프 슈타인들 등의 등장인물들이 독자들의 호기심을 불러일으키기를 희망한다. 또한 이 책에서 소개하는 경제학적 분석 방식과 이를 위한 개념들, 그리고 경제 현상에 대한 설명과 대책이 신고전학파가 내세우는 것들과 매우 상이할 뿐만 아니라 심지어 상반되는 경우도 있음을 보며, 한편으로는 당혹감을, 다른 한편으로는 도전 의식을 느낄 수 있을 것이다.

포스트 케인스학파 경제학에 대한 '입문'을 목표로 하지만, 이 책은 단순한 '입문서'의 수준을 넘어선다. 그리 많지 않은 분량 안에 학파의 주요한 경제학적 분석 내용을 모두 담았다. 필요한 부분에서는 입문서를 넘어선 상세한 논의를 제공한다. 책에서 다루는 주요 주제들을 관통하는 일관된 수학 모형을 사용해 이 학파의 경제학적 분석을 설명하기도 한다. 더 나아가 독자들은 이 책 곳곳에서, 본문에 소개된 수준을 넘어서는 분석 및 이슈를 탐구할 기회를 누릴 수 있다. 더욱이 기본적으로 포스트 케인스학파 경제학의 이론을 소개하는 책이지만, 이 이론이 현실을 얼마나 잘 설명하고 또 그럴 만한 잠재력을 지녔는지에 대한 확신을 독자들에게 심어 주려 노력한다(특히 '서브 프라임 금융 위기'를 다룬 후기는 이 학파의 경제학이 얼마나 현실을 잘 반영해 왔는지를 역설한다).

내가 이 책을 추천하는 글을 쓰는 의미는 각별하다. 지은이와 옮긴이 모두 나와 개인적 친분이 있어서만은 아니다. 1970년대 후반, 풋내기 대학생이었던 나는 포스트 케인스학파에 대한 글을 우연히 읽고, 이 전통 속에서 경제학을 공부하겠다고 마음먹었었다. 그 뒤 나의 학문적 경력은 그 초기의 의지를 그대로 반영할 수 있었다. '포스트 케인스학파'라는 이름이 여전히 많은 이들에게 생소한 이름으로 남아 있다는 사실을 돌아볼 때, 내가 이 학파의 경제학을 공부하기로 다짐했을 때의 사정이 얼마나 열악했을지를 추측하기란 어렵지 않을 것이다. 1978년 당시 『포스트 케인스학파 경제학 논집』*Journal of Post Keynesian Economics*이라는 학술지가 창간되었다는 소식을 들었지만, 국내 대학의 도서관에서 찾을 수는 없었다. 우연히 (그리고 전혀 뜻밖으로) 미국 대사관에서 그 학술지를 구독하고 있다는 소식을 들었을 때의 기쁨은 아마 아는 사람만이 알 수 있으리라. 서울에 있는 대학들의 도서관에서 포스트 케인스학파 경제학에 관한 책들을 수소문하고 그곳에 가서 학술지 논문들을 복사하기 위해 들였던 시간이, 실제로 그 논문들을 읽느라 보낸 시간보다 많았을지도 모르겠다. 적어도 시간당 실질적으로 획득했을 성취량의 면에서는 그랬었다. 당시만 해도 아마 나는 대한민국에서 포스트 케인스학파 경제학을 공부하겠다는 거의 유일한 경제학도였기에(지금도 그렇지만 당시에도 '주류' 경제학에 반해 경제학을 공부하는 사람들에게는 마르크스경제학이 대세였다), 누구의 도움도 받지 못하고 혼자 그 '생소한 경제학'을 이해하려 했기 때문이다. 학파에 대한 체계적인 소개나 사전 지식 없이 풋내기 경제학도가 그 분야 학술지 논문을 읽기가 그리 쉬운 일이 아니었음을 독자들은 충분히 이해할 것이다. 그 당시에 『포스트 케인스학파 경제학 입문』과 같은 소개서가 있었다면, 나의 시간당 성취량은 훨씬 더 높지 않았을까?

이 책을 읽은 뒤 지적 호기심이 생겼다면 같은 저자가 포스트 케인스학파 경제학을 본격적인 수준에서 다룬 『포스트 케인스학파 경제학: 새로운 토대』*Post-Keynesian Economics: New Foundations*(2014)를 시도해 볼 수 있을 것이다. 또한 옮긴이가 부록으로 첨부한 "포스트 케인스학파 경제학 추천문헌"을 보면 포스트 케인스학파가 경제학의 여러 분야에서 제공하는 이론과 현실 분석을 확인할 수 있다. 이 추천문헌과 더불어 이 책은 학부 수준의 한 학기 강의 교재로 적격이다. (한국어로 된) 적당한 교재가 없어 학생들에게 포스트 케인스학파 경제학을 좀 더 수월하게, 그리고 좀 더 체계적으로 가르치지 못해 왔다는 자책감을 다음 학기 강의에서는 많이 덜어 낼 수 있을 것 같다.

김정훈 박사의 번역은 깔끔하다. 원저의 내용을 정확히 전달한다 (어쩌면 이는, 라부아가 김정훈 박사의 박사 학위 지도 교수였고 두 사람이 현재도 공동 연구를 진행하고 있다는 사실을 고려할 때, 당연한 일인지도 모르겠다). 더구나 중요한 개념들에 대해서는 상세한 주를 더해 독자들의 이해를 돕는다. 이 책이 대한민국에서 거의 불모지대에 가까운 포스트 케인스학파 경제학에 대한 관심을 불러일으키기를 기대한다.

2016년 8월

박만섭(고려대학교 경제학과 교수)

●

세상의 인문 현상과 경제는 한 가지 원리와 모형으로만 설명할 수 없을 정도로 복합 다면적이다. 이것이 21세기 세계 경제학계에서 여러 패러다임이 서로 다른 해석과 대안을 두고 경쟁하는 배경이다. 우리나라에서는 주류 경제학인 신고전학파 일변도의 대중 경제 교육과 시장 만능주의 신념 때문에, 경제 현상을 다면적으로 접근하고 종합해서 합당한 정책 대안을 조율하는 사회 후생의 과제가 종종 난관에 부딪치곤 했다.

이 책은 국내에서 최초로 번역된, 포스트 케인스학파에 대한 훌륭한 입문서다. 포스트 케인스학파는 (신고전학파 이론의 통일성 중시 및 미학적 지향과 비교해) '한층 더 경험적인' 경제 원리에 기초해 현상을 설명하고 있으며, 좋은 사회로 나아갈 수 있는 실천 가능한 대안을 제시한다. 이 분야의 대가인 라부아 교수는 이 책에서 일반 대중이 균형감을 갖고 여러 미시·거시 원리(소비자 선택의 위계 원리, 유효수요 원리, 역사적 시간 등)를 쉽게 소화해 그 실제적 적용에 나설 수 있도록 안내한다.

김광수(성균관대학교 경제학부 교수)

●

신고전학파의 주류 경제학에 대한 대안으로 발전해 온 포스트 케인스학파의 경제 이론은, 그 기원과 주장의 다양성에도 불구하고, 자유 경쟁 시장의 자동 조절 기능보다는 경제주체 간의 협력과 국가의 적절한 조정 및 개입을 완전고용과 안정적인 경제활동의 기초로 제시하고 있다. 『포스트 케인스학파 경제학 입문』은 이런 포스트 케인스학파 경제학의 주장을 체계적·종합적으로 소개하고 있다. 라부아가 그동안 포스트 케인스학파 경제학의 미시·거시, 화폐 금융, 성장 등 거의 전 분야에 걸쳐 선도적이면서도 발전적인 기여를 해왔다는 사실을 고려할 때, 이 책은 이 분야를 알리는 최적의 입문서인 동시에 최근 이론의 발전상까지 종합한 원론서로서 가치를 갖는다.

조복현(한밭대학교 경제학과 교수)

·

토머스 쿤이 밝혔듯이 패러다임의 전복은 비판이 아닌 새로운 패러다임의 진전에 의해서만 가능할 수 있다. 지금처럼 경제학에 진지한 자기 성찰이 요구되는 시대에, 이 책은 신고전학파 경제학과는 근본적으로 다른 관점에서 일관되고 정합적인 경제 이론의 체계를 세울 수 있음을 보여 주기에 그 의미가 크다. 케인스와 칼레츠키, 칼도, 로빈슨 등의 전통 아래 생산된 포스트 케인스학파 경제학의 복잡한 이론적 논의를 요약하고 핵심을 추출해 이를 누구나 명확하게 이해할 수 있도록 설명하는 저자의 탁월함은 이 책에서 특히 빛난다. 경제학을 공부하고 있는 대학생부터 현실 경제 문제를 더 넓게 이해하고자 하는 일반인에 이르기까지, 이 책은 주류 경제학이 묻지 않는 질문의 공백을 확인하고 이를 채워 가는 독서 경험을 선사할 것이다.

나원준(경북대학교 경제통상학부 교수)

•

오래 기다린 끝에 한국에서도 포스트 케인스학파의 대가인 라부아 교수의 『포스트 케인스학파 경제학 입문』이 빛을 보게 되었다. 그가 정의하는 포스트 케인스학파란 유효수요 원칙과 역사적 시간의 중요성을 인정하면서 신고전학파 경제학의 대안을 제시하는 경제학파이다. 그러나 포스트 케인스학파는 동질적인 접근법으로 이루어져 있지 않고, 근본주의자·칼레츠키학파·스라파학파라는 세 조류의 총칭이다. 따라서 방법론적 다원주의와 절충적 입장은 포스트 케인스학파의 중요한 특징이 될 수밖에 없다. 라부아 교수는 경제학 정규 교과과정에 만족하지 못한 학생들과 더 현실적인 경제 지식을 원하는 사람들을 위해 이 책을 썼다. 독자들은 이 책을 읽으며 포스트 케인스학파 경제학의 핵심에 쉽게 다가설 뿐만 아니라 복잡다단하고 불확실한 오늘날의 경제를 이해할 열쇠를 얻게 될 것이다.

고민창(원광대학교 경제학부 부교수)

•

지금처럼 답답한 경제를 제대로 설명하지도, 속 시원한 해법을 제시하지도 못한 결과 경제학은 '음울한 과학'이 되었다. 하지만 모든 경제학이 그런 것은 아니다. 경제가 작동하는 원리를 설명하는 방식은 근대경제학이 시작될 때부터 하나가 아니라 여럿이었다. 단지 우리가 지금까지 무능하고 때로는 해로운 하나의 경제학만을 배워 왔을 뿐이다. 정치적 독재 체제에서 유쾌할 수 없듯, 하나의 조류가 독점하는 경제학은 음울할 수밖에 없다. 이 책은 경제의 작동 원리를 다른 방식으로 설명하고, 세계경제가 직면한 가장 심각한 문제들(실업, 소득 불평등, 저성장, 금융 불안정 등)에 명쾌한 해법을 제시한다. 지금까지의 경제학에 실망할 만큼 경제(학)에 애정이 있는 독자라면 이 책을 읽으며 상처 받은 마음을 치유할 수 있을 것이다. 매끄러운 번역에다, 낯설 만한 부분마다 옮긴이가 첨가한 '매우' 친절한 설명 덕분에 독자는 그저 즐길 수 있게 되었다.

전용복(경성대학교 국제무역통상학과 교수)

•

경제 위기가 생긴 지 10여 년이 지났지만, 위기의 그림자는 아직 짙다. 경제의 위기는 경제학의 위기이기도 하다. 경제학적 상식이 더는 수용될 수 없게 되자, 새로운 접근법에 대한 관심이 커졌다. 하지만 경제학은 어두운 경제처럼 아직 큰 변화가 없다. 케인스가 일찍이 걱정한 "낡은 생각"의 강고함 탓이기도 하겠지만, 대안적 경제학 분석을 친절하게 소개하는 책이 없어서이기도 했다. 이 책은 그래서 귀하다. 소득분배와 총수요의 중요성을 명료하게 설명하고, 불평등의 성장 잠식 효과와 전반적인 총수요 부진으로 고군분투하고 있는 세계 경제를 날카롭게 분석하는 방법을 제시한다. 또한 포스트 케인스학파는 다르지만 낯설지는 않음을 보여 준다. 시장의 자기 조절 기능을 과신해 잠시 잊고 있었을 뿐, 포스트 케인스학파는 경제학의 역사에 굳건히 뿌리박고 있다. 이 책이 널리 읽히길 바란다.

이상헌(국제노동기구 사무차장 정책특보)

한국어판 서문

이 책은 2004년 프랑스어판으로 처음 출간됐다. 그 이후, 서구에서 이른바 대안정기Great Moderation[1]가 끝나고 글로벌 금융 위기가 발생하면서 세계경제가 크게 변화했으니 이와 관련한 후기를 2009년 수정·보완판에 추가해 달라는 요청이 있었다. 여전히 글로벌 금융 위기의 여파가 세계 도처에서 감지되고 있다. 대학에서 경제학을 배우는 방식에는 아직 큰 변화가 없지만, 국제통화기금(이하 IMF)과 국제협력개발기구(이하 OECD) 등 국제기구의 관점에는 다소 긍정적인 변화가 나타나고 있다. 예를 들어, 토마 피케티Thomas Piketty와 공동 연구자들이 지난 10여 년간 진행한 실증 분석 덕분에, 소득분배의 중요성을 더 많은 이들이 알게 되었고, 더 많은 국가들이 소득 불평등이 얼마나 증가했는지에 관심을 기울이게 되었다. IMF와 OECD 등 효율성과 소득 불평등 사이에 상충 관계가 존재한다는 관점에 동조했던 이들도 이제는 소득 불평등이 확대되면 경제에 부정적인 영향을 미칠 수 있음을 인정한다.

이와 관련해, 독자들은 이 책의 제1장에서 포스트 케인스학파 경제학의 본질적 특징과 보조적 특징을 정의할 때 소득분배에 관한 논의가 포함되어 있지 않다는 점에 주목할지 모른다. 내가 포스트 케인스학파의 특징을 열거하면서 소득분배를 제외하자 이견을 제시한 동료들도 있었다. 이 책에서 소득분배를 주요 특징에 포함하지 않은 이유는 포스트 케인스학파 경제학만의 특징을 밝히려 했기 때문이다.

소득분배는 마르크스주의 경제학자들에게도 주요 관심 주제인 만큼, 포스트 케인스학파 특유의 주제는 아니라고 생각했다. [그러나] 소득분배가 경제사상에서 포스트 케인스학파를 다른 비주류 학파와 구분하는 특징은 아닐지라도, 포스트 케인스학파 경제 이론에서 소득분배와 교섭력이 매우 중요한 역할을 한다는 점은 분명하다.

이는 이 책의 모든 장에서 매우 분명하게 드러난다. 즉 기업이 가격을 어떻게 결정하는지, 이자율이 소득분배에 어떻게 영향을 미치는지, 그리고 가장 중요하게는, 실질임금이 총수요와 고용수준을 어떻게 결정하는지를 논의할 때 명확해진다. 또한 장기 성장을 다룬 장 [제5장]에서는, 칼레츠키학파의 성장과 분배 모형에 나타나는 '비용의 역설'을 논의하는 데 상당한 지면을 할애하고 있다. 비용의 역설은, 단일 기업이 피고용자들의 임금 삭감 등을 통해 비용 마진이나 마크업mark-up[2]을 증가시킬 때에는 그 기업이 확실히 이익을 얻지만, 모든 기업이 동일한 방식으로 실질임금을 낮추는 경우에는 경제가 둔화되어 모든 기업이 함께 취하는 이윤율이 상승하지 않거나 심지어 하락할 수 있음을 의미한다. 이는 실질임금의 하락(혹은 이윤 몫의 증가)이 소비지출을 감소시키고, 이에 따른 총수요 감소가 투자를 비롯해 전반적인 경제활동을 둔화시킬 수 있기 때문이다.

지난 10여 년간 이 질문과 관련해 많은 실증 연구들이 진행됐다. 이 연구들은 국민경제가 임금 주도wage-led 경제인지, 아니면 이윤 주도profit-led 경제인지를 실증적으로 규명하는 데 주력하고 있다. 즉 이윤 몫의 증가가 총수요와 국내총생산(이하 GDP)에 미치는 영향이 부정적인지, 긍정적인지를 밝히고자 했다. 그 가운데 국제노동기구(이하 ILO)의 지원을 받아 수행된 외즐렘 오나란과 기오르고스 갈라니스

(Özlem Onaran and Giorgos Galanis 2012)의 연구를 주목할 만하다. 그들은 G20 국가 모두에서 국내 총수요가 임금 주도적(이윤 몫이 증가하면 국내 총수요가 감소한다는 의미)으로 나타났음을 보였는데, 이 결과는 '비용의 역설'을 실증적으로 뒷받침한다. 그러나 그들은 순수출을 고려하면 실증 분석 결과가 달라진다는 점도 발견했다. 즉 중국을 포함해 대부분의 수출국들은 이윤 주도 경제이다. 다시 말해, 이 국가들에서는 이윤 몫이 증가할수록 전반적인 경제활동 수준이 높아진다. 이런 최근 실증 분석 결과들은 이 책에서 논의하는 내용과 긴밀히 연관된다. 이 책에서 나는 다음과 같이 주장했다. "개방경제에서는 (명목임금의 상승으로 달성한) 실질임금의 상승이 외국 기업에 대한 국내 기업의 경쟁력을 약화시키고, 따라서 국내에서 생산된 상품에 대한 해외의 수요를 감소시킬지도 모른다. 이와 관련한 실증 연구에서는 대상 국가 및 분석 기간에 따라 다른 결과가 나타났으며, 특정 파라미터 값에서만 '비용의 역설'이 성립한다는 결론을 내린다"(200쪽).

한국 독자들은 한국 경제가 임금 주도 경제인지, 이윤 주도 경제인지 궁금할 것이다. 오나란·갈라니스(Onaran and Galanis 2012)의 실증 분석 결과에 따르면, 한국 경제는 국내 총수요 측면에서는 강한 임금 주도 경제이고, 소득분배의 변화가 순수출에 미치는 효과까지 고려할 경우에는 약한 임금 주도 경제이다. 따라서 이 결과를 신뢰할 수 있다면, 한국 경제에서 임금 몫의 증가는 소비지출과 국내 총수요에 확실히 긍정적인 영향을 미치고, GDP에 대해서는 약하게 긍정적인 영향을 미친다(혹은 적어도 부정적인 영향이 없다)고 할 수 있다. 그러므로 한국 경제는 전반적인 경제활동을 위태롭게 하지 않고도 수출 성장을 강조하는 기존 전략에서 국내 수요 성장에 좀 더 중심을 두는 전략으로 전환할 수 있을 것으로 보인다.

그러나 논의는 여기서 끝나지 않는다. 개방경제에서 작동하는 또 하나의 역설이 있다. 먼저, 모든 국가들이 수출 주도 전략을 동시에 성공적으로 추구할 수 없다. 모든 국가들이 동시에 무역수지 흑자를 달성할 수 없기 때문이다. 다시 말해, 세계경제 전체를 하나의 단위로 보면 순수출이 영zero일 수밖에 없는 폐쇄경제와 같다. 앞서 지적했듯이, G20 각국의 국내 총수요가 임금 주도적이라는 측면에서, 결국 전체로서 세계경제는 임금 주도 경제이다. 따라서 일부 국가는 이윤 몫의 증가(혹은 실질임금의 하락)에 따른 이익을 얻을지 모르지만, 모든 국가들이 동시에 수출 주도 전략을 추구할 경우 세계경제는 위축될 것이다. 이는 요헨 하르트비히(Jochen Hartwig 2014)가 OECD 국가들을 대상으로 [오나란·갈라니스의 분석과는] 다른 실증 분석 방법을 사용해 도출한 결론이다. 또한 세계경제의 임금 주도적 특성은 유엔무역개발협의회UNCTAD에서 사용하는 대규모 계량 모형인 글로벌 정책 모형Global Policy Model(이하 GPM)의 특징이기도 하다. 이 모형을 개발한 프랜시스 크립스Francis Cripps와 알렉스 이주리에타Alex Izurieta는 GPM 모형에서 "마크업의 상승은 최종 수요와 GDP 성장에 부정적인 영향을 미치는데, 그 악영향의 정도는 상황에 따라 차이가 있다."고 언급한다 (Cripps and Izurieta 2014, 7-8).

더욱이 오나란·갈라니스(Onaran and Galanis 2012)의 연구 결과에 따르면, 전 세계 차원에서 각국의 이윤 몫 증가는 순수출을 고려할 때 약한 이윤 주도 경제인 많은 국가들(중국·아르헨티나·멕시코·인도 등)에서 총수요에 부정적인 효과를 낳는 것으로 나타났다. 특히 한국의 경우에는 모든 국가에서 이윤 몫이 동시에 증가할 때 GDP가 크게 위축되는 효과가 나타나는데, 이는 세계 GDP의 위축에 비해 두 배 정도 큰 수치이다.

따라서 앞서 살핀 추정치를 신뢰한다면, 한국에 최선의 길은 G20 회담을 비롯한 국제 포럼이나 ILO, OECD 등의 국제기구에서 미래 의제를 논의할 때 임금 우호적 분배 정책을 강하게 지지하는 것이다. 엥겔베르트 스토크함머Engelbert Stockhammer와의 공동 연구(Lavoie and Stock-hammer 2013, 34)에서 주장했듯이, 이는 임금 몫을 늘리고 임금격차를 줄이는 분배 정책이 필요함을 시사한다. 이 같은 분배 정책으로는 최저 임금의 증가 혹은 최저임금제 도입, 사회보장제도 강화, 노동조합법 개선, 단체협약 범위 확대 등이 있다. 또한 부유층으로부터 빈곤층과 중산층으로 소득을 재분배하는 기능이 있는 조세정책도 도움이 될 것이다. 이와 같은 친노동자 정책들은, 과거 서구와 한국에서 실패했음에도 여전히 주류 경제학자들과 정치가들이 지지하는 노동 구조 개혁과는 정반대에 위치해 있다. 노동 구조 개혁은 민간 부문의 투자를 촉진하고 고용을 개선한다는 희망 아래 일자리 불안을 야기하고 노동자들의 교섭력을 약화시킨다. 이에 맞선 대안 전략이 필요하다. 실증적 증거를 보면, 한국에서는 임금 몫이 낮더라도 민간투자에 긍정적인 영향이 나타나지 않으며, 한국이 자신의 방식대로 임금 우호적 분배 정책을 실행할 경우 한국에 유익하다는 사실을 제시하는 것으로 보인다.

더 나아가, 실질임금 상승이 생산성을 높이고 생활수준을 향상시킨다는 실증적 증거는 충분하다(Storm and Naastepad 2013; Hartwig 2014). 따라서 임금 주도 성장 전략은 경제의 수요 측면과 공급 측면 모두에 긍정적인 효과를 갖는다. 이런 친노동자 분배 정책은 균형재정에 대한 집착에서 벗어나 확장적 재정정책으로 뒷받침되어야 한다. IMF 관료들도 인식하고 있듯이, 글로벌 금융 위기를 겪는 동안 발생한 사건들을 통해, 위기 시기에 정부 지출 승수government spending multipliers가 그 이전에 확인된 승수보다 훨씬 크다는 것이 증명됐다. 잘 갖춰진 공공 기반 시설이 민간 경제활동에 긍정적인 효과를 갖는다는 사실 못지않게, 정부 지출 또한 총수요[를 증대하는 데]에 매우 바람직한 영향을 미친다. 이는 지금처럼 이자율이 낮은 환경에서 특히 그렇다.

2016년 1월
마크 라부아

영어판 서문

　이 책은 2004년 프랑스어로 처음 출간한 『포스트 케인스학파 경제학』L'Économie postkeynésienne을 조금 수정한 영어판이다. 프랑스어판의 내용을 일부 보완하고 몇 가지 참고문헌을 추가했다. 영어판은 주로 4~6장에서 프랑스어판과 차이를 보인다. 여기서 나는 일자리 나누기 프로그램, 인플레이션 통제, 실업자 감소를 위한 정책 등에 관한 논의를 좀 더 확장시켰다.

　포스트 케인스학파 동료인 배질 무어Basil Moore에게 진심으로 감사드린다. 그는 프랑스어판의 영문 번역본을 폴그레이브 맥밀런Palgrave Macmillan 출판사를 통해 출간하도록 독려했다. 그리고 라 데쿠베르트 La Découverte 출판사의 델핀 리부숑Delphine Ribouchon은 번역 판권을 차질 없이 처리하는 데 큰 도움을 주었다. 나의 연구 조교이자 이 책의 색인을 정리한 김정훈에게도 고마움을 표한다. 마지막으로 한동안 자신의 연구를 미루고 크리스마스 휴가도 반납한 채 영어판 초역을 기꺼이 도와준 동료 루이-필립 로숑Louis-Philippe Rochon에게도 감사의 말을 전한다.

서론

포스트 케인스학파의 이론을 종합하는 책에 대한 구상은 프랑스를 잠시 방문했을 때 시작했다. 파리에 머무는 동안 들렀던 소르본 대학 근방의 라틴타운 서점에는 놀랍게도 프랑스에서 '유일한 사상'la pensée unique이라 일컫고, 영어권에서는 '대안은 없다'There is no alternative (이하 TINA)[1]라고 알려진 사상을 비판하는 경제 서적들이 많이 진열되어 있었다. 글쓴이들은 정부와 중앙은행, IMF와 세계은행World Bank 등의 거대한 국제기구가 채택한 경제정책에 분개하고 있었다.

TINA를 지지하는 자유 시장론자들은 인플레이션을 억제하고, 환율을 방어하고, 생산성을 높이고, 지속적으로 일자리를 창출하려면 규제 완화, 민영화, 긴축정책 등을 실시해야 한다고 주장한다. 목적 자체에는 논쟁의 여지가 없지만, 이를 달성하기 위한 정책 수단에 실효성이 있는지는 의문스럽다. 이른바 워싱턴 콘센서스Washington Consensus[2]를 포함한 자유 시장 이데올로기에서 유래하는 이 같은 경제 수단은 오늘날 통념conventional wisdom으로 받아들여지고 있다. 그러나 이는 40여 년 전 존 케네스 갤브레이스John Kenneth Galbraith가 조롱한 통념만큼이나 논쟁거리가 된다.[3] 자유 시장론자들은 (유럽중앙은행처럼) 이자율을 자유롭게 높일 수 있도록 허용하는 중앙은행의 독립, 노조의 약화, 노동시장의 유연성 확대, 임금 인상의 제한, 공공서비스의 삭감 및 세율 인하 등의 정책들을 제안한다. 또한 그들은 새로운 유럽 경제권을 출범시키면서, 유럽연합(이하 EU) 회원국들의 공공 지출을 제한하는 마스트리히트 조약Maastricht Treaty이나 안정 협약Stability Pact[4]에 명시된 바와 같이, 재정 적자를 대폭 삭감하고 균형재정을 유지할 것을 제안한다. 게다가 그들이 내세우는 정책 목록에는 거대 공기업의 민영화와 여러 시장규제의 폐지도 추가됐다. 이 같은 정책들의 목표는 단지 시장을 최대한 유연하게 만드는 것이다. 자유 시장론자들에 따르면, 이런 정책이야말로 궁극적으로 사회에 이익이 된다.

워싱턴 콘센서스가 실패했다는 사실은 이에 반대했던 이들이 지금까지 충분히 밝혀 왔다. 그러나 이 중에는 실득력이 부족한 비판들도 있다. 실제로 워싱턴 콘센서스에 반대하는 대부분의 연구는 신고전학파neoclassical 이론의 결점을 밝히는 데는 매우 유효하지만, 진지한 대안을 제시하기에는 미흡하다. 조지프 스티글리츠(Joseph Stiglitz 2002; 2003)와 같은 신고전학파 경제학자들조차 1980년대와 1990년대에 걸쳐 채택된 대다수의 자유 시장 정책이 지나치게 단순화된 신고전학파 이론에 기초하고 있다고 지적하면서 이 정책들을 단호하게 부정한다. 그들은 좀 더 발전된 신고전학파 모형을 이용한다면 자유 시장 정책의 한계를 설득력 있게 드러낼 수 있다고 생각한다.

새로운 대안 이론

나는 이처럼 지배적 견해에 대한 우회적인 비판이 최선의 전략은 아니라고 믿는다. 자유 시장 경제정책을 향한 많은 비판은 신고전학파 경제모형과 그 취약한 이론적 기반에서 출발해, 현실 세계를 고려한 몇 가지 가정을 덧붙이는 식으로 진행된다. 그러나 이런 노력은 이해하기 어려운 모형을 계속해서 만들어 낼 뿐이다.

이 책은 이와는 아주 다른 접근법을 사용한다. 이 책의 분명한 목표는 자유 시장 옹호론자가 내세우는 주요 교의를 부정하고 거부하며, 주류 경제사상에 맞서는 진정한 대안을 제시하는 데 있다. 그 대안이 바로 포스트 케인스학파 이론이다.

거의 모든 대학의 경제학과 신입생들이 보는 주류 경제학 교과서는 포스트 케인스학파 경제학을 다루지 않는다. 학생들은 경제사상사 혹은 경제성장론과 경기변동론 수업에서 우연히 포스트 케인스학파 경제학을 접할 수 있을 뿐이다. 그것도 대개 조앤 로빈슨Joan Robinson, 니컬러스 칼도Nicholas Kaldor, 루이지 파시네티Luigi Pasinetti가 제안한 케임브리지 성장·분배 모형 정도이다. 그 밖에 정치경제학자들이나 정치경제학을 전공하는 학생들이라면 1960년대 이후 잘 알려진 '자본 논쟁'capital controversy[5]을 논의할 때 포스트 케인스학파 이론을 접할 수 있을 것이다. 일반적으로 포스트 케인스학파 경제학이 스라파학파Sraffian 혹은 신리카도학파neo-Ricardian 경제학과 관련되어 있는 것은 바로 이런 맥락이다. 더욱이, 포스트 케인스학파 이론은 신고전학파의 생산함수나 총요소 생산성 성장과 같은 신고전학파 이론 구조의 한계와 결함을 입증하는 데 국한해 활용되는 소극적 이론으로 묘사되고 있다.

그러나 1970년대 이후 포스트 케인스학파 경제학은 진보를 거듭하고 있으며, 현재는 포스트 케인스학파 경제 이론에 기초한 많은 연구가 여러 분야에서 축적되어 있다. 이 연구들은 포스트 케인스학파 경제학이 신고전학파 이론 구조의 오류를 증명하고 있을 뿐만 아니라, 이론적·실증적·정책적 방면에서 자신의 주요 사상을 발전시켜

왔음을 보여 준다. 포스트 케인스학파의 적극적인 공헌을 강조하고 있는 연구 문헌 및 서적도 많다. 또한『케임브리지 경제학 논집』*Cam-bridge Journal of Economics*(1977년 창간),『포스트 케인스학파 경제학 논집』*Journal of Post Keynesian Economics*(1978년 창간),『정치경제 논평』*Review of Political Economy*(1989년 창간) 등의 학술지는 포스트 케인스학파 경제 이론을 소개하는 데 전문화되어 있거나 상당한 지면을 할애하고 있으며,『급진적 정치경제학 논평』*Review of Radical and Political Economics* 등 다른 여러 학술지들도 포스트 케인스학파의 논문을 다수 게재하고 있다.

한편 영국의 포스트 케인스학파 연구 그룹Post Keynesian Study Group이나 프랑스의 케인스 연구 학회Association Des Études Keynésiennes 등의 조직은 주로 포스트 케인스학파 경제학을 연구할 목적으로 만들어져서, 관련 워크숍과 학술 대회를 정기적으로 개최하고 있다. 또한 뉴스쿨 대학교New School University, 미주리 대학교University of Missouri in Kansas City, 매사추세츠 대학교University of Massachusetts, Amherst, 유타 대학교University of Utah 등의 경제학과 대학원에서는 포스트 케인스학파를 비롯한 비주류 경제학heterodox economics을 공부할 수 있다. 그리고 세계 도처에서 온 학생들이 포스트 케인스학파 경제학자들을 만날 수 있는 여름학교도 정기적으로 열리고 있다.[6]

TINA를 해결할 방안

포스트 케인스학파 경제학은 TINA(주류 경제학과 자유 시장 정책이 경제문제를 이해하고 해결할 유일한 방법이라는 믿음)를 대체할 유효한 대안 중 하나이다. 이는 포스트 케인스학파 이론이 실행 가능한 정책 대안을 제시할 뿐만 아니라, 주류 경제학과 긴축정책을 비판하는 근거가 될 만큼 그 이론적 토대가 견고하기 때문이다.

신고전학파 이론처럼 포스트 케인스학파도 미시적 토대를 갖추고 있지만, 그 이론적 토대가 다르고 여러 측면에서 더 현실적이다. 더구나 포스트 케인스학파 이론의 미시적 토대에서 도출된 거시 정책은, 신고전학파 이론의 미시적 토대에서 도출된 거시 정책과 근본적으로 다르다.

이 책은 신고전학파 이론을 단순하게 적용함으로써 창조된 수많은 신화의 가면(Keen 2001 참조)을 벗기는 데 집중할 것이다. 뒤에서 다루겠지만, 신고전학파 이론과 대립하는 다음과 같은 명제들을 생각해 보길 바란다.

- 수요가 증가하더라도 가격이 반드시 상승하는 것은 아니다.
- 최저임금이나 실질임금이 높아지더라도 실업은 늘어나지 않는다.
- 실질임금이 상승해도 이윤은 감소하지 않는다.
- 저축률이 하락해도 투자는 감소하지 않고, 경제성장률도 하락하지 않는다.
- 신축적인 가격 체계는 경제가 균형(혹은 최적) 수준에 도달하도록 유도하지 않는다.
- 재정 적자는 물가 상승이나 이자율 상승을 유발하지 않는다.

많은 사람들이 경제학에 '음울한 과학'dismal science[7]이라는 딱지를 붙이는 이유는 사회가 긴축정책을 감내해야 하고 경제적 꿈을 이루려면 무제한적 경쟁을 지지해야 한다는 주류 경제학의 가정 때문이다. 이와는 대조적으로, 포스트 케인스학파 이론은 근본적으로 다른 메시지를 전달하고 있다. 나는 이 메시지가 더 바람직하고 흥미롭다고 믿는다. 즉 경쟁이나 대립보다는 협력이 더 바람직한 결과를 가져온다는 것이다. 사실상 희소성scarcity이라는 개념은 별 쓸모가 없는 단순한 지적 구성물에 불과하다(Ventelou 2001).

자폐증을 넘어선 경제학을 위하여

2000년 프랑스의 여러 대학에서 많은 학생들이 경제학 수업 내용에 반대하는 행동을 개시했고, 이는 그 뒤로 다른 몇몇 나라까지 확산되어 하나의 운동이 됐다(Fullbrook 2003). 이 운동은 '자폐증을 넘어선 경제학 네트워크'Post-Autistic Economics Network를 출범시켰고, 여기서 발간하는 뉴스레터인 〈자폐증을 넘어선 경제학 논평〉Post-Autistic Economics Review(http://www.paecon.net)은 150여 나라에서 8천 명 이상이 구독하고 있다[현재 이 단체명은 '실제 세계의 경제학'Real-World Economics으로 바뀌었고, 뉴스레터 또한 〈실제 세계의 경제학 논평〉Real-World Economics Review이라는 이름으로 발행되고 있다].

학생들은 교조적인 수업 내용, 그리고 가상 세계에서나 있을 법한 형식적 모형의 부적절성을 비판했다. 이런 이유로 학생들은 경제학 교육을 '자폐증적'이라 부른 것이다. 신고전학파 이론의 한계와 결점을 더 배울 수 있는 수업뿐만 아니라 좀 더 다원주의적이고 현실 세계를 잘 반영하는 비주류 경제학 수업을 개설해 달라고 요구했다.

나는 이 학생들과 지지자들에게 이 책을 바친다. 이들의 분투에 이 책이 기여하기를 바란다.

비주류

포스트

케인스학파

1. 누가 포스트 케인스학파인가

포스트 케인스학파 경제학은 여러 비주류 경제학파 중 하나이다. 신고전학파 경제학과 견해를 달리하는 비주류 경제학파로는 마르크스학파, 스라파학파 혹은 신리카도학파, 발전 논쟁과 관련한 신구조주의학파, 제도학파, 프랑스 조절학파, 인본주의 경제학파나 사회경제학파, 행동주의학파, 슘페터학파 혹은 진화학파, 페미니스트 경제학파 등이 있다.[1]

비주류 경제학에는 상반된 두 경향이 존재한다. 첫째, 비주류 학파는 과학, 특히 경제학의 전반적인 분화를 허용한다. 각각의 비주류 접근법은 다른 접근법과 구별하기 위해 특정 문제를 강조하는 경향이 있다. 이처럼 서로 경쟁 관계에 있는 비주류 경제학파는 특정한 경제적 측면에 초점을 두고 있다는 점에서 상호 보완적이기도 하다.

둘째, 비주류 학파들 사이에는 통합을 지향하는 경향도 존재하는데, 이는 아마도 소수 그룹이기에 갖는 위기감 때문일 것이다. 실제로 많은 비주류 학자들이 여러 접근법 간의 소통과 통합을 모색하고 있다. 특히 거시 경제학과 화폐 이론을 연구하는 미국의 포스트 케인스학파와 신급진주의자(마르크스학파)들이 이 같은 경향을 보인다. 이를테면 '경제학 다원주의를 위한 국제학회연맹'International Confederation

그림 1-1 | 거시 경제학파 계보

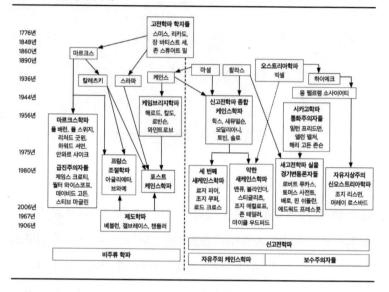

of Associations for Pluralism in Economics, ICAPE은 모든 비주류 학파, 그리고 여러 조직과 학술지를 통합하는 역할을 하고 있다. 이런 상황에서 비주류 연구 방법들을 구분 짓는 일은 어느 정도 자의적이다.

명칭에서 드러나듯 포스트 케인스학파는 영국 케임브리지 대학교의 저명한 경제학자 존 메이너드 케인스John Maynard Keynes가 남긴 저술에서 주요 영감을 찾는다. 실제로 많은 경제학자들이 케인스의 저서인『고용, 이자, 화폐의 일반이론』The General Theory of Employment, Interest and Money(이하『일반이론』)이 거시 경제 이론의 시발점이라 주장한다.

그런데『일반이론』은 몇 가지 모순된 해석을 낳았다. 예를 들어, 포스트 케인스학파는『일반이론』에 대해 새뮤얼슨, 제임스 토빈James Tobin 등을 비롯한 이른바 '신고전학파 종합'neoclassical synthesis 케인스학파들과는 다른 해석을 내놓는다. 또한 그레고리 맨큐Gregory Mankiw, 앨런 블라인더Alan Blinder, 스티글리츠 등 '새케인스학파'New Keynesian의 해석과도 판이하게 다르다(〈그림 1-1〉 참조).

현대 포스트 케인스학파는 케인스의 전통에만 국한해 스스로를 규정하지는 않는다. 포스트 케인스학파는 케인스가 케임브리지 대학교에서 『일반이론』을 쓸 당시에 그와 친밀하게 지냈던 로이 해로드 Roy Harrod, 로빈슨 등 1950~60년대에 케임브리지학파의 태동을 이끌었던 여러 경제학자들이 수행한 연구에서도 영향을 받고 있다. 이런 경제학자들 중에는 칼도, 미하우 칼레츠키Michał Kalecki, 피에로 스라파 Piero Sraffa 등도 포함된다. 포스트 케인스학파의 입장은 일부 프랑스 조절학파 학자들처럼(Boyer 1990), 소스타인 베블런Thorstein Veblen과 갤브레이스의 사상에서 발전한 제도학파의 연구와 밀접하게 관련된다. 이 점에서 포스트 케인스학파는 1936년 옥스퍼드 경제학자 연구 그룹Oxford Economists' Research Group에서 시작한 계보를 이어가고 있다. 한편 케인스가 그랬던 것처럼, 포스트 케인스학파는 대체로 거시 경제 문제에 관심을 두고 있다.

2. 비주류 경제학의 특징

포스트 케인스학파 경제학의 주요 특징을 살펴보기 전에 비주류 경제학과 신고전학파 경제학의 차이를 논의할 필요가 있다. 그런데 신고전학파 이론을 규정하는 특징을 열거하기가 쉽지는 않다. 왈라스(레옹 발라Léon Walras) 일반균형모형을 연구하는 경제학자, 게임이론

영국의 포스트 케인스학파

케임브리지학파

해로드, 칼레츠키, 스라파, 로빈슨, 리처드 칸Richard Kahn, 칼도, 파시네티 등은 모두 케임브리지학파에 속한다. 다만 해로드와 칼레츠키는 케임브리지 대학교가 아닌 옥스퍼드 대학교에서 연구 활동을 했다.

케임브리지학파는 세계 경제학계에 지대한 영향을 미쳤는데, 특히 대영 제국이 붕괴한 이후 미국 대학이 부흥해 본격적으로 패권을 다질 때까지 비주류 경제학자들에게서 높은 평가를 받았다. 그러나 오늘날 케임브리지 대학교는 단과대학과 저지 비즈니스 스쿨Judge business school(최근 폐과된 응용경제학과)만이 비주류 명맥을 겨우 유지하고 있을 뿐이다. 사실상 케임브리지 대학교 경제학과는 완전히 신고전학파로 채워졌다. 이런 상황이 펼쳐지자, 케임브리지 대학교 박사과정 학생들은 다원주의적 접근을 배울 수 있는 수업을 더 많이 개설하라고 요구하는 청원서에 서명했고, 이는 프랑스 학생들이 앞서 진행한 서명운동과 맥락을 같이한다(Fullbrook 2003, 36).

포스트 케인스학파 창시자에 대한 개요

해로드는 최초의 케인스 전기 작가로 유명하다. 후기에 로빈슨과 가까운 동료가 된 칸의 경우처럼, 해로드는 케인스가 『일반이론』을 집필할 때 그 책의 모든 장에 대해 논평했다. 그는 경제동학 분야에서 혁신적인 업적을 남긴 학자로도 잘 알려져 있다. 1939년 이후에는 기술 진보라는 개념을 발전시켰고, 이는 로빈슨·칼도·칼레츠키를 비롯한 많은 포스트 케인스학파 경제학자들이 다룬 연구 주제가 됐다. 또한 그는 기업행동에 관한 옥스퍼드 경제학자 연구 그룹에도 참여했으며, 이 연구는 결국 주류 미시 경제학 이론에 대한 거부로 귀결됐다.

로빈슨은 1933년 『불완전경쟁의 경제학』*The Economics of Imperfect Competi-tion*을 출간하며 세상에 이름을 알렸다. 이 책은 신고전학파 경제학자들의 격찬을 받았으나, 나중에 그녀 스스로 이 연구의 주요 내용을 완전히 부정했다.[2] 이 책을 출간한 뒤에도 활발하게 저술 활동을 펼친 그녀는 가장 탁월한 저서로 평가받는 『자본축적론』*The Accumulation of Capital*을 발간했다. 상당히 난해하지만 『일반이론』과 견줄 만한 위대한 고전 중 하나임은 분명하다. 『자본축적론』은 주로 생산기술의 선택, 화폐 문제, 분배와 관련한 쟁점, 실업이 없는 정상 성장률과 관련한 문제 등을 다룬다. 그녀는 스라파와 함께, 신고전학파의 자본 개념과 주류 분배 이론에 반론을 제기하면서 '케임브리지 논쟁'[자본 논쟁]을 배후에서 이끈 주요 인물이었다(Cohen and Harcourt 2003).

칼도는 로빈슨과 함께 케임브리지 혁명의 중심에 있었다. 헝가리 출신인 칼도는 1927년 영국으로 이주했다. 그의 사상은 언제나 참신했고, 여러 주요 분야에서 혁신적 기틀을 제공하는 데 크게 공헌했다. 예를 들어, 그는 투기, 복수 균형, 경기변동에 관한 혁신적 이론을 제시했다. 또한 그는 성장론과 발전론뿐만 아니라 통화정책 및 공공 재정과 관련한 쟁점에서 중요한 기여를 했다. 그는 자신의 연구를 하나의 이론 체계로 종합하려 들지는 않았으나, 오늘날 많은 경제학자들은 여전히 그의 이론과 실증 연구에서 영감을 얻고 있다.

칼레츠키는 폴란드 경제학자로서 1936~46년 사이 영국에 거주하는 동안 로빈슨과 긴밀한 우정을 쌓았다. 사실 많은 경제학자들은 그가 유효수요 원리를 창시했다고 주장한다. 더욱이, 케인스와는 대조적으로, 칼레츠키의 거시 이론은 앨프리드 마셜Alfred Marshall의 미시 경제적 토대에 의존하지 않았다. 또한 그는 계량경제학자로서 경기변동에 관심을 보였다. 실제로 케인스학파의 초기 계량경제학 연구들은 칼레츠키의 저작에서 영향을 받았다.

스라파는 이탈리아 출생 경제학자로 1927년 영국으로 이주했다. 스라파는 초기에 마셜 경제학에 대한 비판, 특히 완전경쟁하에서의 공급 이론을 비판하며 경제학계에 이름을 알렸다. 그는 훌륭한 교수는 아니었다. 그러나 그는 데이비드 리카도David Ricardo 전집의 편집 책임을 맡아 작업을 진행하면서, 리카도가 제기한 몇 가지 문제를 해결하는 연구에 착수했다. 특히 가치 측정의 문제, 즉 상품생산이 상품 순환 과정의 결과로 나타나는 세계에서 상대가격이 결정되는 문제가 주요 연구 주제였다(이를 반영해 스라파학파 경제학을 흔히 신리카도학파 경제학으로 부르기도 한다). 그의 연구는 1960년 『상품에 의한 상품생산』The Production of Commodities by Means of Commodities이 출판되면서 완결됐는데, 스라파는 이 책을 신고전학파 이론에 대한 비판의 서막이라 생각했다.[3] 많은 이탈리아 경제학자들이 스라파의 지도하에 케임브리지로 결집했는데, 그중 영향력이 가장 컸던 대표적 인물은 자본 이론 연구를 한 가레냐니(Garegnani 1990)와 불균형 다부문 성장 모형을 연구한 파시네티(Pasinetti 1981; 1993)였다. 이들 세 경제학자의 영향 때문에 한동안 포스트 케인스학파가 앵글로–이탈리아학파로 알려지기도 했다. 최근 파시네티(Pasinetti 2005)는 이런 계보를 '케인스 경제학의 케임브리지학파'라 부르고 있다.

필립 아레스티스Philip Arestis와 맬컴 소여Malcolm Sawyer가 편집한 『인명사전』에는 더 많은 포스트 케인스학파 경제학자들에 대한 정보가 수록되어 있다(Arestis and Sawyer 2002). 존 킹John King은 1995년 포스트 케인스학파 경제학자들이 집필한 저서 목록을 총망라한 책을 발간했고(King 1995), 2002년에는 포스트 케인스학파 경제학의 역사를 면밀히 살폈다(King 2002).

이 밖에 리처드 홀트Richard Holt와 스티븐 프레스만Steven Pressman이 편집한 책(Holt and Pressman 2001), 각종 포스트 케인스학파 경제학 사전(King 2003; Arestis and Sawyer 1994), 포스트 케인스학파 경제학에 관한 교재들도 다수 출판됐다. 교재로 피터 레이놀즈(Peter J. Reynolds 1987), 아레스티스(Arestis 1992), 라부아(Lavoie 1992a),[4] 앨프리드 아이크너(Alfred Eichner 1987), 토머스 팰리(Thomas I. Palley 1996) 등의 순서를 따라 조금씩 심화해 참고할 수 있다. 마지막으로, 아레스티스·소여가 편집한 책(Arestis and Sawyer 2006)은 포스트 케인스학파 화폐경제 이론을 상세히 개괄하고 있다.

을 활용하는 경제학자, 심지어 신고전학파 종합 케인스학파에 속한 경제학자를 하나로 결합시키는 원리는 무엇인가?

신고전학파 경제학자들은 '어떤 제약하에서의 극대화 원리'를 하나의 통일된 주제로 생각한다. 이 원리가 신고전학파 접근법의 핵심 요소라는 데는 의심의 여지가 없다. 혹자는 최근까지 미시 경제학 수업에서 신성시하고 있는 수익체감의 원리principle of decreasing returns도 신고전학파 경제학의 핵심 요소라고 주장할지 모른다. 그러나 신고전학파에서 새롭게 내세우는 내생적 성장 모형은 수익체감을 가정하지 않는다.

비주류 학파와 신고전학파를 비교하려면 좀 더 포괄적으로 접근할 필요가 있다. 우선 과거를 살펴보자. 1970년대에 널리 알려진 경제학자 악셀 레이욘후푸드(Axel Leijonhufvud 1976)는 '전제'presuppositions에 관한 연구를 제안했다. 전제는 모형화나 정형화가 불가능한 각 학파의 본질적 요소이고, 이로부터 가설과 이론이 유도되기에 가설과 이론에 선행한다. 일부 방법론자들은 전제가 하나의 패러다임(연구 프로그램)을 구성하는 형이상학적 믿음의 집합체라고 주장하기도 한다. 주류 경제학파와 비주류 경제학파의 서로 대립하는 전제에 대해서는

표 1-1 | 신고전학파 및 비주류 경제학 연구 프로그램의 전제

전제	패러다임	
	비주류 연구 방법론	신고전학파 연구 방법론
인식론	실재론	도구주의
존재론	유기체론	[방법론적] 개체론
합리성	절차적 합리성	실체적 합리성
분석의 초점	생산, 성장	교환, 희소성
정치적 핵심	국가 개입	자유 시장

다음 절에서 확인할 것이다.

네 가지 방법론적 범주와 하나의 정치적 요소를 고려함으로써 포스트 케인스학파의 이론을 포함한 비주류 연구 방법론과 신고전학파 연구 방법론을 구분할 수 있다(〈표 1-1〉 참조). 신고전학파 이론의 전제는 도구주의적 인식론instrumentalist epistemology, 방법론적 개체론methodological individualism, 제약 없는 합리성unbounded rationality 혹은 실체적 합리성substantive rationality, 그리고 재화의 희소성에 기초한 교환경제exchange economy 등이다.

그 반면 비주류 경제학은 실재론realism, 유기체론organicism 혹은 전체론holism, 절차적 합리성procedural rationality, 생산경제production economy 등을 강조한다. 신고전학파 경제학과 비주류 경제학의 차이는 자의적이지 않다. 여러 방법론 학자들과 비주류 경제학자들이 거의 동일하게 주장하고 있다(Lavoie 1992b; Setterfield 2003). 정치적 전제는 네 가지 방법론적 범주를 논의한 뒤에 다룰 것이다.

실재론 대 도구주의

　도구주의는 신고전학파 경제학의 지배적인 인식론, 즉 지식 획득의 과학science of learning이다. 도구주의자가 어떤 가설을 타당하게 여기는 경우는 다음 두 가지이다. 첫째, 정확한 예측을 가능하게 하거나, 둘째, 새로운 균형 상태 값을 계산할 수 있는 경우이다. 그러나 [도구주의자들은] 어떤 특정 가설의 실재성에는 전혀 관심을 보이지 않는다. 이론은 단지 분석의 도구이자 수단일 뿐, 경제가 실제 어떻게 작동하는지를 설명하는 이론적 능력에 대해서는 진지한 언급을 하지 않는다. 이것이 바로 밀턴 프리드먼Milton Friedman이 주장[5]한 이래 대다수의 신고전학파 경제학자들이 지지하는 인식론이다.

　그 반면 비주류 경제학자들은 경제학의 필수 요소로서 가설의 실재성을 중시한다. 경제학의 목적은 실재 세계에서 경제가 실제로 작동하는 방식을 설명하거나 이에 대한 타당한 주장을 하는 데 있다. 이를 위해서는, 처음부터 하나의 가설적이고 이상적인 상태에서 시작하는 것이 아니라, 실재와 여러 정형화된 사실들에서 출발할 수밖에 없다. 그리고 모든 이론은 다소 불완전하고 단순하다는 점에서 어느 정도 현실 세계를 추상화한 것이지만, 이는 사실적 기술description이어야 한다. 이론은 가상 세계가 아니라 실재 세계를 묘사해야 하기 때문이다.

　신고전학파 이론에 대한 가장 일반적이고 명확한 비판은, 그것이 실재 세계에 대한 실재적인 혹은 실재론적인 기술이 아니라는 점이다. 좀 더 공정하게 말하면, 신고전학파 이론에도 미약하나마 실재론을 내포하고 있다는 징후가 있기는 하다. 그러나 이런 설명들은 단지 보조 가설auxiliary hypotheses로 취급되는 경향이 있으며, 가상적 이상세계를 묘사하는 신고전학파의 이론적 토대에는 영향을 주지 못한다. 반면에 비주류 경제학자들은 이와 같은 신고전학파의 접근이 [이론과] 실재 세계와의 괴리를 한층 더 키울 뿐이라고 생각한다. 다시 말해, 신고전학파의 접근은 가상적 세계관에 의존한다는 것이다.

유기체론 대 방법론적 개체론

신고전학파 이론의 중심에는 경제주체로서의 개인이 있다. 왈라스 일반균형이론에서 이 전제가 분명하게 드러난다. 또한 이 전제는 신고전학파의 미시적 기초 위에서 이론을 재구성한 새로운 거시 경제학에서 더욱 명백해진다. 신고전학파 이론은 대표적 주체representative agent 개념에 근거한 미시적 기초를 필요로 하는데, 대표적 주체는 소비자인 동시에 생산자이며 일정한 제약하에서 모든 종류의 함수를 극대화한다. 게다가 은행이나 기업 같은 제도들institutions은 개인의 진정한 의도와 선호를 은폐할 뿐이다. 이것이 바로 원자화된 주체들의 세계, 즉 방법론적 개체론의 세계이다.

그 반면 비주류 경제학의 연구 방법은 신고전학파와 전혀 다르다. 마르크스주의 경제학자들이 강조하듯이, 비주류 연구 방법은 개인을 문화, 사회 계급 등 자신이 처한 환경에 영향을 받는 사회적 존재로 간주한다. 더욱이 개인의 미시 경제적 결정은 잘 알려진 '절약의 역설'paradox of thrift[6] 같은 거시 경제적 역설 앞에 무너져 내릴 수 있다.

제도는 그 자체로 생명력을 갖는다. 제도는 단순히 그 속에 포함된 개인이 갖는 다양한 욕구의 반영물이 아니다. 제도 역시 자체 목표가 있다. "전체는 부분의 합보다 크다."[7]라는 옛 격언은 참이다.

유기체론이나 전체론, 혹은 이와 유사한 세계관은 비주류 접근법의 토대이다. 최근 비선형non-linearity 이론[8] 및 기묘한 끌개strange attractors[9]에 토대를 둔 카오스 동학chaotic dynamics의 분석은 총체적 접근을 필요로 하고 있으며, 이와 관련해 수학이 발전하면서 유기체론이나 전체론의 개념에 생기를 불어넣고 있다.

그리고 비주류 접근법은 제도를 불완전하거나 시장 체계에 대한 장애로 인식하지 않는다는 사실에 주목해야 한다. 오히려 제도가 경제 시스템을 전반적으로 안정시키는 데 기여한다고 본다. 여기서 세력 관계와 세력 비대칭성이 중요한 역할을 하는데, 이에 대한 인식은 다양한 사회 계급 간 소득분배, 혹은 은행이나 기업 등 사회에 권력을 행사하는 다양한 제도들 간 소득분배에 관한 연구를 촉진한다. 또한 경제 부문들 간의 관계, 그리고 이 관계 속에서 서로 부과하는 제약까지 면밀히 살피도록 요구한다.

절차적 합리성 대 실체적 합리성

신고전학파 이론에서 경제주체는 절대적 혹은 실체적 합리성을 가졌다고 전제된다. 경제주체는 여러 측면에서 경제적 결과를 계산하는 데 거의 무제한에 가까운 지식과 능력을 보유했다는 전제인데, 이는 오히려 비합리적 전제 조건이라고 논박할 수 있다. 신고전학파 모형에 불완전 정보의 개념을 도입하는 것은 경제주체의 비합리적 정보 계산 능력에 대한 전제를 강화하는 데 기여할 뿐이다. 이런 초합리성hyper rationality은 '새고전학파'new classical나 새케인스학파 모형에서 채택하고 있는 합리적 기대rational expectations의 개념과 유사하다.

그러나 비주류 경제학자들에게 합리성이란 허버트 사이먼Herbert A. Simon이 제기한 제한적 혹은 절차적 합리성[10]이다(Simon 1976). 개인과 조직은 정보를 획득하고 처리하는 능력에 심각한 한계가 있다. 이 같은 능력의 한계는 신고전학파 경제학에서 인정하는 불완전 정보의 존재를 넘어서는 의미를 내포하고 있다. 신고전학파는 경제주체가 최적 수준의 정보를 탐색하는 데 필요한 시간까지도 계산할 수 있다는 전제하에서 불완전 정보의 문제를 다룬다. 그러나 비주류 경제학자들은 정보가 불충분하거나 실제로 존재하지 않는 경우가 흔하다고 본다. 이 때문에 개인과 기업은 중대한 결정을 내리는 데 주저한다. 실제로 개인이나 기업이 미래에 대한 기대에 기초해 결정을 내리기란 매우 어렵다. 미래 자체가 지금 선택한 결정과 행동에 의존하기 때문이다.

이런 상황에서는 어느 누구도 최선의 해법을 알지 못하거나 알 수 없기 때문에, 흔히 개인과 기업은 '대체로 만족스러운'satisficing 결과에 안주한다. 이와 같은 세계에서, 아니 오히려 이런 상황에 적절히 대응하고자 개인들은 스스로 따라야 할 규범norm을 부여한다. 즉 관습, 관례, 행동 준칙, 경험칙rule of thumb[11] 등에 의존하거나, 이웃의 행동, 이목을 끄는 타인의 행동, 좀 더 낫다고 생각하는 행동 등을 모방한다. 또는 불확실성이 야기하는 좋지 못한 결과를 줄이려 제도를 만들기도 한다. 경험칙은 임시방편이 아니라, 오히려 불확실성과 복잡한 환경을 고려한 합리적 대응인 것이다.

생산 대 희소성

라이어널 로빈스Lionel Robbins에 따르면, 경제학의 가장 일반적인 정의는 희소한 자원의 효율적 배분이다. 그러나 이 정의는 신고전학파의 경우에만 적용된다. 신고전학파 세계의 경우 재화의 희소성이 경제행위를 규정짓는다. 다시 말해, 가치가 있는 모든 것은 희소하기에 경제주체는 기회비용opportunity cost[12]을 치러야 한다. 가격은 희소성만을 반영할 뿐이다.

교환 개념이 신고전학파 이론을 지배하고 있다. 더 정교한 생산 모형에서 발견할 수 있는 보조 가설은 순수 교환경제의 조건과 의미를 거듭 강화할 뿐이다. 생산자는 재정裁定 거래의 법칙law of arbitrage[13]을 따르거나 미화된 교환경제하에서 기업을 운영한다.

그 반면 비주류 경제학파의 경우 [신고전학파 이론에서] 교환이 차지하던 지위를 생산이 대체한다. 애덤 스미스Adam Smith나 칼 마르크스Karl Marx 등 고전학파 경제학자들처럼, 비주류 경제학자들의 주요 관심은 더 많은 생산과 부를 창출하는 데 필요한 재원을 어떻게 마련할지에 있다. 잉여surplus의 존재, 그리고 삶의 질을 높이는 데 기여하는 고용 증가, 생산 증가, 기술 진보 등을 가져오는 원인에 대한 분석이 비주류 경제학의 핵심 주제이다. 물론 신고전학파 경제학자들도 때로는 내생적 성장 모형을 통해 이 쟁점들을 다루고 있다. 그러나 비주류 경제학은 완전한 자원 이용을 가정하지 않기 때문에 효율적 자원 배분에 대한 논의는 주요 문제가 아니다.

오히려 포스트 케인스학파가 강조하는 바는 이 자원들을 이용하는 정도이다. 이런 의미에서 경제는 일반적으로 매우 유동적인 생산

가능 곡선production possibility frontier[14] 안에서 움직인다. 결과적으로 경제에는 항상 '공짜 점심'free lunch[15]의 기회가 존재한다. 나아가 비주류 경제학자들은 완전고용을 가정할 때조차도 수많은 혁신이 생산 가능 곡선을 확장시킨다고 주장한다. 따라서 경제학자들은 희소한 자원의 배분에 초점을 맞추는 것이 아니라, 희소성이라는 제약을 극복할 방안을 모색하는 데 집중해야 한다.

정치적 전제 : 시장에 대한 관점

지금까지 다룬 전제 조건들에 대한 논의는, 신고전학파와 비주류 경제학자들이 시장에 대해 취하는 상대적인 태도에 대한 논의를 포함해야 비로소 완결된다. 신고전학파 경제학자들은 자신의 이론이 모든 이데올로기로부터 자유로운 것처럼 가장한다. 그 반면 비주류 경제학자들은 이데올로기가 연구 과제를 설정하고 자료를 수집하는 데 영향을 미친다는 사실을 인식한다.

대부분의 신고전학파 경제학자들은 최선의 경제적 상황을 가져오는 시장 메커니즘의 능력, 이른바 '보이지 않는 손'을 신봉하며, 자유 기업 체제와 자유방임주의laissez-faire를 선호한다. 이는 신고전학파 이론에서 일반적인 주장이지만, 일부 신고전학파 경제학자들이 구축한 모형은 가격 체계에 기초한 자본주의경제가 불안전하거나 차선의 최적 균형sub-optimal equilibrium을 초래할 수 있음을 논증하기도 한다. 그러나 이들 모형은 단지 예외적인 경우로 치부되고 있다. 실제로 모든 신고전학파 경제학자들은 경쟁을 제약하고 완전한 정보의 이용 가능성을 제한하는 시장의 불완전성들을 제거할 수 있다면, 신축적인 가격 메커니즘에 따라 경제가 완전 균형 상태로 되돌아갈 수 있다고 믿는다.

신고전학파 경제학자들은 흔히 다음과 같이 주장한다. 경제에는 어느 정도 불완전성과 외부성externality[16]이 존재하기 때문에, 단기적으로는 국가 개입이 필요할지도 모른다. 그러나 장기적으로 시장은 완전히 신축적이기에, 시장 자체의 힘으로 균형을 달성할 수 있다. 따라서 장기적으로 국가는 비효율의 원천이 되고 최소한의 국가 개입이 최선의 결과를 가져온다.

신고전학파 경제학자들이 시장 메커니즘과 보이지 않는 손을 신봉하는 반면, 비주류 경제학자들은 맹목적으로 시장에 의존하는 것이 과연 현명한지를 의심한다. 비주류 경제학자들은 시장 메커니즘의 효율성이나 공정성에 대해 다양한 측면에서 문제를 제기할뿐더러 시장이라는 존재를 가정하는 것 자체에도 의문을 품고 있다. 특히 사회경제학자들과 인본주의 경제학자들은 시장의 불평등성을 강조한다. 더욱이 시장은 스스로를 규제할 수 없기 때문에 '자유' 시장을 실현할 수는 없다. 2002년 엔론Enron과 월드콤Worldcom이 벌인 엄청난 금융 사기 행각이 그 증거이다.[17] 이런 인식을 바탕으로, 비주류 경제학자들은 국가가 시장, 특히 금융시장을 규제해야 한다고 역설한다. 국가가 시장을 규제해야 한다는 주장과 자본주의의 근원인 사유재산을 보호해야 한다는 주장은 동전의 양면이다.

결국 비주류 경제학자들은 모두에게 이익이 된다고 여겨지는 순수 경쟁을 단지 하나의 일시적 상황으로 생각한다. 경쟁은 머지않아 과점과 독점을 낳는다.[18] 정부는 사적 시장 영역에 개입해야 하고 그 내부에 자신을 위치시켜야 한다. 그렇지 않으면 불안정성이 발생하고 자원의 낭비를 유발할지 모른다. 국가는 시장을 규제해야 하고 거시 경제적 수준에서 총수요를 관리해야만 한다.

3. 포스트 케인스학파 경제학의 본질적 특징

비주류 경제학자들은 앞서 언급한 전제들을 하나같이 공유하고 있다. 그렇다면 포스트 케인스학파를 다른 비주류 학파와 구분하는 특징은 무엇인가?

활발하게 저술 활동을 한 경제학자들의 연구에 따르면, 포스트 케인스학파 경제학에서 일곱 가지 특징을 발견할 수 있다(Eichner and Kregel 1975; Arestis 1996; Palley 1996; Pasinetti 2005).

유효수요effective demand와 역사적 시간historical time은 확실히 가장 본질적인 특징으로서, 모든 포스트 케인스학파의 경제학 이론은 이 특징들에 기초하고 있다. 그 밖에 다섯 가지 요소는 유효수요와 역사적 시간이라는 본질적 특징의 결과이거나 앞 절에서 다룬 전제들의 결과라는 측면에서 보조적 특징이라 할 수 있다. 그러므로 포스트 케인스학파 경제학자들 모두가 이 특징들의 중요성이 동일하다고 여기지는 않으며, 다른 학파들도 이 요소들을 선별해 받아들이고 있다.

유효수요의 원리

유효수요의 원리에 따르면, 재화의 생산 자체는 수요의 크기에 따라 조정된다. 이 원리는 모든 포스트 케인스학파 접근법에서 핵심을 이룬다. 따라서 경제는 수요 결정적demand-determined이고, 공급이나 주어진 초기 부존량에 의해 제약받지 않는다. 이는 투자가 본질적으로 저축에 의존하지 않는다는 사실을 의미한다. 다시 말해, 투자와 자본 축적은 가계의 서로 다른 시점 간 소비 결정에 연동하는 것이 아니다 (Shapiro 1977).[19]

물론 단기에 국한된 견해이긴 하지만, 많은 경제학자들도 이 관점을 공유하고 있다. 특히 마르크스주의자와 새케인스학파 경제학자들은 산출량과 국민소득이 단기적으로 총수요의 변화에 따라 좌우된다는 사실을 기꺼이 받아들인다. 그러나 이들 모두는 장기적으로 공급 조건이 부과하는 제약하에 경제가 놓여 있다고 생각한다.

예를 들어, 신고전학파의 총수요-총공급 모형AD-AS model에서 장기 총공급곡선은 수직으로 그려진다. 이는 가격수준과는 무관하게 경제가 장기적으로 이보다 더 높은 산출량 수준에서 생산할 수 없음을 의미한다. 이와 동일한 이유로, 필립스곡선Phillips curve[20]은 하나의 주어진 자연 실업률natural rate of unemployment[21]이나 최근 자주 언급되고 있는 물가 안정 실업률non-acceleration inflation rate of unemployment, NAIRU[22]에서 수직으로 그려진다. 이 자연 실업률은 유일하고 과거나 현재의 모든 실제[23] 실업 수준과는 독립적이다.

더욱이 솔로 성장 모형Solow growth model에서 장기 성장은 단지 외생 변수로 가정되는 인구 증가율과 기술 진보에 의해 결정된다. 유사한 방식으로, 마르크스주의 경제학자들의 축적 모형에서 장기 성장률은 공급 측면에서 결정된 정상 이윤율normal profit rate과 이윤의 저축률rate of savings on profits에 의해 결정된다.

포스트 케인스학파의 독자성은 공급 측면이 장기적 경제 상태를 결정한다는 관념을 수용하지 않는다는 데 있다. 따라서 포스트 케인스학파는 유효수요 원리가 단기뿐만 아니라 장기에서도 타당하다고 주장한다. 투자는 항상 저축을 유발하지만, 그 반대라고 생각하기는 어렵다. 이런 의미에서 유효수요와 현존하는 제도들이 부과하는 제약에 따라 여러 개의 장기균형이 가능할 수 있다. 결국 수요 측면에 대응해 공급 측면이 조정된다.

동태적인 역사적 시간

로빈슨(Robinson 1980)의 영향을 받은 포스트 케인스학파는 역사적 시간과 논리적 시간logical time의 차이를 강조한다. 논리적 시간을 다루는 경우, 경제학자들은 어떻게 경제가 하나의 균형 상태에서 다른 균형 상태로 이동하는지에 대해서는 별다른 관심을 보이지 않는다. 경제모형에서 어떤 파라미터parameter가 변경되어 수요곡선이나 공급곡선이 이동하는 경우, 이전 균형에서 새로운 균형으로의 이동은 즉각적으로 일어난다고 가정한다. 일단 새로운 교차점인 균형에 도달하면, 경제학자들은 새로운 상태와 이전 상태를 비교하기 시작하고, 이 분석을 통해 결론을 도출해 낸다.[24] 파라미터가 다시 이전 값으로 변화할 때, 시간은 마치 아무 요인이 아니었던 것처럼 그 경제는 원래의 균형 상태로 되돌아간다. 따라서 논리적 시간에는 깊이가 없다.[25]

그 반면 역사적 시간과 논리적 시간은 전혀 다르다. 시간은 비가역적irreversible이기 때문에, 일단 어떤 결정이 내려져 실행되면, 값비싼 대가를 지불하지 않는 한 되돌릴 수 없기 마련이다. 특히 새로운 공장 설비에 대한 투자 같은 고정비용이 존재할 때 그렇다. 만일 진

표 1-2 | 포스트 케인스학파 경제학의 주요 특징

	본질적 특징
유효수요	경제는 단기뿐만 아니라 장기에서도 수요 결정적이다. 즉 공급은 수요에 따라 조정된다. 어떤 경우에도 투자가 저축을 결정하며 그 반대는 성립하지 않는다.
역사적·동태적 시간	하나의 상태에서 다른 상태로의 이행을 항상 고려해야 한다. 이런 이행을 발생시키는 조건이 최종 균형 상태에 영향을 미칠 수 있다는 사실을 인식해야 한다.
	보조적 특징
가격 신축성의 부정적 효과	가격 신축성은 소득효과로 인해 경제 상황을 교정하기보다는 악화시킬 가능성이 있다.
화폐 생산 경제	경제모형을 수립할 때 계약이 화폐단위로 체결된다는 사실을 인식해야 한다. 이 때문에 기업은 부채를 지고 가계는 자산을 보유한다. 이는 상당한 금융적 제약을 부과할 수도 있다.
근본적 불확실성	미래는 필연적으로 과거와 다르다. 오늘 내린 결정이 미래 상황을 변화시킬 수 있기 때문에, 미래를 알지 못하고 알 수도 없다.
타당한 현대적 미시 경제학	포스트 케인스학파의 미시 경제학은 사전 편찬식 특성의 의사 결정, 그리고 역㎰ L자형 비용곡선에 기초한다(제2장 참조).
이론과 방법론의 다원주의	현실은 여러 가지 형태를 취할 수 있기 때문에 여러 방법론이 존재하고, 여타 이론과 경쟁 관계일지도 모르는 다양한 경제 이론이 존재한다.

정으로 희소한 자원이 존재한다면, 그것은 시간임에 틀림없다.

이 측면에서 어떤 장기 상태도 단기 상태와 독립적이지 않다는 결론에 도달하게 된다. 즉 장기 상태는 일련의 단기 상태에 따른 결과이다(Kalecki 1971, 165). 따라서 포스트 케인스학파는 어떤 충격이 발생한 뒤 한 경제가 이행하는 과정에서 선택하는 경로가 매우 중요하다고 주장한다. 요세프 할레비와 피터 크라이슬러(Joseph Halevi and Peter Kriesler 1991, 86)가 주장한 바와 같이, 논리적 시간에서 장기분석은 "이행 과정 자체가 최종 균형 상태에 영향을 미치지 않고, 다시 말해 이미 결정된 이행 경로에 균형이 의존하지 않고, 하나의 균형 상태에서 다른 균형 상태로의 '이행 과정'을 설명하는 것이 가능한 일관성 있는 동태적 조정 과정을 특정할 수 있을" 때에만 유효하다. 따라서 포스트 케인스학파는 일반적으로 장기 국면은 하나의 균형 상태에서 다른 균형 상태로 이행하는 과정에서의 이동 경로로부터 독립적이지 않다고 생각한다.

이런 사고는 당연히 포스트 케인스학파가 주장하는 동태적 경제 모형의 발전을 요구한다. 동태적 모형은 시점 간 유형자산 스톡과 금융자산 스톡의 변화를 강조한다. 또한 동태적 모형은 한 경제에서 생산구조의 변화에 대한 설명도 필요로 한다. 이것이 바로 동태적 시간의 본질이다.

균형 상태가 경제의 이행 경로와 독립적이지 않다는 생각이 새로운 것은 아니다. 사실 케인스뿐만 아니라 칼도, 하이먼 민스키Hyman P. Minsky를 비롯한 여러 포스트 케인스학파 경제학자들은 오래전부터 이 입장을 견지해 왔다. 흥미롭게도 한때 이런 사고는 정식화되기 어렵다고 여겨졌지만, 오늘날 이력현상hysteresis,[26] 경로 의존성path-dependency,[27] 비가역성irreversibility, ('QWERTY' 혹은 'AZERTY' 키보드의 채택과 같은) 고착화 효과lock-in effect[28] 등의 개념에 기초한 비선형 수학non-linear mathematics의 발전은 이 사고를 중심에 두고 있다. 물론 이들 개념은 복수 균형 상태의 가능성을 열어 둔다. 그리고 포스트 케인스학파가 이런 관점을 가진 유일한 경제학파는 아니더라도, 이 사고는 경제적 과정에 대한 포스트 케인스학파 경제학의 시각과 근본적으로 연관되어 있다.

앞서 논의한 비주류 경제학의 전제들에 더해 〈표 1-2〉에 개괄하는 포스트 케인스학파 이론의 주요 특징을 고려할 필요가 있다.

포스트 케인스학파 경제학의 보조적 특징

지금까지 논의한 두 가지 본질적 특징에 덧붙여, 포스트 케인스학파의 접근법을 기술할 때 흔히 다음과 같은 특징을 추가로 언급한다. 이들은 가격 신축성의 불안정화 효과, 화폐 생산 경제monetary production economy의 존재, 근본적 불확실성fundamental uncertainty, 타당한 미시 경제학, 이론화에 대한 다원주의적 접근 등 다섯 가지 보조적 특징이다. 여기서는 네 가지 보조적 특징을 살펴보고 미시 경제적 기초에 대해서는 다음 장에서 논의하도록 한다.

포스트 케인스학파 경제학은 신고전학파 이론의 핵심인 신축적 가격의 효능을 부정한다. 포스트 케인스학파는 (소비자와 생산자의 선택이 상대가격의 변화에 의존하는) 대체효과substitution effect[29]를 중시하지 않는 반면, (소비자와 생산자의 선택이 주로 소득의 변화와 기술 진보에 의존하는) 소득효과income effect[30]를 강조하는 경향이 있다.

포스트 케인스학파는 사실상 신축적 가격이 경제를 불안정하게 만들 수 있다고 주장한다. 예를 들어, 신고전학파 경제학자들은 명목임금과 실질임금이 하락하면 완전고용 경제가 달성된다고 믿지만, 포스트 케인스학파는 임금 하락이 경제적 문제를 악화시킬 뿐이라고 주장한다. 그 이유는 명목임금이나 실질임금의 하락이 노동자의 구매력을 감소시키고, 이에 따른 여파로 기업의 부채 부담이 증가함으로써 유효수요에 부정적인 영향을 미치기 때문이다.

화폐 생산 경제에서 이 같은 부채가 발생하는 것은 불가피하다. 현대 경제는 달러·파운드 등의 화폐단위로 체결된 계약에 기초하고 있으며, 생산물을 결제 수단으로 한 계약을 체결하지 않는다. 또한 가계는 거대 기업의 유형자산을 직접 소유하지 않는다. 오히려 가계는 금융자산을 소유하며, 금융자산을 유동화하려는 가계의 소망이 금융 위기를 촉발할 수도 있다.

　포스트 케인스학파 경제학의 핵심은 투자가, 경제 내의 저축 규모와는 독립적으로, 경영자나 기업의 의사 결정에 의해 이루어진다는 것이다. 이런 의미에서 은행의 역할이 매우 중요한데, 그 이유는 은행이 생산과정을 시작하기 위해 필요로 하는 자금을 기업에 먼저 제공하기 때문이다. 포스트 케인스학파는 은행들은 신용도가 높다고 판단되는 기업들에는 필요한 자금을 대출해 준다고 주장한다. 기업에 대한 신용 평가는 그 기업의 부채 규모에 달려 있다. 이것이 칼레츠키가 제시한 위험 체증의 원리principle of increasing risk[31]인데, 이 원리는 자본주의경제를 이해하는 데 매우 중요하다. 기업에 선대된 자금의 양은 부채에 대한 이자율과 마찬가지로 경제가 확장기에 있는지 아니면 축소기에 있는지에 따라 크게 변화한다. 이는 은행의 유동성선호liquidity preference[32]와 관계가 있다.

근본적 불확실성

　흔히 유동성선호는 일반적으로 케인스와 프랭크 나이트Frank Knight의 저작과 관련이 있는 근본적 불확실성과 연결되어 있다. 근본적 불확실성은 신고전학파 문헌에서 다루는 확률적 위험과는 매우 다르다. 근본적 불확실성 상황에서 한 사건이 발생할 확률에 대한 계산이나 예측이 가능한 결과에 대한 계산은 아예 불가능하다. 미래는 미지의 상황이고 예측할 수도 없다. 그렇다면 중요한 것은 경제주체의 확신, 즉 케인스가 말한 '야성적 혈기'animal spirits이다.

근본적 불확실성 개념은 포스트 케인스학파 이론에서 중요한 다른 두 가지 개념, 즉 역사적 시간 및 (세계에 대한 한정된 지식을 암시하는) 제한적 합리성과 연결된다. 역사적 시간에서 미래는 과거 혹은 현재와 다르거나 다를 수 있다. 물리학의 용어를 빌리자면, 세계는 비非에르고딕non-ergodic[33] 상태에 있는데, 과거에 관찰된 평균과 변동량이 반드시 다른 시기에도 관찰되지는 않음을 의미한다(Davidson 1988). 섀클G. L. S. Shackle이 주장한 바와 같이, 모든 중요한 결정이 내려지는 순간에는 존재했을지도 모르는 에르고딕 과정은 바로 그 결정에 의해 파괴된다.

따라서 비에르고딕 과정은 통계분석이나 계량 연구에 기초해 만들어진 결론이나 예측에 의구심을 던진다. 오늘 관찰한 사건이 미래에도 그대로 재생산된다고 생각하기는 어렵다.

데이비드슨, 민스키 등 포스트 케인스학파의 근본주의자들은 대부분 근본적 불확실성의 존재가 신고전학파의 이론적 토대를 완전히 붕괴시킨다고 믿는다. 이런 근본적 불확실성이 현실 세계에 분명히 존재하고 있으나, 신고전학파 경제학자들은 그렇지 않다고 가정해 확률밀도함수를 계속 사용하고 있다. 실제로 노벨 경제학상 수상자인 로버트 루카스(Robert Lucas 1981, 224)는 "불확실성이 존재하는 경우, 경제적 추론은 가치가 없다."고 주장했는데, 그가 말한 경제적 추론은 신고전학파 이론의 그것을 의미한다. 이 맥락에서 데이비드슨은 포스트 케인스학파 경제학자들을 인도하는 좌우명이 다음과 같다고 말한다. "대략적으로 옳은 것이 정밀하게 틀린 것보다 낫다"(Davidson 1984, 574). 다시 말해, 현실 세계에 대한 대략적인 설명이 가상 세계에 대한 정확한 설명보다 낫다는 것이다.

일부 경제학자들은 근본적 불확실성이 도입되면 [경제정책에 대한] 허무주의를 낳을 것이라고 생각하고 있다. 이에 대한 근거는, 미래를 알지 못하고 알 수 없는 경제에서 근본적 불확실성이 지배적이라면, 모든 경제정책이 바람직한 효과를 갖는지를 알기란 불가능하다는 입장에 기초하고 있다.

그러나 이런 주장은 쉽게 반박할 수 있다. 위기의 시기를 제외하면, 불확실성은 어느 정도 지속성을 창출하는 경향이 있다. 불확실성의 세계에서 경제주체나 제도는 어떤 뉴스와 예상치 못한 상황에 직면하더라도 자신의 행동을 바꾸려 하지 않기 때문이다(Heiner 1983). 적절한 정보가 부족하기 때문에, 사람들은 어떤 [새로운] 행동을 하려 하지 않을 것이다.

4. 포스트 케인스학파 이론의 다양한 흐름

사고·방법론의 다원주의

현실이 여러 형태를 취할 수 있다는 사실은 본질적으로 왜 비주류 경제학자들이 다양한 방법론과 이론을 채용해 왔는지를 설명한다. 이는 실재론적 인식론을 채용할 경우 발생하는 불가피한 결과이며, 실라 다우(Sheila C. Dow 2001)는 포스트 케인스학파의 경우에 특히 그렇다고 주장한다. 그러나 이 견해는 포스트 케인스학파 이론이 일관성을 결여하고 있다는 인상을 주기 때문에 일장일단이 있다. 일례로, 버나

드 월터스와 데이비드 영(Bernard Walters and David Young 1999)은 이 입장을 비판하는 논문을 발표하기도 했다.

포스트 케인스학파 이론의 마지막 특징은 사고와 방법론의 다원주의이다. 실제로 포스트 케인스학파 경제학은 다양한 접근법과 다른 학파의 공헌을 적극적으로 수용한다. 예를 들어, 포스트 케인스학파 경제학은 소비자 이론에서 인본주의 경제학자,[34] 기업이론에서 제도주의 경제학자[35]의 견해에 대해 개방적이다. 프랑스 조절학파regulation school[36]나 프랑스 콩벵시옹학파conventions school[37]에 속한 경제학자들처럼, 포스트 케인스학파 경제학은 마르크스, 케인스, 칼레츠키, 칼도, 바실리 레온티에프Wassily Leontief, 스라파, 베블런, 갤브레이스, 앤드루스P. W. S. Andrews, 제오르제스쿠-로에겐, 존 힉스John Hicks, 토빈 등 다양한 경제학자들, 그리고 다른 학문 분야(사회학·역사학·정치학·심리학·인류학 등)에서 영감을 얻고 있다. 포스트 케인스학파의 통일된 명제는 진리가 여러 형태로 나타날 수 있다는 것이며, 수학이나 담론 등을 막론하고 어떤 방법론이든 수용할 수 있다는 것이다.

근본주의자, 스라파학파, 칼레츠키학파

포스트 케인스학파 이론은 동질적인 접근법과는 거리가 멀다. 포스트 케인스학파 내부에는 근본주의자·칼레츠키학파·스라파학파 등 서로 다른 세 조류가 있다(Hamouda and Harcourt 1988).

데이비드슨(Davidson 1972)이나 민스키(Minsky 1975) 같은 근본주의자는 주로 케인스의 영향을 받았다. 이들은 근본적 불확실성, 화폐, 유동성선호, 금융 불안정성, 방법론적 문제 등을 강조한다. 때로는 미국

포스트 케인스학파 노벨 경제학상 수상자?

많은 경제학자들은 로빈슨과 칼도가 사망(로빈슨은 1983년, 칼도는 1986년 사망)하기 전에 노벨 경제학상을 받아야 했다고 생각한다.[38] 그런데 1996년에 노벨 경제학상을 받은 포스트 케인스학파 경제학자가 있었다. 정보의 역할에 관한 연구로 노벨 경제학상을 수상한, 캐나다 태생 미국 경제학자인 윌리엄 비크리William Vickrey였다. 그러나 그는 수상자로 발표되고서 불과 사흘 뒤 사망했다.

만약 경제학회 회원들이 비크리의 노벨 경제학상 수락 연설을 들었다면 아마 꽤 놀랐을 것이다. 그는 자신의 생애 마지막 12년간 가장 근본주의적 포스트 케인스학파 중 한 명이고, 『포스트 케인스학파 경제학 논집』을 시드니 웨인트라웁Sidney Weintraub과 함께 만든 데이비드슨이 조직한 모든 학회와 세미나에 참석했다. 실제로 그는 현대 경제의 가장 큰 문제가 구조적인 총수요 부족에 있다고 생각했으며(Vickrey 1997), 완전고용은 결국 실질적인 재정 적자를 필요로 한다고 주장했다. 또한 그는 마스트리히트 조약 등 재정 적자에 제약을 가하는 정책에 단호히 반대한 경제학자였다.

의 포스트 케인스학파라고 소개되는 이들은, 포스트 케인스학파 이론이 신고전학파 이론보다 더 일반적이라고 주장한다. 이 점을 입증하기 위해 수익체감의 '법칙'과 같은 신고전학파의 특정 이론을 수용하기도 한다.

스라파학파는, 물론 스라파의 영향을 받았지만, 마르크스에게 간접적인 영향을 받았다. 이들의 주요 관심은 투입-산출 분석input-output analysis에서와 같이, 다부문 생산 체계multisectoral production system에서 기인하는 상호 의존, 기술 선택, 상대가격의 분석 등이다. 또한 스라파 학파 이론은 생산과정에서의 잉여를 분석하는 모형을 채택했다는 점에서 '잉여 접근법'surplus approach으로 불리기도 한다.

스라파학파 연구는 결합생산joint production(예컨대 양고기와 양털),[39] 고정자본 측정, 불변의 가치척도invariable anchor of value의 선택 등도 강조한다. 이 연구와 관련된 논의에는 고도의 수학과 추상 수준이 요구됐음에도, 1970년대 비주류 경제학자들을 비롯해 (적어도 유럽의) 일반 대중들에 이르기까지 이 논의에 폭넓은 관심을 보였다. 여기에는 두가지 이유가 있었다. 첫째, 스라파학파 이론은 신고전학파 분배 이론을 무용지물로 만들었다(Garegnani 1990; Pasinetti 1977).[40] 둘째, 마르크스주의자가 내세우는 단순화된 노동 가치 이론theory of labour value에 의문을 제기했다(Steedman 1977). 그러나 파시네티(Pasinetti 1981; 1993)가 주장한 바와 같이, 스라파학파 이론은 좀 더 일관되고 정교한 이론일지 모르겠으나, 어떤 형태로든 노동 가치론을 유지하려는 최후의 시도로 보일 수도 있다.

마지막으로, 포스트 케인스학파 경제학의 세 번째 흐름은 칼레츠키학파 접근이다(Sawyer 1989). 칼레츠키학파는 칼레츠키의 영향을 가장 많이 받았고, 마르크스에게서는 (특히 이윤의 실현 문제를 다루는 부분에서) 간접적인 영향을 받은 한편, 칼도와 제도주의자에게 받은 영향은 좀 더 직접적이었다. 이런 의미에서 칼레츠키학파는 상당히 절충적이라 할 수 있다(King 2002, 219). 이들은 거시 경제적 총계치와 중범위 경제적mesoeconomic[41] 금융 문제 외에도, 가격 결정 과정을 다루는 미시 경제학에도 관심을 쏟고 있다.

그러나 칼레츠키학파는 근본주의 포스트 케인스학파와는 대조적으로 자신의 접근법이 신고전학파 이론보다 더 일반적이라 생각하지는 않으며, 단지 신고전학파 이론에 비해 여러 경제적 상황과 산업을 분석할 때 더욱 현실적이고 타당성이 있다고 생각한다.

많은 포스트 케인스학파 경제학자들이 주로 하나의 접근법에 의지해 자신의 이론을 전개하는 반면, 세 가지 포스트 케인스학파 흐름들에서 모두 영향을 받았다고 인정하는 경제학자들도 있다. 이처럼 한층 절충적인 포스트 케인스학파 경제학자로는 아이크너(Eichner 1987)와 에드워드 넬(Edward J. Nell 1998)이 있다.

신고전학파를 비판하는 관점에서, 특히 스라파학파와 근본주의자를 비교하면, 포스트 케인스학파 내부에서 경제 이론 간에 큰 차이점이 드러난다(Arena 1992). 근본주의자는 신고전학파 이론의 오류가 근본적 불확실성, 비에르고딕 과정, 화폐 생산 경제와 관련한 특징 등을 고려하지 않는 데 있다고 본다. 그러나 스라파학파는 신고전학파 이론의 '실물적' 측면이 틀렸다는 이유로 신고전학파 이론을 부정한다. 그 이유는 신고전학파 이론이 요소 가격(실질임금·실질이자율)의 신축성에 의존하는 조정 메커니즘에 기초하고 있기 때문이다. 이 요소 가격은 상대적인 희소성을 반영한다고 가정되지만, 스라파학파는 이런 주장이 오류라는 것을 증명했다.

로빈슨(Robinson 1980)이 지적한 바와 같이, 스라파학파의 비판은 신고전학파 이론에 대한 내재적 비판이고 역사적 시간과 같은 포스트 케인스학파의 본질적 특징을 포함하지 않았기 때문에, 근본주의자와 칼레츠키학파는 이 비판에 별다른 관심을 보이지 않았다.

특정한 연구 방법론을 배제하거나 강조해야 하는가

일부 근본주의자는 포스트 케인스학파 경제학의 세 가지 흐름을 통합하려는 시도가 전략적 오류라고 믿는다(Davidson 2005). 또한 최근 포스트 케인스학파의 이론을 정리한 서적들은 스라파학파의 공헌을 배제하는 경향이 있다(일례로 홀트·프레스만(Holt and Pressman 2001)을 보라). 이는 스라파학파의 접근법 및 논의 주제가 다른 포스트 케인스학파의 접근법과는 거리가 있다고 생각하기 때문이다. 이 책에서는 스라파학파의 핵심 명제들을 모두 설명하지는 않겠으나, 필자는 두 가지 이유에서 포스트 케인스학파에 스라파학파를 포함하는 것이 바람직하다고 생각한다. 첫째, 포스트 케인스학파와 스라파학파의 경제학자들 사이에 역사적·개인적으로 강한 연관성이 존재하기 때문이다. 둘째, 아마도 더욱 중요한 이유일 텐데, 스라파학파가 거시 경제적 쟁점을 논의할 때 포스트 케인스학파의 모형과 유사한 모형을 채택하고 있기 때문이다.

각 접근법을 비판하는 데 그치지 않고 적극적인 공헌까지 살펴본다면, 모든 접근법이 공통적으로 유효수요 원리의 중요성을 인정한다는 사실이 발견된다(King 1995a, 244-245). 예를 들어, 스라파학파 경제학자인 게리 몬조비(Gary Mongiovi 1991)가 사용한 고용 모형은 유효수요에 기초하고 있으며, 칼레츠키학파 모형과 유사한 결과를 제시한다(제4장 참조). 더욱이 스라파학파 경제학자인 하인츠 쿠르츠(Heinz Kurz 1994)는 칼레츠키학파 성장 모형의 변형인, 유효수요를 고려한 성장 모형을 사용했다(제5장 참조). 실제 아미타바 두트와 에드워드 아마데오(Amitava K. Dutt and Edward J. Amadeo 1990)는 세 접근법 사이의 연관성 연구에서 '신리카도 케인스학파'neo-Ricardian Keynesian라는 표현을 쓰고 있다.

또 다른 측면에서도, 포스트 케인스학파 경제학의 세 가지 흐름 사이의 수렴점을 발견할 수 있다. 비용곡선의 모양(제2장 내용과 함께 스라파학파 경제학자인 알레산드로 론칼리아(Alessandro Roncaglia 1995)와 베르트람 셰폴트(Bertram Schefold 1997, 제17장)의 연구를 비교해 보라)이나 화폐경제에 관한 연구에서 스라파학파와 포스트 케인스학파의 이론 사이에 밀접한 유사성을 발견할 수 있다. 카를로 파니코(Carlo Panico 1988) 등 일부 스라파학파 경제학자들은 근본주의자와 칼레츠키학파 이론의 주요 논제인 내생적 화폐 체계를 사용하고 있으며 중앙은행이 단기 이자율을 통제할 수 있다고 생각한다(제3장 참조). 더구나 론칼리아(Roncaglia 2003)와 같은 스라파학파 경제학자들은 희소성 개념에 기초하지 않으면서도 천연자원의 가격, 특히 석유 가격을 분석했다. 사실 론칼리아의 주장은 포스트 케인스학파 이론의 핵심 개념인 근본적 불확실성과 외생적 기술 진보율을 따르고 있다.

이 책을 읽는 독자들은 한 가지 주의를 기울일 필요가 있다. 앞으로 펼쳐질 내용에서는 포스트 케인스학파 경제학 내의 근본주의 접근보다는 칼레츠키학파의 접근이 좀 더 중시된다. 몇 가지 이유가 있다. 첫째, 칼레츠키학파 접근이 유효수요에 대해 명확하고 현실적이며 일관성 있는 관점을 제공하기 때문이다. 둘째, 어느 정도 이론을 정식화하는 것이 독자들이 이 책을 이해하는 데 도움이 되기 때문이다. 이런 의미에서 칼레츠키학파의 접근법은 TINA에 대한 완전한 대안을 대표한다. 셋째, 칼레츠키학파 모형이 매우 신축적이기 때문이다. 많은 비주류 경제학자들(마르크스학파·스라파학파·구조주의학파·조절학파 경제학자들)이 칼레츠키학파 모형을 수정해 자신의 모형을 정립

포스트 케인스학파인가, 새케인스학파인가?

지난 수십 년에 걸쳐 신고전학파 이론 내부에서 형성된 '새케인스학파' 접근법은 '새고전학파' 경제 이론과 비제약적인 자유 시장 옹호론자에 대해 다각도로 비판적인 견해를 표명하고 있다. 그렇다면 새케인스학파와 포스트 케인스학파 사이에 어떤 연관이 있는가? 확실히 이 질문에 답하기는 쉽지 않다(Rotheim 1996 참조). 얼핏 보면 새케인스학파가 쓰는 분석 도구가 신고전학파와 동일하다는 이유에서, 우리는 새케인스학파를 신고전학파 경제학자들로 불러야 한다는 결론을 내려야 할지도 모른다. 그러나 포스트 케인스학파의 접근법과 마찬가지로, 새케인스학파 이론 또한 하나의 통일된 접근법을 구축하고 있지 않다.

새케인스학파에서도 세 가지 주요 흐름을 확인할 수 있다. 이 가운데 두 가지 흐름은 약한 새케인스학파라고 부른다. 첫 번째 흐름은 경기변동 확대의 요인이 시장의 불완전성에 있다고 믿고, 어떤 명목 변수의 경직성을 설명하려고 한다. 시장의 경직성에 착안한다는 점에서, 첫 번째 흐름에 속한 경제학자들이 제안하는 경제정책은 신고전학파 경제학자들이 주장하는 경제정책과 상당히 유사하다.

스티글리츠를 필두로 한, 두 번째 새케인스학파 흐름은 정보의 비대칭성과 불완정성을 사용해 실질 변수의 경직성을 설명하려고 한다. 따라서 이 흐름에 속한 경제학자들은 단기적으로 임금과 가격의 신축성은 경제가 최적 상태로 수렴하는 데 기여하지 않는다고 주장한다.

마지막으로, 데이비드 콜랜더(David Colander 2003)가 포스트 왈라스학파 Post-Walrasian 경제학이라고 부른 세 번째 새케인스학파 흐름이 있다. 이 흐름에 속한 경제학자들은 조정coordination의 문제에서 기인하는 복수 균형모형을 다룬다. 이 접근은 일반균형이론의 영향을 받아 합리적 기대에 기초하고 있으나, 유일한 자연 실업률이나 자연 성장률의 존재에 의문을 제기하기 때문에, 포스트 케인스학파 이론과 가장 밀접하게 관련되어 있다(Van Ees and Garretsen 1993). 실제 이 모형들이 복잡한 카오스 동학을 초래하므로, J. 바클리 로서(J. Barkley Rosser 1998, 293)가 주장한 것처럼, "현실 세계에서 취한 합리적 기대의 비현실성unlikeliness"을 입증하고 근본적 불확실성에 대한 명백한 근거를 제공한다고 할 수 있다. 따라서 우리는 이 접근을 자기 파괴적self-destructive이라고 말할 수 있다.[42]

특히 통화정책과 투자함수에 대한 실증 연구에서는 포스트 케인스학파와 새케인스학파 사이에 미약하나마 수렴점이 존재한다. 사실 두 분야는 주로 칼레츠키의 영향을 받아 유동성 제약을 받아들이고 있다. 이 분야의 선도자 중 한 명이자, 주류 경제학계에서 새케인스학파의 실증 분석 경제학자로 알려진 스티븐 파자리Steven Fazzari는 사실 칼레츠키학파 경제학자이다!

그러나 두 접근의 대표적 모형에서 제약하의 최적화와 유효수요의 역할을 대비해 보면, 새케인스학파와 포스트 케인스학파의 차이가 명확히 드러난다(Dutt 2003). 포스트 케인스학파에서는 유효수요가 지배적·핵심적인 반면, 새케인스학파에서는 총수요가 일반적으로 외생적이고 주로 공급 측면에 여러 제약이 부과된다.

하고 있다는 사실이야말로 칼레츠키학파 모형이 공통 기반이 되고 있음을 시사한다. 넷째, 칼레츠키 모형은 계량경제학자인 칼레츠키가 개발했기에 실증 연구 및 계량 연구에 적합하다.

이제 드디어, 칼레츠키학파 경제학자들이 그랬듯이, 절충적 입장에서 모든 포스트 케인스학파가 관심을 갖는 주제를 중심으로 논의해 보고자 한다.

비주류
미시
경제학

신고전학파 미시 경제 이론은 한계주의marginalism와 한계효용 체감 decreasing marginal utility이라는 두 가지 핵심 개념과 밀접한 관련이 있다. 한계효용 체감이란 한 재화의 소비를 증가시킬수록 이로부터 얻는 추가 효용이 감소함을 의미한다. 따라서 어떤 재화에 부여하는 중요 성이 재화의 총효용과 직접적으로 관련된다면, 그 재화의 가격은 추가 효용(한계효용)에 의존한다. 이 주장이 바로 한계주의이다.

초기 신고전학파 경제학자들은 소비자 이론에 기초해 생산 이론 을 구축했다. 수익체감의 원리는 한계효용 체감 원리의 복사판이다. 학생들은 흔히 소비자를 지배하는 법칙과 기업을 지배하는 법칙의 유사성에 감탄하지만, 이 유사성은 자연법칙에 따른 일련의 과정에 서 온 것이 아니라, 오히려 대칭성이라는 환상에 사로잡힌 초기 신고 전학파 경제학자들이 창조해 낸 가공물이다.

포스트 케인스학파 이론은 신고전학파가 주장하는 무차별곡선in-difference curve[1]뿐만 아니라, 잘 알려진 U자형 비용곡선[2]과 볼록 등량 곡선convex isoquant curve[3] 또한 부정한다. 더욱이 기업가나 소비자를 지배하는 법칙과 행동은 신고전학파 이론이 묘사하는 것과는 전혀 다르다.

1. 소비자 선택이론

포스트 케인스학파 경제학자들은 여러 학파의 연구를 포괄해 소비자 선택이론을 발전시켜 왔는데, 그중에서도 특히 심리학자, 사회경제학자, 제도주의자, 마케팅 전문가의 연구와 제오르제스쿠-로에겐(Georgescu-Roegen 1966)이나 사이먼을 비롯한 행동주의학파 경제학자들이 수행한 연구의 영향을 받았다. 스타브로스 드라코풀로스Stavros A. Drakopoulos는 케인스조차 대안적 소비 이론과 연계되어 있다고 밝히고 있다(Drakopoulos 1992). 그의 대표적인 소비자 이론은 공리적 접근axiomatic approach이 아니라 관찰되는 행동에 근거하고 있다. 더구나 불확실성 하의 의사 결정을 다룬, 경제학자들과 심리학자들이 최근 수행한 실험 연구 결과는 포스트 케인스학파의 접근을 명확히 지지하고 있다.

포스트 케인스학파의 소비자 이론을 논의하기에 앞서, 욕구wants와 필요needs 개념을 정확히 구분하는 것이 중요하다. 흔히 현대 신고전학파 경제학자들은 이들의 구분을 혼동하고 있으나, 역설적으로 마셜이나 칼 멩거Carl Menger 등 신고전학파의 선구자들은 두 개념을 분명히 구분했다. 간단히 말해, 필요는 항상 정렬할 수 있고 우선순위, 즉 위계적 순위hierarchic ranking를 매길 수 있는 반면, 욕구는 필요에서 발생한 것이기에 "필요의 어떤 층위 혹은 공통 범주 안에서 다양한 선호"를 구성한다(Lutz and Lux 1979, 21). 이 같은 구분은 다음의 예를 통해 쉽게 이해할 수 있다. 갈증 해소는 '필요'이지만, 코카콜라와 펩시콜라 사이의 선택은 순전히 특정 콜라에 대한 '욕구'의 결과이다.

일곱 가지 소비자 선택 원리

〈표 2-1〉에서 보듯이, 포스트 케인스학파의 소비자 선택이론에는 일곱 가지 원리가 있다. 그중 절차적 합리성은 앞 장에서 비주류 경제학의 전제를 다룰 때 충분히 논의했다. 소비자가 내리는 대부분의 결정은 자의적이며, 관례와 습관의 결과이거나 단지 몇 가지 기준에 따른 결정이다. 예를 들어, 의자를 선택하는 경우에 색상 선택은 가죽의 질에 대한 소비자의 요구에 비해 대수롭지 않게 여겨질지 모른다. 아주 중요한 구매의 경우를 제외하면, 가계는 가능한 모든 선택 사항을 고려하지는 않을 것이다. 사실 비보상적 결정 기준non-compensatory decision criteria[4]은 소비자가 빠른 결정을 내릴 수 있게 한다.

더구나, 소비자마다 흔히 임계점threshold이 있는데, 이를 필요의 포화성 원리principle of the satiation of needs라고 한다. 임계점을 넘어서면 그 재화를 추가로 구매해도 만족을 얻지 못한다. 이 원리는 신고전학파의 한계효용 체감 원리와 유사해 보이지만 전혀 다르다. 신고전학파의 한계효용 체감 원리는 불포화성 원리non-saturation principle[5]이다. 반면에 포스트 케인스학파의 포화성 원리에 따르면 임계점은 양(+)의 가격과 유한한 소득하에서 존재한다.

필요의 분할성 | 필요의 분할성과 종속성은 상당한 반향을 불러일으키는 핵심적인 원리들이다. 필요의 분할성 원리principle of the separability of needs에 따르면, 필요와 소비지출의 범주들을 서로 명확히 구분할 수 있다.

구매를 고려하고 있는 모든 재화의 상대가격을 계산하고 소득을

표 2-1 | 포스트 케인스학파 선택이론의 일곱 가지 원리

절차적 합리성(사이먼)	소비자는 습관에 따라 단순한 방법을 찾고, 비보상적 규칙을 사용하고, (극대화 대신) 대체적인 만족을 추구하는 경향이 있다.
필요의 포화성(제오르제스쿠-로에겐)	주어진 임계점을 넘어서면 필요는 충족되고, 재화의 증가는 추가적인 만족을 주지 않는다.
필요의 분할성(랭커스터)	소비자는 필요와 지출을 여러 범주로 분류하며, 이 범주들은 대개 느슨하게 연계되어 있을 뿐이다.
필요의 종속성(제오르제스쿠-로에겐)	필요는 흔히 위계화되고, 하나의 필요는 다른 필요에 종속된다.
필요의 성장(제오르제스쿠-로에겐, 파시네티)	필요의 위계 구조 내에서 시간과 소득의 증가에 따라 하나의 필요에서 다른 필요로 이동한다.
의존성(갤브레이스)	필요는 평판·유행·우상·문화·가족·친구 등의 영향을 받는다.
계승성(제오르제스쿠-로에겐)	현재의 선택은 과거의 선택에 의존한다.

다양한 소비재에 정확히 할당하는 작업을 수행하기란 거의 불가능하다. 이 복잡한 작업을 피하기 위해 소비자는 오히려 자신의 일을 단순화·세분화하는 일련의 결정을 내린다. 예를 들어, 소비자는 일정 예산을 음식, 옷, 서비스, 여가 활동, 주택 대출금 상환, 교통비 등 다양한 항목에 우선 할당한다. 다음으로, 각각의 범주 안에서, 그러나 다른 범주와는 독립적으로, 소비자는 다양한 하위 범주subcategory나 하위 그룹subgroup을 검토한다. 그 결과, 우리는 여러 지출 흐름들을 파악할 수 있다. 각 흐름은 수많은 조합의 가능성을 가지게 되며, 각 가능성은 지출의 하위 그룹을 나타낸다.

특정 하위 그룹 안에서 상대가격이 변화해도, 이는 다른 하위 그룹에 속한 재화나 서비스의 구매에 대한 결정에 영향을 미치지 못한다. 상대가격의 변화는 같은 하위 그룹에 속한 재화들을 평가하는 데만 영향을 줄 뿐이다. 예를 들어, 셔츠 가격의 하락은 바지 수요에 영향을 미칠지 모르지만, 다른 서비스 및 컴퓨터 수요에는 영향을 주지 않는다. 그런데 하나의 하위 그룹에 속한 모든 재화의 전반적이고 일반적인 가격 상승은 다른 하위 그룹에 할당된 예산에 영향을 미칠 수도 있다. 예를 들어, 옷 가격이 전반적으로 상승했을 때 음식 지출에 영향을 줄지 모르는 식이다.

실제로 실증 연구들에 따르면, 주요 하위 그룹의 가격탄력성[6]은 극히 적고(한 연구에 따르면, -0.072~-0.003), 교차 가격탄력성[7]은 0(36개 항목 중 30개에서 0.02 미만)에 가깝다(Eichner 1987, 제7장). 다시 말해, 하위 그룹 사이의 대체효과는 사실상 존재하지 않는다. 신고전학파 이론의 핵심인 대체효과는 재화가 서로 비슷한 경우(예컨대 과일주스와 탄산음료)에만 확인된다.

필요의 종속성 | 핵심 원리 중 하나인 필요의 종속성subordination of needs을 고려할 경우 대체효과는 더욱 약화된다. 사실 이 원리는 매슬로, 그리고 심리학의 인본주의 경제학파가 제시한 필요의 피라미드pyramid of needs와 연결되어 있다. 이는 아래부터 차례로 생리적physiological 필요, 물질적material 필요, 사치적luxury 필요, 사회적social 필요, 도덕적moral 필요 순서로 구성되어 있다. 예산은 다음과 같이 계층적으로 할당된다. 필수적 필요가 만족될 때까지, 여기에 예산을 우선적으로 할당한다. 남은 소득은 우선순위에 따라 재량적으로 다른 하위 그룹의 예산으로 할당한다. 따라서 이 같은 선택은 사전 편찬식lexicographic[8]이라 할 수 있다.

이 원리에 따르면, 효용utility은 단일 가치unique value로 표현될 수 없다. 효용이 존재한다면 각 구성 요소를 하나의 필요에 대응시키는 벡터vector로 나타나야 한다.[9] 이는 제오르제스쿠-로에겐(Georgescu-Roegen 1966)이 환원 불가능성 원리principle of irreducibility라 부른 것으로, 통약 불

포스트 케인스학파와 사전 편찬식 순위 배열

포스트 케인스학파는 소비자 선택이론을 체계적으로 발전시키지는 않았지만, 로빈슨(Robinson 1956), 파시네티(Pasinetti 1981, 제4장), 넬(Nell 1992, 제17장), 아이크너(Eichner 1987, 제9장), 아레스티스(Arestis 1992, 제5장) 등 활발하게 저술 활동을 해온 포스트 케인스학파 경제학자들의 연구에서 제시된 일관된 통찰은 관심을 불러일으킨다. 그중 피터 얼(Peter E. Earl 1983)의 연구는 흥미롭다. 앞서 설명한 포스트 케인스학파 선택이론의 일곱 가지 원리 중 다섯 가지에 대해서는 필자의 다른 책(Lavoie 1992a, 제2장)에서 깊이 있게 다루고 있고, 사전 편찬식 성격의 순위 배열의 정식화는 드라코풀로스(Drakopoulos 1994)를 참조할 수 있다. 재화의 속성에 관한 켈빈 랭커스터(Kelvin Lancaster 1971)의 분석은 필요의 분할성과 종속성 원리를 수학적으로 정리하고 있으며, 다수의 포스트 케인스학파 경제학자들은 그의 분석에 매력을 느끼고 있다.

랭커스터에 따르면, 소비자는 특정 재화의 속성에 관심을 두는 반면, 재화 자체에는 관심을 두지 않는다. 각 재화는 속성들로 구성되는 벡터로 표현할 수 있다. 따라서 전체적으로 모든 재화는 소비 행렬로 표현될 수 있다. 이 행렬을 분해할 수 있는 경우에는 특정 필요를 하나의 속성 그룹으로 나타낼 수 있다. 일부 신고전학파 경제학자들도 이 같은 분할성의 원리를 받아들이고 있다.

따라서 종속성 원리를 논의하려면 사전 편찬식 순위 배열을 도입할 필요가 있는데, 이는 사람들이 속성 그룹에 순서를 매기고 우선순위를 정한다는 것을 의미한다. 랭커스터(Lancaster 1971, 154)는 이를 '지배성'dominance이라 불렀으나, 그다지 깊이 고찰하지는 않았다. 한편, 거의 같은 시기에 이 접근을 제안한 아이언몽거(D. S. Ironmonger 1972)는 이런 특징을 매우 강조했다.

가능성 원리principle of incommensurability로 일컬어지기도 한다.

서로 다른 하위 그룹에 속한 재화들 사이에는 재정 거래가 발생하지 않는다. 이 지출 범주들 사이에는 대체 관계가 성립할 수 없다. 신고전학파 이론의 아르키메데스 정리Archimedes' axioms,[10] 즉 신고전학파 이론의 본질적 요소인 조대체성gross substitution[11] 개념은 성립하지 않는다. '모든 것은 하나의 가격을 갖는다'는 가정과 '어떤 재화는 다른 재화로 대체될 수 있다'는 가정은 정당성을 상실한다. 유일한 대체 가능성은 하위 그룹 안에서만 나타난다.

성장·의존성·계승성 | 필요의 위계성이 실재한다는 사실을 인정한다면, 이 위계는 어떻게 조직되어 있을까? 또한 어떻게 특정 필요에서 다른 필요로 이동하는가? 성장growth·의존성dependence·계승성heredity 원리는 이런 질문들의 답을 구하는 데 도움을 준다. 성장의 원리는 가계 소득이 증가할수록 필요 피라미드의 상층으로 옮겨 간다고 규정한다. 즉 소득효과는 필요 피라미드상에서의 진화를 설명한다. 이 피라미드의 최상층은 환경문제를 포함한 도덕적 필요라고 가정된다.

그렇다면 우리는 어떻게 현재의 필요에 도달하는가? 그리고 어떻게 우리가 원하는 필요를 알 수 있는가? 필요의 선택과 진화는 우리가 속한 사회·유행·선전 등의 영향을 받는다. 갤브레이스(Galbraith 1958)는 이를 의존성 효과라고 불렀는데, 이에 따르면 소비자는 다른 사회 구성원들(유명 인사나 본받고 싶은 사람들)을 관찰해 그들의 소비 행위를 모방하고자 한다. 비독립성non-independence 원리로도 불리는 필요의 의존성 원리는 '현시적 소비'conspicuous consumption[12]와도 밀접히 연관되어 있다. 베블런과 그 지지자들이 밝힌바, 이는 개인이 흔히 자신보다

르네 로이 : 포스트 케인스학파 소비자 이론의 첫 주장자

프랑스 교량/토목대학 l'École des Ponts et Chaussées 교수인 르네 로이René Roy와
그의 동료 모리스 알레Maurice Allais는 1943년 경제학술지 『이코노메트리카』
*Econometrica*에 "소비자 선택 이론에서 필요의 위계화와 그룹의 개념"La hiér-
archie des besoins et la notion de groupe en économie des choix이라는 주목할 만한 논
문을 발표했다. 1940년에 제출된 이 논문에서 로이는 대안적 소비자 이론
의 여러 측면을 다룬다. 이어지는 인용문에서 보듯이, 특히 포화성의 원리,
분할성의 원리, 종속성의 원리를 발전시키고 있다.

다음과 같은 사실에 기초해 이 그룹들이 인식·확립되는 듯하다. 모든
개인은 필요의 상위 계층에 속하는 재화를 소비하기에 앞서 육체적 본
성, 기후, 주거 특성, 사회적 제약 등이 부과하는 조건 아래 생존하는 데
필요한 필수 재화 및 서비스에 자신의 소득을 우선 배분한다. 따라서 모
든 재화나 서비스는 그룹으로 분류할 수 있고, 소비자는 하층 그룹의 필
요가 완전히 충족되기 전에는 높은 층위의 그룹으로 이동하지 않는다.
……

마지막 분석으로, 특히 소비 현상에 대해서는 다음과 같이 생각할
수 있다. 인간적 필요를 만족시키는 데서 긴급성urgency이라는 개념으
로부터 소비재의 순위를 매기는 척도가 만들어진다. 이 척도에 따르면,
소비재는 몇 개 그룹으로 분류된다. 한편, 기호의 개념은 개별 소비자
의 선호를 충족하는 물품의 선택이라는 의미에서 각 그룹 내부에서 나
타난다. ……

상대가격은 각 그룹 내에서만 개인의 기호와 결부되어 있으며, 대체
메커니즘을 통해 특정 상품의 수요에 영향을 미친다(Roy 2005, 50, 51, 54).

타인을 만족시키기 위해 소비한다는 원리이다.

그런데 계승성 원리라고 불리는 좀 더 본질적인 또 다른 의존성 효과가 있다. 이 원리는 실험심리학 연구를 통해 상당 부분 실증되고 있는 사실이다. 이에 따르면, 현재의 선택이 과거에 취해진 선택의 순위에 의존한다. 제오르제스쿠-로에겐은 습관에 의한 선택이 계승성 원리를 따른다고 주장했다. 예를 들어, 특별한 경험에서 오는 만족감은 과거의 경험, 그 경험들의 시간 간격, 그리고 과거 경험의 지속성과 강렬함에 의존한다. 과거의 선택이 미래의 선택에 영향을 미친다는 점에서 계승성 원리는 역사적 시간이라는 개념을 소비자 선택이론에 적용한 것이다. 이 원리는 현재 상황이 과거에서 진행되어 온 이행 경로에 의존한다는 이력 효과hysteresis effect의 일종이다. 예를 들어, 처음에 엑스박스 게임기의 구매를 선택했다면, 이는 미래에 디브이디 플레이어를 구매할 필요를 제거해 버린다.

경제 이론과 정책에 대한 함의

환원 불가능성 원리는 분할성 원리와 종속성 원리를 포괄하는 것으로, 재화들이 동일한 방식으로 취급될 수 없다는 사실을 의미한다. 다시 말해, 수요량에 대한 가격 변화의 효과는 비대칭성asymmetry을 갖는다. 예를 들어, 재량적 그룹에 속한 재화(일종의 부속품)의 가격 변화는 필수적 필요와 관련되어 있는 재화(예컨대 빵)의 수요량에 영향을 미치지 못한다. 그러나 필수재의 가격 변화는 사치재나 덜 필수적인 재화의 수요량에 영향을 미친다.

실제로 환원 불가능성 원리는 어느 정도 국가 개입을 정당화한다.

특히 국민의 필수적 필요를 충족하는 필수재의 가격을 규제하고 보조금을 지불하는 정책을 정당화한다. 부동산 가격 규제와 임대 아파트 제공 등의 정책에도 동일하게 적용된다. 이 같은 필수재의 가격을 낮춤으로써 더 많은 사람들이 스스로 최우선으로 생각하는 필요를 충족할 수 있게 해준다.

환경 연구에 대한 함의

포스트 케인스학파의 소비 이론을 통해, 환경 연구에서 자주 관찰되는 현상을 설명할 수 있다. 조건부 가치 측정 모형contingent valuation models[13]을 사용하는 경제학자들은 환경의 개선 및 악화, 야생 생물 보호 등을 위해 소비자가 어느 정도의 금액을 지불할 의사가 있는지, 혹은 어느 정도의 보상을 받으면 이를 용인할지를 평가한다. 수년에 걸쳐 무수히 많은 답변(입찰)을 얻었는데, 신고전학파 이론이나 무차별곡선과는 모순되는 결과가 나왔다.

많은 사람들은 설문 조사에서 환경문제에 관심이 있다고 흔쾌히 인정하는 반면, 아무런 금전적 보상도 받아들이지 않을 것이라 응답한다. 그 밖에 사람들은 환경보호를 위해 매우 높은 금액을 지불할 의사가 있다고 응답한다. 이런 반응은 다음과 같은 주장을 받아들인다면 이해할 수 있다. 소비자는 환경을 소득 제약이 거의 작용하지 않는 일차적 필요로 인식하고 있다. 어떤 고액의 보상액도 환경 악화에 대한 보상으로는 불충분한 것이다. 이 같은 소비자들의 환경 이슈 인식은 입찰하지 않거나(영zero의 입찰) 무한대의 입찰로 표현된다. 이를 저항 입찰이라고 할 수 있다(Spash and Hanley 1995).

장 아누이 : 사전 편찬식 선택에 관한 전문가

장 아누이Jean Anouilh는 세련된 시각을 바탕으로 다양한 묘사를 통해 인간행위를 분석한 희곡들을 남긴 프랑스 극작가이다. 그는 한 희곡에서 부유한 실업가인 메세슈망과 젊고 매혹적이지만 가난한 무용수인 이자벨의 대화를 기술한다. 메세슈망은 그의 딸이 영주의 사랑을 얻는 데 이자벨이 방해가 되자, 그녀를 매수해 성을 떠나게 하고 싶어 했다. 인용문을 음미해 보자.

> 메세슈망 얼마를 주면 다시는 영주를 만나지 않고 떠나겠소?
> 이자벨 필요 없어요. 다시는 그를 만나지 않겠어요.
> 메세슈망 이봐요 아가씨, 나는 공짜를 좋아하지 않소.
> 이자벨 공짜라서 문제인가요?
> 메세슈망 공짜는 가치가 없어 보이지 않소. 당신 결정이 마음에 들어 푸짐하게 보상해 주고 싶소. 얼마를 원하오?
> 이자벨 아무것도 필요 없어요.
> 메세슈망 거참, 너무 비싸게 구는군.
>
> Jean Anouilh, *L'invitation au château*, Paris: Éditions de la Table Ronde (Folio), Paris, Act IV (1972)[1951], pp. 325-328.

사전 편찬식 순위 배열의 훌륭한 예다. 메세슈망이 이자벨에게 얼마를 주면 떠나겠냐고 묻자 이자벨은 '필요 없다'고 답한다. 일종의 저항 입찰이다. 그녀는 떠날 생각이 없거나, 떠나더라도 요구액이 무한대이다. 그녀의 선호는 사전 편찬식이다. 메세슈망은 어리석지 않기에 답변의 의미를 잘 이해하고 있다. 이자벨이 그의 제안을 기꺼이 받아들일 만한 가격을 영(무가치)이라고 할 때, 메세슈망이 불쑥 너무 비싸다고 한 것은 이런 이유에서다.

환경 경제학에서 활용되는 사전 편찬식 선택

각 개인은 산림의 질(혹은 면적) f와 사적 소비(순소득) y 사이에서 선택해야 한다고 가정하자. 그리고 개인의 소득이 y^*보다 낮다면 각 개인들은 산림 면적과 상관없이 가장 높은 순소득(최대 소비)을 선호하지만, 동일한 순소득 수준에서는 최대 산림 면적을 더 선호한다고 가정하자. 여기서 사적 소비는 개인의 1차적 선택인 반면, 산림은 2차적 선택이라 할 수 있다. 이는 〈그림 2-1〉에서 화살표가 있는 수평선 모양의 준무차별곡선quasi-indifference curve 으로 나타난다. 수평선이 위로 이동할수록 만족도는 높아지고, 주어진 수평 선상에서는 오른쪽으로 이동할수록 만족도가 증가한다.

그러나 순소득이 y^* 이상이면 각 개인의 1차 관심은 산림 면적이 되고 순소득은 2차 관심이 된다. 이럴 경우 준무차별곡선은 수직이다. 그리고 오 른쪽으로 이동할수록 개인은 더 큰 행복감을 느낀다. 이때 개인은 '친환경' green 소비자가 된다. 이 같은 내용을 종합하면, 〈그림 2-1〉에서 개인의 선 호 순서는 $A \rangle C \rangle B \rangle D \rangle E \rangle G$ 가 된다.

어떤 개인이 산림 면적 f_0와 소득 y_a인 점 A에 있다고 가정하자. 이 조 건하에서 이 사람은 산림 면적의 축소를 막기 위해 얼마를 지불할 용의가 있는가? 그는 y^*보다 소득이 낮을 경우 순소득이 1차 관심 사항이기에, 분 명히 $(y_a - y^*)$만큼 지불할 의사가 있다. 그러나 이 금액은 산림의 실제 가 치를 매우 과소평가한 금액이다. 만약 산림이 크게 훼손되어 현재 친환경 소비자가 점 B에 위치한다면, 그의 만족도는 점 C에 있을 때보다도 훨씬 낮다. 이 경우에는 얼마를 보상해야 이 소비자에게서 산림 일부분의 훼손에 대한 동의를 얻을 수 있는가? 사실 이 금액은 존재하지 않거나 무한대이다.

따라서 사전 편찬식 순위에서 산림을 1차 기준으로 생각하는 개인의 경 우, 조건부 가치 평가법은 다른 시장이나 가상 시장에서 나타나는 자유롭게

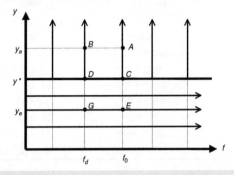

그림 2-1 | 사전 편찬식 조건부 가치 평가

합의된 교환을 적절히 반영하지 못한다. 앞서 살핀 예시에서 나타난 거래는 인질 석방 거래와 유사하다. 사람들은 인질 석방 거래에서 지불된 몸값과 인질이 된 인간의 가치가 서로 무차별하다고 생각하지 않는다. 여기서 신고전학파 후생경제 이론welfare theory[14]은 무용지물로 전락한다. 신고전학파 이론은 훼손되는 산림 면적과는 상관없이 개인이 단지 보상 금액 $(y_a - y^*)$에만 관심을 둔다고 주장하고 있다.[15]

2. 과점 시장과 기업의 목표

포스트 케인스학파 이론에서 기업의 특징

신고전학파 기업이론은 본질적으로 완전한 허구이다. 신고전학파 이론은 수익체감에 직면하는 작은 기업들을 가정하고, 완전경쟁하에서 기업은 시장가격과 한계비용marginal cost이 일치하는 점에서 상품을

표 2-2 | 가격 결정과 시장에 대한 다양한 접근

	포스트 케인스학파	신고전학파
칼레츠키 (Kalecki 1971)	비용 결정 가격	수요 결정 가격
민스 (Means 1936)	비신축적 가격	신축적 가격
	관리가격	시장 청산 가격
소여 (Sawyer 1995)	기업 결정 가격	시장 결정 가격
	장기 전략 가격	단기 가격
오쿤 (Okun 1981)	가격 결정자	가격 수용자
	가격표 시장	경매시장 가격
힉스 (Hicks 1974)	고정 가격 시장	신축 가격 시장
챈들러 (Chandler 1977)	보이는 경영자의 손	보이지 않는 시장의 손

생산함으로써 단기 이윤을 극대화한다고 주장한다. 가격이 평균가변비용average variable cost보다 높은 한, 기업은 부채를 지지 않고 계속해서 살아남는다. 수요가 증가하면, 가격 역시 상승한다. 포스트 케인스학파 이론에서 전제하는 기업의 본성은 다르다. 기업은 불완전 경쟁하에서, 좀 더 엄밀히 말하면 몇몇 거대 기업이 다수의 중소기업을 지배하는 과점 시장에서 운영된다.

또한 한 기업이 내린 결정은 다른 기업에도 영향을 미치므로 기업들은 상호 의존적이다. 이는 기업이 경쟁 기업과 잠재적 시장 진입 기업을 염두에 둬야 함을 의미한다. 따라서 기업의 전략 수립은 사업에서 중요한 구성 요소이다. 다시 말해, 기업은 미래 계획을 수립하고 장기적 안목에서 전략을 결정해야 한다. 이는 특히 가격 결정 과정에서 그렇다. 포스트 케인스학파 경제학자들의 가격 결정과 시장 구조에 대한 다양한 분류는 〈표 2-2〉에 정리되어 있다.

이런 의미에서 가격은 '시장력'에 따라 결정되거나, 가상의 전지전능한 경매인auctioneer에 의해 결정되지 않는다. 가격은 기업에 의해 결정된다. 만약 어떤 기업이 가격 수용자price taker라면, 그 산업의 선도 기업이 실행한 가격 결정 정책을 단지 모방할 것이다. 이 경우, 선도 기업은 가격 선도자price leader가 된다. 지배적 기업이나 기준이 되는 기업은 생산된 제품의 가격을 결정해야 하고, 이 가격은 시장에 있는 나머지 기업들이 따르는 기준이 된다. 여기서 가격이 시장을 청산하지 않을 뿐만 아니라 수요와 공급이 일치하는 점에서 결정되지 않는다는 사실이 명백해진다.

갤브레이스(Galbraith 1967)를 비롯한 일부 포스트 케인스학파 경제학자들은 기업의 특징 중 하나로 소유자와 경영자의 분리를 강조한다. 그러나 로빈슨(Robinson 1956, 제7장)이 주장한바, (금융시장이 자기도취에 빠져 있던 1990년대와 같은 비정상적 상황을 예외로 하면) 대부분의 포스트 케인스학파는 소유자와 경영자 모두 기업의 장기 생존이라는 동일한 목표를 공유한다고 생각한다. 소유자와 경영진은 이 목표를 달성하고자 수많은 전략과 목표를 개발한다.

거대 기업은 다양한 재화와 서비스를 생산하는 공장이나 생산 설비를 복수로 보유하는 특징을 보인다. 재론하겠지만, 거대 기업이 직면하는 평균가변비용은 산출량 수준과 무관하게 거의 일정하다.

지배력과 성장

실제로 경영에는 여러 목표가 존재함을 보여 주는 연구들이 많다. 그런데 기업은 생존을 위해 경제 환경을 통제할 수단을 획득해야 한다. 예를 들어, 산업 내에서 신규 기업이나 경쟁 기업의 진입 방해, 연구 개발R&D의 촉진, 그리고 납품 업체나 금융업자, 산업의 미래, 정부 입법에 대한 통제력의 행사 등이 있다. 이런 통제력을 행사하기 위해 기업은 자신의 생존 보장 수단인 지배력을 획득해야 한다. 또한 지배력은 기업 경영자가 사회 계급 내에서 높은 지위를 차지하고 경영자의 동료들에게 선망의 대상이 되도록 보장한다. 그런데 여러 연구에서 밝혀진 바에 따르면, 지배력은 모호하고 다양한 요소로 구성된 개념이기에 기업들은 이를 명시화한 여러 중간목표를 갖는다.

그렇다면 거대 기업은 어떻게 지배력을 획득하는가? 판매 실적과 시장점유율이 높은 기업일수록 지배력이 더 크다. 따라서 지배력은 기업의 규모와 시장점유율 수준과 관련된다. 지배력과 시장점유율을 높이려는 기업은 성장해야만 한다. 즉 성장은 기업이 더 강한 지배력을 획득하기 위한 수단이다. 즉 기업은 그 무엇보다도 성장 극대화를 추구한다.

포스트 케인스학파 이론에서 성장은 언제나 중요한 기능을 한다. 로빈슨에 따르면, "자본축적의 중심 기제는 살아남아 성장하려는 기업의 욕망이다"(Robinson 1962, 38). 이 주장은 현재뿐만 아니라 50년 전 갤브레이스가 살았던 시대, 1백 년 전 베블런이 살았던 시대, 나아가 자본주의사회의 모든 시대를 통틀어 타당한 진실이다.

포스트 케인스학파의 이론에 기업의 최적 규모나 수익체감 따위는 존재하지 않는다. 기업은 자신의 성장률에 따른 제약을 받지만, 절대적 규모에 따른 제약을 받지는 않는다.

칼레츠키의 위험 체증 원리

다음으로 이윤에 대해서는 어떻게 말할 수 있는가? 자본주의에서 이윤의 역할은 무엇인가? 간단히 말해, 이윤은 기업이 금융시장과 은행에서 자금을 원활히 공급받아 성장할 수 있게 해준다. 더구나 기업은 분배하지 않은 이윤(사내 유보금)으로 기업 내 연구 개발 자금 및 자본 지출의 대부분을 조달할 수 있다.

신고전학파 이론에 따르면, 모든 기업은 사업 확장 자금을 조달할 수 있다. 이때 필요한 것은 계획된 투자의 중요성과 미래에 기대되는 수익성을 입증하는 것이다. 이런 상황은 인터넷과 소프트웨어 기반 벤처기업이 출현하면서 도래한 '신경제'new economy에 쏟아졌던 열광과 매우 유사하다. 그러나 얼마간 반짝 끓어올랐던 이 영광은 어느새 환상이 깨져 버린 현실 앞에 그 빛을 잃고 말았다.

현실 세계에서 기업은 중대한 금융 제약에 직면한다. 포스트 케인스학파의 기업이론은 칼레츠키가 제시한 위험 체증의 원리에 기초하고 있다(Kalecki 1971, 제9장). 이 원리는 근본적 불확실성의 개념과 연결된다. 대부업자는 자신의 위험을 통제하려 하기 때문에, 기업이 은행이나 금융시장에서 차입할 수 있는 최대 자금 규모는 매출 실적, 특히 사내 유보금 수준에 의존한다. 따라서 기업에 대출된 자금 규모는 현재 사내 유보금 수준의 일정 배수가 된다. 더구나 (기만적인 기업가와 대비되는) 진정한 기업가는 기업의 생존을 위협할 수 있는 비유동성이나 채무불이행의 상황을 피하기 위해 차입 자금의 비율을 적절한 수준에서 통제하고자 한다. 이것이 바로 차입자 위험borrower's risk이다.

그러므로 이윤은 기업의 자본을 증가시키고 건전한 금융 포지션을 확보하게 해주며, 은행신용이나 증권시장을 자유롭게 이용할 수 있게 한다. 기업의 성장 극대화라는 목적을 제약하는 금융적 요구 조건은 이윤을 통해 비로소 해결된다.

확장 경계

기업이 추구하는 성장과 이윤율 사이에 어떤 관계가 있는가? 포스트 케인스학파 이론은 기업이 기본적으로 두 가지 제약에 직면해 있다는 에이드리언 우드Adrian Wood의 주장을 따르고 있다(Wood 1975). 그 중 하나는 금융 경계finance frontier로서, 기업이 추구하는 성장률과 투자 자금을 조달하는 데 필요한 최소 이윤율의 관계를 나타낸다. 이는 칼레츠키의 위험 체증의 원리에 기초하고 있다. 또 하나는 확장 경계 expansion frontier로서, 기업의 성장률과 기업이 달성하기를 희망하는 최대 이윤율 사이의 관계를 나타낸다. 두 가지 경계는 기업과 장기적 전망에 작용하는 제약으로 파악된다.

〈그림 2-2〉에서 종鐘 모양의 확장 경계선은 기업의 성장이 긍정적 효과와 부정적 효과를 동시에 갖는다는 점을 시사한다. 기업의 성장률이 낮을 때, 성장의 긍정적 효과가 부정적 효과를 압도한다고 가정한다. 기업이 더 많은 투자를 하면 최신 기술을 더 잘 흡수할 수 있고, 그 결과 기업은 생산비용의 감소를 통해 이윤율을 증가시킬 수 있다. 그러나 기업의 성장이 가속화되면서 종업원은 기업의 철학이나 경영 기법에 익숙해지기 어려워진다. 이를 로빈슨의 동료이자 이 이론의 창시자인 이디스 펜로즈Edith Penrose의 이름을 따서 '펜로즈 효과'라 부른다(Penrose 1959).

게다가 기업의 빠른 성장은 흔히 관련성이 낮은 제품까지 생산 품목이 다양화하는 것을 의미한다. 이는 마케팅 비용을 상승시키고 이윤 마진profit margin의 감소를 유발한다. 이 같은 부정적 효과들은 달성 가능한 최대 이윤율을 감소시키므로 높은 성장률 수준에서 확장 경

그림 2-2 ι 기업의 금융 경계와 확장 경계

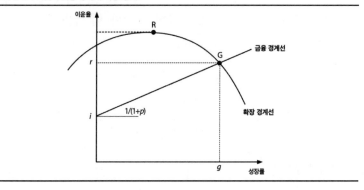

계선이 우하향하는 부분이 나타난다.[16]

금융 경계

금융 경계는 내부 금융과 외부 금융에 대한 기업의 접근 기회를 설명한다. 투자는 기업 내에서 자금이 조달(자기금융)될 수도 있고 은행 차입이나 주식 발행을 통해 외부로부터 조달될 수도 있다. 차입 자금을 사내 유보금의 배수 ρ로 표시할 수 있다고 가정하자. 기업의 이윤을 P, 자본을 K, 자본에 대한 이자와 배당의 평균 비율을 i라고 하면, 투자의 최대 가치 I를 다음 식으로 나타낼 수 있다.

$$I = (P - iK) + \rho(P - iK)$$

양변을 K로 나누면 좌변은 자본 스톡 성장률 $g = I/K$가 되고, 우변은 자본 이윤율 $r = P/K$를 포함한다. 이 식을 정리하면 금융 경계 식이 된다(Marris 1964; Sylos Labini 1971). 이자율과 배당률이 i일 때, r은 기업이 g로 성장하기 위해 필요한 최소 이윤율이다. 세 변수는 명목 변수나 실질 변수, 어느 것으로도 나타낼 수 있다. 이 식을 재정리하면, 금융 경계는 다음과 같이 표현된다.[17]

$$r = i + \frac{g}{(1+\rho)}$$

두 경계의 교차점

〈그림 2-2〉는 확장 경계와 금융 경계를 나타낸다. 두 경계선의 교차점 G는 경쟁 환경과 금융 환경의 제약을 받는 기업의 최대 성장률이다. 이 교차점 G는 신고전학파의 이윤 극대화에 해당하는 점 R 과는 다르다. 하비 라이벤스타인Harvey Leibenstein이 주장한 X-비효율x-inefficiency[18]의 영향을 받는 기업은 두 경계선 중간 영역의 어느 한 지점에 놓이는데(Leibenstein 1978), 이 중간 영역(경계선 포함)은 기업이 달성할 수 있는 영역을 나타낸다.

경영자가 기업의 성장률을 높이려 한다면, 즉 G를 오른쪽으로 이동시키고자 한다면 두 가지 방안을 생각할 수 있다. 첫 번째 방안은 확장 경계선을 상향 이동시키는 것이다. 이는 경쟁 기업보다 비용을 낮추거나 신제품을 개발해 결정적인 우위(일시적 독점)를 획득함으로써 가능하다. 두 번째 방안은 금융 경계선을 하향 이동시키는 것이다. 이는 이자율과 배당률을 낮추거나 부채와 차입 기준을 완화함으로써 가능하다.

3. 비용곡선의 형태

일반적으로 포스트 케인스학파의 이론은 레온티에프 유형Leontief-type의 생산기술을 채용한다. 기업이 실질적 생산능력practical capacity 범위 내에서 생산하는 한 생산계수coefficient of production는 고정 기술 계수로서 일정하다는 것이다. 여기서 생산계수는 사용하는 기계의 대수 및 노동자 수와 기업의 산출량 사이의 비율이다. 따라서 포스트 케인스학파는 자본과 노동 사이의 대체 가능성을 가정하는 콥-더글러스 생산함수Cobb-Douglas production function와 같은 신고전학파의 전통적 생산함수를 부정한다.

기업마다 물리적 형태가 다양한 생산 설비를 보유하고 있으며, 일반적으로 여러 부분 설비나 조립라인으로 나뉘어 있다. 실질적 생산능력은 엔지니어가 측정한 생산 설비나 부분 설비의 생산능력, 이른바 엔지니어 평가 생산능력engineer-rated capacity으로 정의된다(Eichner 1976, 62). 각 부분 설비는 일정 노동자 수와 일정 노동시간하에서 운영하도록 설계되어 있다. 예를 들어, 한 명의 노동자가 어떤 특정 시간대에 한 대의 컴퓨터를 사용해 일한다는 식이다. 어느 정도 유연성이 있기는 하지만, 단체협약 같은 관료적 규칙이나 규제, 그리고 관행이나 습관이 각 기계에 할당되는 노동자의 수를 결정한다. 고정 기술 계수는 단기 생산 조건을 표현하는 데 가장 적합한 방식이다.

정형화된 사실

앞서 설명한 내용에서, 포스트 케인스학파 기업이론의 핵심인 네 가지 정형화된 사실stylized facts을 도출할 수 있다(Eichner and Kregel 1975).

- 생산 설비의 단위 직접 비용unit direct costs과 한계비용은 엔지니어가 정의한 실질적 생산능력에 도달할 때까지 거의 일정하다.
- 제품의 단위 비용unit costs은 일반적으로 실질적 생산능력에 도달할 때까지 체감한다.
- 실질적 생산능력을 초과해 생산할 수는 있지만, 이 경우 한계비용이 증가한다.
- 모든 실질적 생산능력 혹은 엔지니어 평가 생산능력의 합계를 기업의 완전 가동 생산능력full capacity이라 부른다. 일반적으로 기업은 완전 가동 생산능력 이하 수준에서 조업한다. 따라서 예외적인 경우를 제외하면, 기업은 단위 직접 비용이 일정한 구간 내에서 생산 설비를 운영한다.

역사적 시간과 기술 진보를 고려할 때, 낡은 생산 설비의 단위 직접 비용이 동일한 제품을 생산하는 최신 생산 설비의 단위 직접 비용보다 더 높다는 사실을 간과해서는 안 된다. 이런 이유로, 한 기업의 모든 생산 설비에 대해 단위 직접 비용이 반드시 일정하다고 주장할 수는 없다. 그러나 여기서는 이처럼 복잡한 상황을 배제한다. 그리고 기업은 생산비용과 운송 비용 등을 고려해 모든 생산 설비에 제품 생산을 고르게 분산시킨다고 가정한다.

초과 생산능력

〈그림 2-3〉에서 보듯이, 기업은 일반적으로 완전 가동 생산능력보다 낮은 수준에서 생산한다. 실제 기업은 전체 생산능력의 70~85퍼센트 수준에서 조업하는 것이 보통이다. 이런 정형화된 사실은 통계기관과 경제 예측 업체에서 수행한 여러 연구들에서 확인된다. 또한 연구자들과 전문가들이 밝혀낸 바에 따르면, 기업들은 약 80퍼센트의 가동률을 '정상 가동률'normal capacity utilization 혹은 '표준 설비 가동률'standard capacity utilization로 생각한다. 그런데 기업이 1백 퍼센트의 완전 가동률 근방에서 생산하지 않는 이유는 무엇인가? 〈그림 2-3〉을 보면, 완전 가동률일 때 단위 비용이 최소임에도, 기업이 여유 생산능력을 보유한 채 생산하는 이유는 무엇인가?

비분할성indivisibility 개념(최적의 생산 설비 규모가 실제 시장 수요보다 큰 경우)으로도 설명할 수 있지만, 근본적 불확실성을 통해 그 이유가 가장 잘 설명된다. 기업의 계획된 초과 생산능력planned excess capacity은 개별 경제주체의 화폐 유동성monetary liquidity과 유사한 역할을 한다. 갑작스러운 지출에 대비하기 위해 가계는 화폐 잔고money balance를 보유하거나 신용을 이용한다. 이와 유사하게 기업 또한 미래 수요를 확실하게 예측할 수 없으므로 수요나 수요 구성의 예기치 못한 변화에 대처하기 위해 여분의 생산능력을 보유해야 한다. 따라서 일시적으로 유휴 상태에 있는 생산 설비나 부분 설비를 갖춤으로써 수요 조건의 변화에 대응해 공급량을 용이하게 조절할 수 있다(Steindl 1952, 제1장).

이런 공급의 유연성은 재고를 통해서도 확보할 수 있다. 그러나 이 재고는 예기치 못하게 수요가 급증했을 때 사용할 수 있는 일회성 대응책일 뿐이다. 또 다른 유연성의 원천은 할증임금을 지불하고 초과 근로와 추가 교대 근무를 활용하는 것이다. 이 두 가지 경우 모두 실질적 생산능력보다 높은 수준인 이론적 생산능력theoretical capacity까지 생산(〈그림 2-3〉의 q_{th})을 할 수 있다. 그러나 이 조건에서는 기계가 자주 고장을 일으킬 수 있기에 기업이 치를 대가가 클지도 모른다. 궁극적으로 생산이 중단되면 기업이 일부 고객을 잃는 결과를 초래할 수도 있다.

만약 수요가 예상보다 많고 수요의 성장이 좀 더 빠르게 지속된다면, 중기적으로 기업은 수요의 증가 속도를 따라가지 못할지도 모른다. 추가적인 제조 설비와 공장을 세우고 필요한 기계와 장비를 갖추는 데는 시간이 걸린다. 계획된 초과 생산능력이 없다면, 증가한 수요는 외국 기업이나 유사한 제품을 생산하는 기업이 차지하게 될 수도 있다. 따라서 예비 생산능력reserve capacity은 경쟁 기업의 시장 진입을 막기 위한 종합적인 기업 전략의 한 부분이다.

그러므로 기업은 과잉 생산능력을 보유한 채 생산하는 것을 선택한다. 이에 따라, 특정 제품의 수요 급증에 더욱 잘 대응할 수 있고 고객 필요에도 더 잘 대응할 수 있다. 자본주의사회에서 고객들은 주문한 상품이 늦게 도착하는 것을 참고 기다려 주지 않는다는 사실을 누구보다 기업이 잘 알고 있다. 고객이 지금 당장 특정 제품을 구입할 수 없다면, 경쟁 기업의 유사 제품을 구매할지도 모른다. 그런데 기업은 생존을 위한 근본 목표인 시장점유율을 유지하고자 한다. 따라서, 일견 비효율적으로 보일지라도, 기업은 예비 생산능력을 보유하고 있는 것이다.

직접 비용, 간접 비용, 단위 비용

영국 경제학자들이 흔히 **직접 비용**direct cost, **1차 비용**prime cost, 혹은 단위 직접 비용이라 부르는 것을 여기에서는 *UDC*로 표기한다. 단위 직접 비용은 제품의 생산에 직접적으로 관련되는 임금, 원료비, 중간재 구입 비용 등을 포함한다. 이 비용들이 일정할 경우, 단위 직접 비용과 한계비용(MC)은 동일하다. 실제 단위 직접 비용은 전통적 미시 경제학의 평균가변비용과 거의 동일한 개념이다.

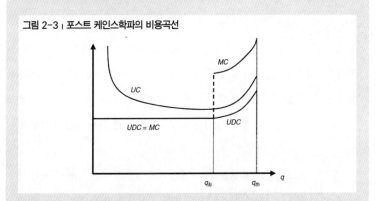

그림 2-3 | 포스트 케인스학파의 비용곡선

단위 비용(UC)을 산출하려면 일반적인 판매 비용이나 기업 관리 비용을 고려할 필요가 있다. 이를 흔히 **간접 비용**overhead cost or indirect cost이라 부른다. 여기에는 생산공정 감독 비용, 그리고 상품 제조와 관련한 관리 비용 및 기타 비용(예컨대 배송 비용) 등이 포함된다. 단위 비용은 단위 직접 비용과 **단위 간접 비용**unit overhead cost의 합계이다. 단위 비용은 완전 가동 생산능력(q_{fc})에 도달할 때까지 체감한다(Andrews 1949).[19]

단위 비용은 전통적 미시 경제학에서 평균가변비용과 평균고정비용의 합인 평균 총비용average total cost 개념과 유사하다. 그러나 평균 총비용과 달리, 단위 비용은 생산 단위당 정상 이윤normal profit을 포함하지 않는다. 여기서 정상 이윤은 적어도 고정자본의 감가상각분을 포함한다고 가정한다.

설비 가동률 조사

매년 캐나다 통계국은 7천여 개 기업을 대상으로 『자본 및 보수 지출에 관한 조사』Capital and Repair Expenditures Survey를 실시해 설비 가동률을 조사한다. 이와 유사하게, 미국 상무부 통계국은 『설비 가동에 관한 조사』Survey of Plant Capacity Utilization를 매년 실시하고 있다.[20] 이 기업들을 조사할 때, 캐나다 통계국은 "(2006년도에) 이 생산 설비는 생산능력의 몇 퍼센트 수준에서 조업했습니까?"라는 질문을 한다. 그리고 이 조사에서는 통상적인 휴일을 고려해 "생산능력은 정상적 조건하에서 달성할 수 있는 최대 산출량으로 정의한다."고 규정하고 있다. 캐나다 통계국은 다음 두 가지 예를 제시한다.

통상적으로 생산 설비 A는 1일 1교대로 주 5일 조업한다. 이런 조업 패턴에서 생산능력은 1개월당 150단위를 생산한다. 어느 달의 실제 산출량이 125단위였다. 이때 생산 설비 A의 가동률은 다음과 같다.

$$\frac{125}{150} \times 100 = 83\%$$

현재 생산 설비 A는 예외적인 수요 급증에 대응하기 위해 토요일에도 교대 근무로 조업한다고 가정한다. 정상적인 조업 계획하에서의 생산능력은 150단위가 유지된다. 실제 산출량이 160단위까지 증가한 경우 가동률은 다음과 같다.

$$\frac{160}{150} \times 100 = 107\%$$

4. 가격 결정

포스트 케인스학파의 모형들은 예외 없이 비용 할증 가격 결정cost-plus pricing에 기초한다. 기업의 가격 결정 담당 부서는 특정 제품에 가격을 매길 때 우선 단위 비용을 산정하고, 여기에 비용 마진costing margin을 덧붙인다(실제로 실현된 사후적 마진을 특정하는 경우에는 '이윤' 마진이라는 용어가 더 적합하지만, 현실 세계에서는 사후적 마진이 사전적 비용 마진과 다를 수도 있다). 결국 가격은 제품을 시장에 내놓기 훨씬 전에 결정되어야 한다(Brunner 1975). 따라서 가디너 민스(Gardiner Means 1936)가 주장한 바와 같이, 가격은 '관리' 가격administered price이라고 할 수 있다. 물론 상품들 간에는 상호 의존성이 존재한다. 다른 산업부문에 속한 기업에서 구매한 중간재의 가격이란 그 재화를 구매하는 기업에 비용이 된다(상품 간 상호 의존성은 스라파학파 모형에서 매우 중요한 요소이다).

마크업 가격 결정

가장 단순한 포스트 케인스학파의 가격 이론은 마크업 가격 결정 이론theory of mark-up pricing이다. 가장 오래된 가격 결정 방식으로서 단순한 회계 지식만 있으면 되기에, 오늘날에도 여전히 많은 중소기업이 사용하고 있다. 또한 이 가격 결정 방식은 단순한 형태로 표현되기에, 포스트 케인스학파의 거시 경제 모형에서 가장 빈번하게 사용되고 있다.

이 방식에 따르면, 가격은 단위 직접 비용에 의존한다. 제품 가격은 단위 직접 비용에 총비용 마진(모든 일반 경비, 기타 임금, 기대 이윤 등을 포함)을 더해 결정된다.

단위 직접 비용은 거의 일정하기에, 가격을 결정할 때 쓰는 회계는 (완전 가동 생산능력 이하인) 어떤 생산수준에서든 복잡하지 않다.

정상 비용가격 결정

대기업에서 가장 일반적으로 사용되는 현실적인 가격 결정 방식은 **정상 가격 결정**normal pricing 혹은 **정상 비용가격 결정**normal-cost pricing이다. 이 방식은 회계 처리의 최근 발전을 반영해, 기업이 일반 생산 경비의 일부를 각 제품[의 가격]에 손쉽게 할당할 수 있게 해준다. 프레더릭 리(Frederic S. Lee 1998)의 연구에 따르면, 적어도 1920년대 이후 대기업은 단순한 비용 할증 접근이 아닌 정상 비용가격 결정 방식을 적용하고 있다. 정상 비용 방식은 **총비용가격 결정**full-cost pricing으로 알려져 있기도 한데, 총비용가격 결정은 로버트 홀Robert Hall과 찰스 히치Charles Hitch가 수행한 기업 행위에 관한 옥스퍼드 연구에서 처음으로 제시되었다(Hall and Hitch 1939).

정상 비용가격 결정에서는 **정상 단위 비용**normal unit cost을 계산한 뒤, 이윤을 포함한 순비용 마진net costing margin을 덧붙인다. 정상 단위 비용은 모든 직접 비용과 간접 비용을 포함한다. 그러나 정상 단위 비용은 정상 생산수준normal level of production 또는 표준 생산수준standard level of production에서 계산되었기에, 해당 시기의 산출량 추정치 또는 예측치에 따라 계산된 것과는 다르다. 여기서 정상 생산수준이란 관행적 생산수준이다. 기업은 이를 기업의 표준과 규범 혹은 산업의 표준과 규범에 따라 결정한다. 이때 기업 및 산업의 관습과 관행도 전제된다. 산출량의 정상적 수준은 일반적으로 완전 가동 생산능력과 정상 가동률(표준 가동률)의 곱으로 나타난다.

이 방식의 장점은 기업이 모든 생산수준에 대응하는 단위 비용을 알 필요가 없다는 것이다. 기업은 정상 가동률에 대응하는 생산수준의 단위 비용만 알면 된다. 이것이 정상 비용가격 결정이며, 정상 단위 비용은 수요 변화에 의존하지 않는다.

목표 수익률 가격 결정

오늘날의 대기업 및 중견 기업은 수익률을 목표로 삼는 가격 결정 방식을 선호한다는 사실이 여러 연구를 통해 밝혀지고 있다. 브루킹스 연구소 경제학자인 로버트 란질로티Robert F. Lanzillotti의 조사에 따르면, 목표 수익률 가격 결정target-return pricing은 정상 비용가격 결정의 특수 형태이다(Lanzillotti 1958). 정상 비용가격 결정에서와 마찬가지로 정상 단위 비용에 순비용 마진이 더해진다. 이 순비용 마진은 자본에 대한 기업의 목표 수익률을 포함하며, 목표 수익률은 실제 판매량이 정상 설비 가동률 수준의 산출량과 일치할 때 실현되는 수익률이다. 이 방식은 비용 할증 가격 결정 방식 가운데 가장 정교하다. 회계 담당자가 기업이 사용하는 자본의 가치를 적절하게 평가해야 하기 때문이다.

목표 수익률 가격 결정은 다부문 모형에서 사용하는, 스라파의 생산가격 이론theory of prices of production과 상당히 유사하다. 사실 목표 수익률은 생산가격 이론에서 사용하는 정상 이윤율에 상응한다. 스라파학파의 모형은 노동임금률과 정상 이윤율이 모든 산업 및 부문에서 동일하다고 가정한다. 그러나 목표 수익률 가격 결정 방식에서는 이윤율과 임금률이 부문마다 다를 수 있다. 따라서 스라파학파 모형은 목표 수익률 가격 결정에 기초한 다부문 모형의 이상적 형태라는 결론을 내릴 수 있다.

비용 할증 가격 결정의 정식화

다양한 비용 할증 가격 결정들을 다음과 같이 정식화할 수 있다.

마크업 가격 결정

$$p = (1 + \theta)\, UDC$$

UDC는 단위 직접 비용(평균가변비용), θ는 총비용 마진을 나타낸다.[21]

정상 비용가격 결정

$$p = (1 + \Theta)\, NUC$$

NUC는 표준 생산수준 혹은 정상 생산수준인 $q_n = u_n q_{fc}$로 계산된 정상 단위 비용(표준 총평균비용)이고, Θ는 순비용 마진이다. 여기서 u_n은 표준 가동률 혹은 정상 가동률이고, q_{fc}는 완전 가동 생산능력을 나타낸다.

목표 수익률 가격 결정

가격 결정식은 정상 비용가격 결정과 동일하지만, 순비용 마진 Θ는 다음과 같이 정의된다.[22]

$$\Theta = \frac{r_n \nu}{u_n - r_n \nu}$$

u_n은 정상 비용가격 결정에서와 같이 표준 가동률이고, r_n은 목표 수익률이다. ν는 완전 가동 시의 산출량인 q_{fc} 가치 대비 기업의 자본 가치의 비율인 기술적 비율technological ratio을 나타낸다.

생산가격

중간재를 배제한 스라파학파의 생산가격은 다음 식과 같이 표현된다(Pasinetti 1977 참조). 이 식은 상품의 가치가 임금으로 지불된 비용과 자본에 대한 이윤의 합이라는 것을 나타내고 있다.

$$p = wn + rMp$$

p는 가격 벡터이고, w는 임금률, n은 상품 1단위 생산에 필요한 노동량을 나타내는 기술적 계수 벡터, M은 상품 1단위 생산에 필요한 각종 기계 설비량을 나타내는 기술적 계수 행렬, r은 균등 이윤율uniform profit rate을 나타낸다. 이 식을 다음과 같이 다시 쓸 수 있다.

$$p = wn[I - rM]^{-1}$$

이 식은 단순한 기업에서 목표 수익률 가격 결정을 나타내는 식과 매우 유사하다. 정상 비용가격 결정식에 목표 수익률 가격 결정식의 Θ를 대입하고 직접 비용을 1단위당 생산에 필요한 임금뿐이라고 가정하면, 정상 비용가격 결정식을 다음과 같이 도출할 수 있다.

$$p = u_n wn (u_n - r_n \nu)^{-1}$$

스라파학파 경제학자들이 표준 설비 가동률 u_n을 1이라고 가정한다는 사실을 고려하면 두 식은 기본적으로 동일하다.[23] 또한 스라파의 균등 이윤율 r은 스라파학파 경제학자들이 정상 이윤율이라고 부르는 것으로, 정상 비용가격 결정식의 목표 수익률 r_n과 다르지 않다. 남은 문제는 (균등한 이윤율이 존재할 경우와 그렇지 않은 경우에) 이 생산가격들이 어떻게 형성되는지,

그리고 이 가격들이 과연 실현되는지를 설명하는 것이다. 이는 실제 가격이 생산가격을 향해 움직이는 경향성 또는 수렴성이라 불리는 문제이다.

이 논제와 관련해 두 가지 유력한 접근이 제안되었다. 첫 번째는 가격이 공급량과 수요량의 차이에 반응한다는 이른바 이중적 교차 동학cross-dual dynamics[24]으로, 대부분의 스라파학파 및 마르크스주의자가 이 메커니즘을 지지하고 있다(Duménil and Lévy 1993). 두 번째는 일종의 정상 비용가격 결정 과정에서 비용의 변화가 가격의 변화에 반영되도록 하는 것이다. 이 접근 방식은 루차노 보조(Luciano Boggio 1980) 등 다른 스라파학파가 제안한 것으로 칼레츠키학파의 사고방식에 가깝다.

그림 2-4 ǀ 정상 가격의 결정

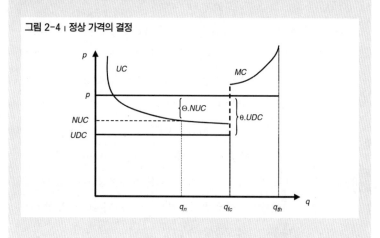

5. 비용 마진 결정

비용에 기초한 가격은 확실히 현실적인가

일부 경제학자들은 비용 할증 가격 결정의 타당성에 의문을 품고 있다. 자본주의의 덕목인 기업들 간 경쟁이라는 근본적 신념을 허무는 것처럼 보여서인 듯하다. 무엇보다도 단위 비용이 변할 때마다 모든 기업이 항상 가격을 변화시킬 수 있다고 믿기는 어려워 보인다.

물론 이 비판으로 포스트 케인스학파의 주장을 반박하기는 힘들다. 가격이 정상 단위 비용의 함수라는 사실을 간과해서는 안 된다. 중기적으로는 정상 단위 비용이 현실의 단위 비용과 밀접히 관련되어 있으나, 단기적으로는 현실의 단위 비용 변화를 초래하는 원인과는 상관없이 정상 단위 비용과 현실의 단위 비용은 큰 차이를 보일 수도 있다. 비용의 변화는 가격 변화가 아닌 비용 마진 변화를 의미할지도 모른다. 이는 해당 시점에서 기업이 추구하는 전략에 달렸다. 실제 케네스 쿠츠, 윈 고들리, 윌리엄 노드하우스의 연구(Kenneth Coutts, Wynne Godley and William Nordhaus 1978)와 실로스 라비니(Sylos Labini 1971)의 연구는 기업이 단위 비용의 상승을 점진적으로 가격에 반영시킨다는 사실을 밝히고 있다.

동일한 현상은 현대 글로벌 시장의 맥락에서도 발생한다. 경쟁이 치열한 산업이나 수입품의 시장점유율이 낮은 시장의 경우, 외국 기업은 진출 국가의 상품 가격을 기준으로 가격을 결정한다.[25] 이 기업들은 환율이 변동하는 경우 손실을 입거나 뜻밖의 이득을 얻는다. 한편 어떤 외국 기업이 지배적 위치를 차지하는 산업인 경우, 그 기업은 자국의 비용 상승뿐만 아니라 환율 변동의 영향을 진출 국가의 소비자에게 떠넘기는 경향이 있다(Bloch and Olive 1995). 이를 환율 전가 효과pass-through effect[26]라고 한다.

가격 선도자와 가격 수용자

지금까지의 논의에서 가격을 결정하는 가격 선도자와 그 결정을 따르는 가격 수용자를 구분할 필요가 생긴다. 비용 할증 방식은 가격이 어떻게 단위 직접 비용 혹은 정상 단위 비용에 기본적으로 의존하고 있는지를 설명한다. 이 두 가지 비용은 단기적으로 수요 변화에 관계없이 일정하다고 가정한다. 그러나 칼레츠키(Kalecki 1971)가 주장하는 대로, 기업은 단위 비용의 추정에 기초해 가격을 결정하는 한편, 다른 기업이 설정한 가격도 고려한다. 사실 경쟁 환경이든 과점 환경이든 모든 기업은 한 상품에 동일한 가격을 부과하는 경향이 있다.

마크업 가격 결정이나 정상 비용가격 결정은 가격 선도자(시장 지배 기업이나 선도 기업)가 어떻게 상품 가격을 결정하는지를 설명한다. 가격 수용자인 소기업은 동일한 가격 결정 과정을 적용할지 모르지만, 가격 선도자가 설정한 가격도 고려해야 한다. 이런 점에서 외국 기업이 비용 증가를 국내 소비자에게 전가하거나, 전가하지 않는 결정을 내리는 것을 설명할 수 있다. 이는 결국 외국 기업이 해외시장에서 가격 선도자인지 또는 가격 수용자인지에 달려 있는 것이다.

상대적으로 효율성이 낮은 기업일수록 높은 단위 비용에 직면한다. 따라서 비효율적인 기업은 정상 목표 수익률을 산출하는 방식으로 비용 마진을 결정할 수 없다. 이 기업들은 경쟁 기업과 동일한 수준에서 경쟁적 가격을 매길 수밖에 없다. 이렇게 해야 단기적으로 시장점유율을 유지하고 갑작스러운 수요 증가에 대응할 수 있다. 그러나 중장기적으로 정상 비용 마진 설정이 가능하도록, 어떻게 해서든 제품을 혁신해 단위 비용을 줄이지 못한다면 효율성이 낮은 기업은 시장의 힘에 밀려 도태되고 말 것이다.

한편, 경쟁은 생산능력과 연구 개발에 대한 투자 능력을 제한함으로써 비효율적인 기업에 금융적 제약을 부과한다(Steindl 1952; Kaldor 1985, 47). 확장 경계와 금융 경계의 교차 압력에 따라, 높은 비용 구조를 가진 기업은 저성장이 불가피하고 시장점유율도 잃게 되어 결국 시장에서 퇴출된다.

목표 수익률 가격과 결정 요소

무엇이 순비용 마진을 결정하는가? 그 결정 요소는 앞서 비용 할증 가격 방식의 정식화를 다룰 때 사용한 식 $\Theta = r_n \nu / (u_n - r_n \nu)$에 포함된 요소와 동일하다. 순비용 마진은 표준 설비 가동률 u_n에 반비례하고, 목표 수익률 r_n과 자본 대비 생산능력의 비율(또는 경영자가 가장 최근에 실행한 투자의 이윤 가능성에만 관심을 둘 경우에는 추가적인 자본 대비 생산능력의 비율) ν에 정비례한다. 그런데 표준 가동률이 기업이나 산업의 규범에 의존하고 자본 대비 생산능력 비율이 엔지니어링과 관련한 문제에 의존한다면,[27] 궁극적으로 순비용 마진은 목표 수익률에 의존하게 된다. 그렇다면 목표 수익률의 결정 요인은 무엇인가? 다시 말해, 무엇이 정상 이윤율을 결정하는가? 네 가지 결정 요소를 들 수 있다.

표 2-3 | 목표 수익률 혹은 정상 이윤율의 다양한 결정 요소

학파	결정 요소
마르크스주의자	계급투쟁
칼레츠키학파	독점도와 잠재적 경쟁자의 진입을 봉쇄하는 능력
케임브리지학파	자본 성장률
스라파학파	중앙은행이 설정한 이자율

마르크스주의 전통에 따르면, 정상 이윤율은 계급투쟁이나 (노동법·실업률 등) 노동자와 기업가의 상대적 교섭력에 달려 있다. 그런데 칼레츠키학파의 경우, 총비용 마진과 정상 이윤율은 계급투쟁뿐만 아니라 기업의 독점도, 특히 시장 집중도degree of concentration와 신규 경쟁자의 진입을 저지하는 능력에도 영향을 받는다고 본다.

포스트 케인스학파의 전통에서, 특히 로빈슨(Robinson 1956)과 칼도(Kaldor 1956)의 초기 성장 모형에서 경제성장률과 거시 경제적 이윤율 사이에는 비례관계가 존재한다. 이 비례관계는 '자연'natural경제 개념에 기초한 파시네티(Pasinetti 1981; 1993)의 연구에서도 발견되는데, 자연 경제에서 수직적으로 통합된 각 부문의 이윤율은 그 부문의 성장률과 일치하게 된다.

요제프 슈타인들(Josef Steindl 1952)과 란질로티(Lanzillotti 1958)의 연구를 계승하는 아이크너(Eichner 1987), 우드(Wood 1975) 등 많은 포스트 케인스학파 경제학자들은 로빈슨과 칼도의 생각에 동의하면서 기업의 추세 성장률과 목표 수익률 혹은 비용 마진 사이의 미시 경제적 연관성을 확립하고자 했다.

최근 들어, 스라파학파 경제학자들은 네 번째 결정 요인의 가능성을 제시했다. 정상 이윤율은 역사적으로 실현되는 이자율 혹은 미래에 기대되는 이자율의 추세에 의존한다는 것이다(Pivetti 1985; Panico 1988). 다시 말해, 중앙은행이 높은 실질이자율을 설정하는 시기에는 목표 수익률이 상승한다. 칼도나 해로드 등 일부 포스트 케인스학파 경제학자들은 이와 같은 견해에 동의한다. 이들은 이자 지불이 다른 모든 비용과 같은 수준에서 고려되어야 하고, 기업은 이를 소비자에게 전가하려 한다고 주장한다.

목표 수익률의 다양한 결정 요소들은 양립할 수 있는가

앞서 논의한 목표 수익률의 다양한 결정 요소 중에서 어떤 요소가 가장 정확한 설명을 제시하는가? 나는 이 접근들 모두가 어느 정도 타당성 있는 제안이라고 생각한다. 사실상 이 결정 요소들은 앞서 언급한 확장 경계와 금융 경계에 대한 분석과 상통하는 것이다. 예를 들어, 기업 독점도의 하락이나 노동자에 대한 경영진의 교섭력 약화는 확장 경계선을 아래로 이동시키고, 그 결과 어떤 성장률에 대응하는 정상 이윤율은 하락한다.

기업이 성장률의 극대화를 추구하는 경우, 가격에 포함된 목표 수익률은 두 경계선의 교차점에서 결정된다. 따라서 금융 경계는 다음 식으로 다시 쓸 수 있다.

$$r_n = i_n + \frac{g_s}{(1+\rho)}$$

추세 이자율 i_n과 기업이나 산업의 추세 성장률, 즉 장기 성장률 g_s가 높을 때, 목표 수익률 r_n 역시 높아진다. 이와 같이 금융 경계와 확장 경계를 사용함으로써, 여러 비주류 접근들 사이에 가교를 놓을 수 있다. 그리고 수요의 순환적 증가가 목표 수익률의 증가로 이어진다면, 이 수요 증가는 비용 마진을 증가시킬 가능성이 있다. 만약 그렇지 않다면, 많은 선행 연구가 밝혀냈듯이, 수요의 변화는 비용 마진의 변화와 연계되어 있지 않을 것이다.

6. 거시 경제 이론에 대한 함의

지금까지의 논의는 인플레이션 이론에서 분명한 의미를 갖는다. 신고전학파 경제학자들은 총수요의 증가가 수익체감의 결과에 따라 필연적으로 비용과 가격의 상승을 유발한다고 믿고 있지만, 포스트 케인스학파 경제학자들은 이런 접근을 완전히 부정한다. 농업 부문과 원자재 부문 등 몇몇 경제 부문을 제외하면, 수요의 증가는 결코 단위 비용이나 가격의 상승을 유발하지 않는다. 이는 포스트 케인스학파 경제학자들이 원자재 완충재고buffer stocks의 확충을 옹호하는 이유를 설명한다(Kaldor 1976).[28] 결국 인플레이션은 '자연적' 현상이 아니라 제도적·사회적 요인에 의존한다. 그리고 이 요인들은 관리가 가능한 것이다.

거시

경제적

화폐순환

거시 경제학을 이해하기 위한 첫 번째 필수적인 단계로서 화폐 및 금융 문제를 충분히 논의할 필요가 있다. 포스트 케인스학파 경제학의 두 가지 본질적 특징 중 하나인 유효수요의 원리, 즉 투자에서 저축으로 향하는 인과관계는 화폐순환monetary circuit에 대한 거시 경제적 설명의 맥락에서 가장 잘 이해할 수 있다. 고용과 성장에 대해 설명하기에 앞서, 거시 경제학의 화폐적 차원을 먼저 설명하는 것이 바람직한 이유가 바로 여기에 있다.

포스트 케인스학파의 화폐 이론은 1830~40년대에 존 풀라턴John Fullarton, 토머스 투크Thomas Tooke 등 이른바 '은행학파'banking school로 불리는 고전학파 학자들의 저서까지 거슬러 올라갈 만큼 전통이 깊다 (Panico 1988; Wray 1990). 이 학자들은 현대 통화주의와 신고전학파의 거시 경제학 교과서에서 기초로 삼고 있는 통화학파currency school 및 화폐수량설quantity theory of money[1]을 거부했다.[2] 이에 대응해 은행학파는 대안적 화폐 이론을 제시했다. 그중 하나가 화폐의 내생성money endogeneity[3] 개념이다. 역설적으로, 20세기 초반 오스트리아학파에 속한 경제학자들은 표면적으로 화폐수량설이라는 화폐의 외생적 시각과 대립되는, 화폐의 내생적 시각을 따랐다(Bellofiore 2005). 이들 중에는 루트비히 폰 미제스Ludwig von Mises, 조지프 슘페터Joseph Schumpeter, 프리드리히 하이에크Friedrich Hayek가 있으며, 이들의 선구자인 스웨덴 출신 경제학자

욘 구스타프 크누트 빅셀John Gustaf Knut Wicksell도 포함된다. 대안적 화폐 이론을 발전시킨, 영국 케임브리지의 저명한 포스트 케인스학파 경제학자들, 특히 칼도와 칸은 일찍이 이 같은 비주류 견해를 접했다. 칼도는 런던 정경대학 학생이었을 당시 하이에크를 만났고, 칸은 빅셀의 저서를 번역했다.

유럽 대륙에서는 화폐수량설을 거부하고 화폐 내생성을 수용하는 경향이 줄곧 강했다. 특히 프랑스·이탈리아·독일에서는 통화주의가 전성기였을 때조차 이런 경향이 뚜렷했다. 이 국가들에서 화폐순환 이론으로 알려진 화폐 이론 학파가 출현했다. 이들은 케인스의 『일반이론』보다는 『화폐론』The Treatise on Money(1930)에서 영향을 받았다. 또한 이 학파의 이론은 포스트 케인스학파 이론과도 매우 밀접한 연관이 있다는 사실이 밝혀졌는데, 기슬렝 델레플라스와 에드워드 넬(Ghislain Deleplace and Edward J. Nell 1996)이 편집한 책과 루이-필립 로숑과 세르조 로시(Louis-Philippe Rochon and Sergio Rossi 2003)가 편집한 책에서 두 이론 간의 연관성을 강조하고 있다.

화폐수량설의 옹호자와 반대자 사이에 가장 분명한 차이점은 순환학파circuit school의 초기 선구자인 자크 르 부르바Jacques Le Bourva가 쓴 다음 인용문에서 잘 드러난다.

화폐 수요와 화폐 공급 사이의 관계에 대해 서로 대립하는 두 관점이 존재한다. 하나는 화폐수량설과 케인스의 관점으로, 화폐량은 은행 시스템에 의해 **독립적으로**independently 고정된다[즉 외생적으로 주어진다]고 생각한다. …… 이와 상반된 관점은 은행학파와 빅셀의 견해로, 은행은 수량이 아니라 가격을 결정한다는 것이다. 결국 은행 시스템은 화폐시장에서의 금리

(또는 금리의 집합)를 결정한다. 그리고 차입자가 충분한 담보를 제공하기만 하면 원하는 만큼 대출해 준다(Le Bourva 1992[1962], 449).

'새로운 콘센서스'와 포스트 케인스학파 이론

1950년대 후반 순환학파 이론가들은 화폐수량설이 유지될 수 없으며, 은행학파의 견해가 우세해지리라고 주장했다. 그러나 그 무렵, 프리드먼이 제창한 통화주의가 출현하면서 화폐수량설은 믿기 어려울 만큼 엄청난 유행을 불러일으켰다. 최근에서야 반대 경향이 나타났고, 포스트 케인스학파 화폐 이론의 일부가 새케인스학파의 접근에 점차 편입되고 있다. 이런 경향성은 이른바 '화폐 이론의 새로운 콘센서스'new monetary consensus[4]라 불리며, 많은 중앙은행 실무자들은 이를 지지하고 있다. 실제 미국에서도 빅셀의 관점에 기초해 쓴 몇 권의 교재가 출판됐다(J. B. Taylor 2004; Cecchetti 2006).

'새로운 콘센서스'와 포스트 케인스학파 간에는 근본적인 차이가 존재한다. 첫 번째 차이는 포스트 케인스학파가 빅셀의 대부자금설theory of loanable funds을 단호히 거부한다는 점이다. 그러나 대부분의 새케인스학파 경제학자들은 이 이론을 수용하고 있다. 대부자금설에 따르면, 화폐가 존재하지 않는 세계에서 이자율은 대부 가능한 자금과 실질 투자를 일치하게 만드는 가격이다. 즉 현재에 대한 시간선호와 자본의 생산성을 일치시키는 역할을 하는 것은 이자율이며, 이 이자율이 바로 **자연**이자율natural rate of interest이다. 따라서 이때 중앙은행은 시장 화폐이자율과 화폐가 없는 가상 세계에서 존재하는 실질이자율(자연이자율)을 일치시키는 정도의 역할에 국한된다. 만약 (실질)

표 3-1 | 포스트 케인스학파 경제학과 신고전학파 경제학에 따른 화폐 이론의 특징

	포스트 케인스학파	신고전학파
화폐 대응항	화폐는 대응항이 있어야 함	화폐는 헬리콥터에서 뿌려짐
화폐 변수 성격	화폐는 플로이자 스톡	화폐는 스톡
화폐 주입	생산을 통해 경제로 주입	교환과 함께 경제로 주입
화폐 공급	내생적	외생적
인과관계	신용이 예금을 창출	준비금이 예금을 창출
이자율	분배 변수	시장의 힘이 작동한 결과
기준 이자율	중앙은행이 기준 이자율을 정함	시장이 기준 이자율에 영향을 미침
긴축 통화정책	단기와 장기에서 모두 부정적인 영향	단기에만 부정적인 영향
자연이자율	여러 값을 갖거나 존재하지 않음	유일한 값을 가짐
신용 할당	신뢰의 부족 때문에 발생	비대칭 정보 때문에 발생

시장이자율이 자연이자율보다 낮아지면 인플레이션이 발생한다. 그러나 포스트 케인스학파는 이 같은 자연이자율이 존재한다는 것을 강하게 부정하고 있다(Rogers 1989; Smithin 2003).

'새로운 콘센서스'와 포스트 케인스학파 사이에는 또 다른 차이가 있다. 대다수의 새케인스학파 경제학자들은 인플레이션을 목표 수준에서 억제하기 위해 시행하는 긴축 통화정책이 경제성장에 장기적인 영향을 미치지 않는다고 생각한다. 그러나 포스트 케인스학파는 이런 주장에 동의하지 않는다. 포스트 케인스학파는 긴축 통화정책이 단기적으로뿐만 아니라 장기적으로도 산출량에 부정적인 영향을 미친다고 믿는다(〈표 3-1〉 참조).

1. 포스트 케인스학파 화폐분석의 주요 특징

역의 인과관계

포스트 케인스학파 화폐분석의 기초는 내생적 화폐 이론이다. 이 이론에 따르면, 중앙은행은 화폐 공급을 임의로 결정하지 못하고 화폐 공급량은 은행신용(대출)에 대한 수요와 대중의 선호에 따라 결정된다. 포스트 케인스학파는 화폐 공급이 그 경제의 필요와 독립적이지 않다고 본다. 즉 '대출이 예금을 창출한다'.[5]

그러므로 대출과 예금 간의 인과관계는 역전된다. 은행은 대출을 늘리기 위해 사전적으로 예금을 필요로 하지 않는다. 대출의 창출, 즉 화폐 예금(화폐)의 창출은 사전에 금이나 준비금reserves을 필요로 하지 않고 아무것도 없는 상태에서 만들어진다. 앞에서 르 부르바가 지적했듯이, 대출 시 요구되는 것은 단지 차입자의 적절한 담보물 제공 능력과 신용뿐이다(Heinsohn and Steiger 2000).

더구나 신용화폐credit money의 창출은 민간은행이 초과 준비금을 보유한 데 따른 결과가 아니다. 이 경우에도 인과관계는 역전된다. 포스트 케인스학파에 따르면, 은행이 최초에 대출을 확대하는 과정에서 예금이 만들어진다. 그러고 나서, 은행 고객이 은행권(현금)을 요구하면, 은행은 중앙은행에서 현금을 직접 가져올 수 있다. 또한 은행은 법정 지급준비금을 중앙은행에서 빌려올 수 있다(Moore 1988).

화폐발행액과 지급준비금으로 구성된 고성능통화high-powered money[6] 또한 화폐 예금인 은행화폐와 마찬가지로 내생적이고 수요 결정적demand-determined이다. 중앙은행은 본원통화량을 재량적으로 결정할 수 없다. 실제로 본원통화량은 **신용 제수**credit divisor를 통해 은행 대출과 은행화폐의 공급에 직접적으로 연계되어 있다.[7] 은행화폐는 신고전학파 이론가들이 주장하는 바와 같이, 본원통화에 승수를 곱한 값이 아니며, 오히려 은행화폐량을 [신용] 제수로 나눠 얻어지는 값이다. 이와 같은 역의 인과관계는 포스트 케인스학파 이론 가운데 추가적으로 매우 중요한 두 가지 역의 인과관계로 이어지는 뿌리이기도 하다. 첫 번째는 앞서 언급했듯이, 기업이 실행한 투자가 저축을 창출한다는 사실이다. 투자는 사전적으로 저축 혹은 예금원을 필요로 하지 않는다. 국민경제 자원을 완전히 이용하고 있지 않는 한, 경제활동을 위한 금융은 차입자의 신용과 기존의 금융 규범financial norms에만 의존한다. 금융 희소성scarcity of finance은 순전히 규범, 즉 관습에 기초한다(Parguez 2001).

두 번째는 인플레이션이 화폐 공급의 과다한 증가 때문에 발생하는 것이 아니라는 사실이다. 만약 어떤 인과관계가 존재한다면, 그 인과관계 또한 반대 방향이다. 다시 말해, 가격 상승률과 산출량 증가율이 화폐 스톡의 증가를 유발한다. 인플레이션은 별개 요인으로 설명된다.

당좌대월 경제와 자산 기반 경제

화폐 이론을 논의할 때, 이와 관련한 제도적 배경을 간과해서는 안 된다. 실제 앵글로·색슨형 금융 시스템과 다른 지역의 금융 시스템 간에는 몇 가지 중요한 차이가 있다. 이 차이들의 일부는 글로벌화가 도래함에 따라 사라졌다고 주장할지도 모르겠지만, 가장 눈에

띄는 차이는 앵글로·색슨과 유럽 대륙 및 아시아 국가의 금융 시스템 사이에서 발생한다. 유럽 대륙의 금융 교과서에서 화폐 스톡의 외생성을 주장하는 통화주의가 반드시 지배적이지 않다는 사실은 이런 제도적 차이로 설명할 수 있다.

가장 결정적인 차이는 힉스가 자신의 책(Hicks 1974)에서 언급한 '당좌대월 경제'overdraft economies[8] 및 '자율 경제'auto-economies라 부른 것과 연관될지도 모른다. 당좌대월 경제는 유럽 대륙과 아시아의 경제와 관련된다. 한편 자율 경제는 앵글로·색슨 국가와 관련되어 있으며, '자산 기반'asset-based[9] 금융 시스템이라고 부르는 것이 더 적절하다.

당좌대월 경제에서는 화폐가 내생적이고 민간은행은 중앙은행에 채무를 진다. 그러나 자산 기반 경제에서는 화폐가 중앙은행의 통제 하에서 외생적이다. 이와 같은 구분은 여러 국가에서 시행되는 중앙은행 제도의 특징을 적절히 반영하고 있는지 모르지만, 이 구분에 따른 이론적 결론이 명확하지는 않다. 다시 말해, 이런 구분은 화폐가 내생적인지 아닌지에 대한 문제와는 별로 상관이 없다. 포스트 케인스학파는 특정한 제도적 구조와는 상관없이 화폐는 내생적이라고 간주한다. 따라서 현대 금융 시스템은 지금까지 논의한 역의 인과관계를 토대로 하여 모두 비슷한 맥락에서 작동한다고 말할 수 있다. 역의 인과관계는 당좌대월 금융 시스템의 맥락에서 더욱 분명하게 드러나며, 자산 기반 경제에서도 유효하다고 할 수 있다.

외생적 이자율

현대 경제에는 수많은 금융자산이 존재하고, 각 금융자산에는 자기 수익률이 있다. 포스트 케인스학파에 따르면, 이들 중 적어도 하나의 수익률을 중앙은행이 직접 통제하고 있다. 다른 금융시장들은 중앙은행이 통제하는 수익률을 참조하고 있으며, 다른 모든 수익률(적어도 단기 수익률)은 이 통제된 수익률 근방으로 움직이는 경향이 있다. 이 수익률은 주요 금리key rate, 공정금리official rate, 주요 정책 금리key policy rate, 혹은 운영 목표operating target 등 다양하게 일컬어지지만, 단기 화폐시장에서 다른 이자율에 대한 실질적인 기준 역할을 한다는 점을 고려해, 여기서는 '기준 금리'benchmark rate로 부르고자 한다.

　기준 금리는 한때 중앙은행이 민간은행에 대출할 때 부과하는 금리였다. 예를 들어, 캐나다의 '은행 금리'bank rate, 미국의 '할인율'discount window rate 등이다. 또한 공개시장조작open-market operations이 통화정책의 중요 요소인 국가에서는 기준 금리가 단기 국채(예컨대 1~3개월 만기의 재무부 단기 증권Treasury bills 등)에 대한 수익률이었다. 그러나 오늘날 대부분의 국가에서 기준 금리는 은행 간 금리interbank rate 혹은 콜금리overnight rate와 연관된다. 이 금리로 콜시장[10]에서 은행 간 자금의 상호 대차가 이루어진다. 미국에서는 이 금리를 연방 기금 금리federal funds rate라 부른다.

　기준 금리는 중앙은행이 실현하고자 하는 콜금리, 즉 **목표 콜금리**target overnight rate이다. 이 금리는 캐나다에서는 '콜금리 목표', 미국에서는 '연방 기금 금리 목표', 영국에서는 영국중앙은행이 결정하는 '2주짜리 환매조건부채권매매repurchase agreements, repos 금리', 유럽에서는 유럽중앙은행이 결정하는 '최저 입찰 금리'이다.[11]

　정상적인 경제 상황일 때, 중앙은행은 매우 적은 오차 범위 내에서 매일매일 기준 금리 목표를 달성할 수 있다. 적어도 캐나다와 오스트레일리아에서는 그렇게 운영되고 있다. 예를 들어, 중앙은행이 기준 금리 목표를 3퍼센트로 정할 경우, 실제 기준 금리는 2.99~3.01퍼센트에서 결정되기에 목표치와의 차이는 극히 적다. 그러나 다른 국가에서는 중앙은행이 이 정도로 정확하게 목표치를 실현할 수 없는 경우도 있다. 그 이유 중 하나는 금융 시스템 내에 존재하는 준비금의 규모를 중앙은행이 정확하게 알 수 없고, 민간은행의 준비금에 대한 수요도 매일 변하기 때문이다. 이런 현상은 특히 유럽이나 미국 금융 시스템에서 나타난다. 그럼에도 미국에서 기준 금리(목표 금리)와 실제 연방 기금 금리의 차이는 평균적으로 0.07퍼센트포인트에 불과하다.

앞서 설명했듯이, 은행 간 금리 혹은 콜금리는 은행이 본원통화를 (하루이틀 또는 일주일 동안) 다른 은행에 대부하거나 다른 은행에서 차입할 때 부과하는 금리이다. 이 금리는 환매조건부채권매매 금리와 매우 유사하다. 환매조건부채권매매 금리란 중앙은행을 비롯해서 은행과 기타 금융시장 참여자가 (하루이틀 또는 일주일 동안) 재무부 단기 증권(국채 혹은 기타 채권)을 다른 금융기관에 빌려주거나 다른 금융기관에서 빌려올 때 부과하는 금리이다. 미국 연방준비제도이사회는 목표 연방 기금 금리를 실현하기 위해 준비금을 투입하거나 줄이는 형태로 환매조건부채권매매 시장에 개입한다.

이 메커니즘은 강력하다. 중앙은행은 항상 목표 기준 금리를 향해 콜금리가 움직이게 할 수 있다. 물론 시장은 목표 금리를 달성하는 중앙은행의 능력을 충분히 인식하고 있다. 따라서 중앙은행이 기준 금리 변동을 결정(예컨대 기준 금리의 0.25퍼센트 인상)하면, 중앙은행은 유동성 잔고liquid balances의 공급에 개입할 필요조차 없다. 중앙은행은 새로운 목표 금리만 발표하면 되고, 다른 모든 단기 금리는 즉각적으로 조정된다. 이는 이자율의 외생성을 보여 주는 가장 좋은 예이다.

2. 민간은행과 중앙은행의 관계

본원통화는 중앙은행이 공급하는 은행권과 민간은행이 중앙은행에 예치하는 예금으로 구성된다. 이 예금은 준비금의 역할과 민간은행의 결제 차액을 청산하는 역할을 한다. 많은 포스트 케인스학파, 적어도 칼도(Kaldor 1982), 무어(Moore 1988), 로숑(Rochon 1999) 등 '수평주의자'Horizontalist[12]로 불리는 학자들에 따르면, 중앙은행은 항상 수요에 대응해 본원통화를 민간은행 시스템에 공급할 준비가 되어 있다. 본원통화는 완전히 내생적이며, 이자율이 종축이고 화폐 공급이 횡축인 그림에서 화폐 공급곡선은 수평으로 표현된다.

은행권의 공급은 분명히 내생적이다. 소비자들이 거래 은행이나 현금인출기에서 돈을 인출하지 못하는 상황을 상상하기란 쉽지 않다. 물론 2002년 아르헨티나의 경우처럼, 자금 경색이 극심한 상황에서는 예금 봉쇄가 발생할지도 모른다. 그렇지만 이는 어디까지나 극히 드문 경우이다. 따라서 본원통화의 내생성을 둘러싼 논의의 초점은 [지급]준비금의 역할에 집중돼야 한다.

당좌대월 경제

본원통화의 내생성은 당좌대월 경제의 맥락에서 한층 분명히 드

그림 3-1 ┃ 단순한 재무상태표(중앙은행과 민간은행 시스템)

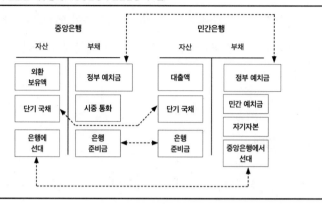

러난다. 당좌대월 경제에서 민간은행은 은행권이나 준비금이 필요할 때 아무런 제약을 받지 않고 중앙은행에서 차입할 수 있다. 이런 경제는 과거 프랑스에서 존재했고, 현재의 유로 체제Euro system도 이에 해당한다.

〈그림 3-1〉은 이런 경제에서 중앙은행의 재무상태표와 민간은행 시스템 전체의 재무상태표를 보여 준다. 재무상태표의 기본 원칙은 대변과 차변의 균형이 맞아야 한다는 것이다. 예를 들어, 민간은행 시스템의 준비금이 증가하면, 그 변화는 민간은행 시스템에서 다른 자산이 감소하거나 부채를 증가시킴으로써 상쇄되어야 함을 의미한다. 같은 맥락에서, 민간은행이 중앙은행에 예치한 준비금을 증가시켜 중앙은행의 부채가 증가한다면, 중앙은행은 동일한 양만큼 다른 부채를 줄이거나 자산을 늘려야 한다.

당좌대월 경제에서는 민간은행이 국채를 실제로 보유하지 않는다. 그 결과 민간은행은 중앙은행으로부터 차입을 통해서만 추가 준비금을 마련할 수 있다. 결국 당좌대월 경제에서 은행 대출 및 은행 예금의 증가에 따른 준비금의 증가는 중앙은행이 민간은행 시스템에 선先대출advances을 제공하려는 의지가 있기 때문에 가능하다고 결론 내릴 수 있다.

자산 기반 경제

당좌대월 경제와는 그 제도적 배경이 다른 앵글로·색슨 국가에 대해서도 앞서 도출한 결론을 동일하게 적용할 수 있는가?

당좌대월 경제와 구분되는 자산 기반 경제의 특징 중 하나는 민간은행이 중앙은행으로부터 거의 차입하지 않는 것처럼 보인다는 점이다. 실제 어떤 경우에는 전혀 차입하지 않는다. 이 같은 사실과 이 장의 1절에서 서술한 주장을 어떻게 조화시킬 수 있을 것인가? 앞서 우리는 금융 시스템의 제도적 구조에서 나타나는 차이가 내생적 화폐 논의에서 중요하지 않다고 주장했다.

이에 대해서는 두 가지 답변이 가능하고 〈그림 3-1〉을 통해 설명할 수 있다. 첫째, 민간은행이 준비금을 마련하기 위해 재무부 단기증권을 중앙은행에 직접 매각한다고 주장할 수 있다. 이는 많은 교과서에서 설명하고 있는 '공개시장조작'의 잘 알려진 경우이다.

오늘날 이 같은 공개시장조작은 환매조건부채권매매나 역환매조건부채권매매reverse repos의 형태를 취한다. 중앙은행은 무기한 보유할 목적으로 채권을 구입하는 것은 아니다. 오히려 중앙은행은 민간은행들이 다음 날이나 가까운 기간 내에 이 채권들을 다시 매입한다는 조건하에서만 청구권 매입에 동의한다. 그럼에도 일단 이 거래의 본질을 고려할 때, 환매조건부채권매매는 결국 당좌대월 금융 시스템에서 이루어지는 중앙은행의 선대출과 거의 유사한 기능을 한다는 사실을 알 수 있다.

둘째, 중앙은행이 자신의 계좌와 민간은행의 계좌 간에 정부 예치금의 이전을 결정할 수 있다는 것이다. 이는 당좌대월 경제에서도 나타난다. 중앙은행이 정부 예치금을 민간은행으로 이체하겠다고 결정하면, 이는 해당 민간은행 계좌의 대변에 기입된다. 이 과정을 통해 중앙은행은 사실상 준비금을 창출한다.

많은 국가의 중앙은행은 이런 방식을 지속적으로 활용하고 있다. 이는 중앙은행이 정부 지출이나 납세에서 생기는 어떤 준비금의 변화도 중립화neutralizing할 수 있는 상당한 유연성을 부여한다. 예를 들어, 정부 지출은 본질적으로 중앙은행에 있는 정부 계좌에서 민간은행에 있는 수령인의 계좌로 본원통화를 이체시킨다. 이 과정에서 준비금이 창출된다. 가계 부문이 (수표로) 세금을 납부하는 경우에도 앞의 예와 유사하지만 역의 과정이 발생한다. 이 경우에 화폐 잔고는 가계의 은행 계좌에서 중앙은행에 있는 정부 계좌로 이체되고, 따라서 은행 준비금이 감소한다. 중앙은행은 이 같은 두 상황에 대응해 반대 방향으로 정부 예치금을 이동시킴으로써 준비금에 대한 영향을 효과적으로 중립화할 수 있다.

준비금의 내생성은 캐나다·영국·오스트레일리아·뉴질랜드 등 지급준비금 제도를 폐지한 국가들에서 더욱 명확해진다. 이 국가들에서 중앙은행은 청산소clearing house 역할을 담당하며, 은행 간 계정에서 적자 은행이 정확히 흑자 은행을 상쇄하는 것을 보장한다. 이 경우에는 어떤 콜금리에서도 청산을 보장할 수 있다. 그러므로 중앙은행이 목표로 하고 발표하는 은행 간 금리가 은행들 사이의 모든 거래 협상에서 지배적인 기준으로 작용한다는 사실은 자명해진다.

개방경제

지금까지는 중앙은행의 자산 가운데 매우 중요한 구성 요소인 외환 보유액을 무시했다. 전통적인 주류 경제학 개방경제 모형인, 이른바 고정환율 제도하에서의 먼델-플레밍 모형Mundell-Fleming model에 따르면, 무역수지 흑자는 민간은행 계좌로 외국 통화가 유입됨으로써 본원통화의 주입으로 이어진다. 이는 은행이 보유하고 있는 외국 통화를 중앙은행이 공급하는 자국 통화로 교환하기에 발생하는 현상이다. 그 결과 은행 준비금이 증가하면 대출이 증가할 수 있다. 그리고 이는 전형적인 통화승수 과정money multiplier process을 통해 통화 공급을 증가시킨다. 신고전학파에 따르면, 고정환율 제도를 시행하는 개방경제에서는 화폐가 내생적이라는 필연적인 결론에 도달한다.

이 주장은 포스트 케인스학파의 화폐 내생설과 일치하는 것인가? 그렇지 않다. 중요한 차이점은 신고전학파 모형에서 화폐 공급의 증가가 경제주체들의 사전적인 신용 수요로부터 발생하지 않을 뿐만 아니라, 사실상 신용 수요와는 완전히 독립적이라는 데 있다.

따라서 포스트 케인스학파 경제학자들이 이와 같은 신고전학파의 분석을 거부하는 것은 전혀 놀랄 만한 일이 아니다. 포스트 케인스학파 경제학자들은 개방경제의 작동 원리를 설명할 대안을 제시하는데, 이것이 바로 상쇄의 원리compensation principle이다(Lavoie 2001).

화폐 생산 경제에서는 차입자의 신용도가 높다고 판단되는 한, 은행은 차입자가 요구하는 대출을 항상 제공할 의향이 있다. 그리고 은행은 대출을 제공하기 전에 초과 준비금excess reserves을 보유할 필요가 전혀 없다. 이는 외국 통화에 대해서도 동일하게 적용된다. 당좌대월 경제에서 외국 통화는 민간은행이 중앙은행에서 차입한 기존 부채를 상환하는 데 사용된다. 중앙은행의 재무상태표상에서 사실상 해외 경제주체들에 대한 대출인 외국 통화의 증가는 민간은행에 대한 대출(국내 경제에 대한 대출)의 감소로 완전히 상쇄된다. 그 결과 준비금이나 화폐 스톡에는 변화가 발생하지 않는다.

자산 기반 경제에서도 유사한 메커니즘이 존재한다. 이 경우 중앙은행은 상쇄 효과compensation effect를 작동시키는데, 우리는 이를 '불태화' 효과sterilization effect[13]라고 부른다. 그런데 불태화 정책은 확실히 자동적이다. 민간은행은 초과 준비금을 제거하기를 바라고 중앙은행은 초과 준비금을 적극적으로 흡수한다. 중앙은행은 민간은행에 단기채권이나 환매조건부채권매매를 제공해 준비금을 흡수할 수 있다. 여기서 중앙은행은 환매조건부채권매매를 더 선호하는데, 이는 수익성이 더 높기 때문이다. 또한 중앙은행은 민간은행이 보유하고 있는 정부 예치금을 줄일 수도 있다. 어느 경우이더라도 모든 초과 준비금은 당일에 바로 흡수될 것이다(Godley and Lavoie 2005-06).

중앙은행의 반응 함수

여기서 주요 결론은 중앙은행이 화폐 공급이나 본원통화 공급을 통제하지 못한다는 것이다. 실제 중앙은행은 민간은행 시스템이 요구하는 본원통화 필요량을 항상 공급해야 한다. 예를 들어, 캐나다의 중앙은행은 정확한 청산 잔고(결제 잔고)의 규모를 산정하는 능력을 갖추고 있다. 이 결제 잔고액은 유입 또는 유출을 상쇄하기 위해 민간은행 시스템 전체가 필요로 하는 금액이다. 이 때문에 캐나다의 중앙은행은 목표 기준 금리를 매우 정확하게 실현할 수 있다. 미국의 상황은 조금 다르다. 운영 방식에서 약간의 차이가 존재하기 때문에, 미국 연방은행은 은행 시스템이 요구하는 준비금의 정확한 수치보다는 추정치에 의존할 수밖에 없다. 이로 말미암아 연방 기금 금리는 목표치인 기준 금리의 근방으로 수렴할 뿐이다. 그러나 이는 단기금리가 외생변수라는 사실을 바꿀 정도는 아니다.

기준 금리는 관리 이자율administered rate of interest이다. 중앙은행은 이 이자율을 일정 기간, 예컨대 1개월 혹은 중앙은행이 통화정책(금리정책)을 바꾸기로 결정하기 전까지 유지한다. 따라서 통화정책이 변하지 않는 한 기준 금리는 경제 상황이나 현재 화폐 스톡의 교란과는 무관하게 외생적이다. 따라서 화폐 공급곡선은 기존의 기준 금리 수준에서 수평인 직선으로 나타낼 수 있다.

앞서 설명했듯이, 중앙은행은 기준 금리를 중앙은행에서 수립한 경제적 목표에 따라 변경한다. 예를 들어, 중앙은행은 일반적으로 경기가 과열되는 국면, 즉 설비 가동률이 높고 오름세에 있거나 실업률이 낮고 감소세에 있는 상황에서는 기준 금리를 인상할 것이다. 또한 중앙은행은 인플레이션율이 목표 수준 이상으로 상승하고 있을 때, 혹은 인플레이션율이 지속적으로 상승하리라는 기대가 있을 때에도 기준 금리를 인상할 것이다. 한편 중앙은행은 여타 상황이 평온하더라도 집값이나 주가가 지나치게 높거나 상승하고 있을 때에도 기준 금리를 인상할지 모른다. 그리고 한 국가의 기준 금리는 다른 국가의

그림 3-2 ㅣ 중앙은행의 반응 함수(수평적 화폐 공급곡선의 이동)

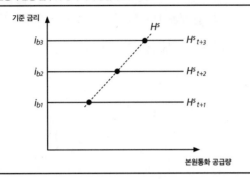

기준 금리와 연동되어 변할 수 있다. 그 반면 지금까지 기술한 것과 반대되는 상황에서 중앙은행은 기준 금리를 인하할 것이다.

이런 활동은 중앙은행의 반응 함수reaction function라 불리는 것으로 표현된다. 그중 가장 잘 알려진 예는 이른바 테일러 준칙Taylor Rule[14]이다. 여기서 이자율은 다른 변수들에도 의존하기 때문에, 순전히 외생적이라 볼 수 없을지도 모른다는 점에 주목해야 한다. 이 경우, 화폐 공급곡선은 시간에 따라 이동하는 일련의 수평선으로 나타난다. 따라서 〈그림 3-2〉의 점선으로 표시된 H^s 곡선과 같이 우상향하는 화폐 공급곡선이 복원될지도 모른다.

이 같은 분석에도 불구하고, 포스트 케인스학파 경제학자들은 여전히 기준 금리가 외생적이라고 주장한다. 즉 화폐 공급곡선은 각 시점에서 여전히 수평이다. 중앙은행이 국내 경제나 해외 경제에서 발생하는 여러 사건들을 근거로 기준 금리를 변화시킨다는 것이 사실일지라도, 이자율이 내생변수임을 의미하지는 않는다. 이는 이자율 결정이 오로지 중앙은행의 재량에 달려 있기 때문이다. 기준 금리는 시장현상이 아니다. 경제활동이 상승기에 있을 때에도 중앙은행은 언제나 기준 금리 인상을 보류할 수 있다.[15] 그 결과 모든 단기 이자율의 상승을 억제할 수 있는 것이다.

3. 은행과 기업의 관계

초기 금융과 최종 금융

은행과 기업은 다양한 형태로 상호 작용한다. 예를 들어, 기업은 은행예금과 여러 금융자산을 보유한다. 그러나 은행과 기업 간에 가장 중요한 관계는 채무 관계이다. 이는 은행이 비금융 기업의 생산활동에 자금을 공급하기 위해 은행신용(대출)을 승인할 때마다 존재하는 관계이다.

여기서 논의의 핵심은 시간이다. 일부 서비스를 제외하면, 상품과 서비스를 생산하는 데는 시간이 필요하다. 기업은 판매 대금을 회수하기에 앞서 어떤 식으로든 피고용자에게 임금을 지불하고 원재료 공급자에게 원료 대금을 지불해야 한다. 물론 기업이 통화 채무를 갚을 수 있는 저축을 보유한다고 가정할 수도 있다. 그러나 대부분의 기업은 생산이 시작되기 전에 은행 대출에 의존해야 한다. 이 같은 **초기 금융**initial finance은 무엇을 생산하는지와 상관없이 필요한 금융이다. 수요를 예측해 소비재를 생산하든, 주문에 따라 투자재를 생산하든, 실제 모든 기업은 대출에 의존해야 한다. 더욱이, 은행은 기업의 자금 조달 갱신에 항상 동의하기 때문에, 이 논리는 성장하는 경제나 정태적인 경제 모두에서 동일하게 적용된다. 다시 말해, 은행은 기업의 채무상환 연장에 동의해야 한다.

화폐순환 이론 학자들과 마찬가지로 아우구스토 그라치아니(Augusto Graziani 2003)와 같은 포스트 케인스학파 경제학자들은 기업이 은행에서 자금을 차입할 때마다 발생하는 생산의 초기 금융과 일반적으로 금융시장에서 일어나는 투자의 **최종 금융**final finance을 명확히 구분한다. 데이비드슨(Davidson 1982)은 서로 다른 금융 과정의 두 단계를 구분하기 위해 각각을 '건설 금융'construction finance과 '투자 자금 조달'investment funding이라 부른다.

기업은 자본재 구입 비용을 조달할 수 있어야 한다. 기업은 자기 자금 조달(사내 유보금) 외에 가계의 저축을 획득해야 한다. 이는 직간접적으로 은행 시스템, 또는 뮤추얼 펀드mutual funds, 보험회사 등 여러 금융기관을 통해 이루어진다. 생산과정상의 이 같은 최종 금융 국면에 따라 생산순환circuit of production이 일단락된다.

신용 한도

은행과 차입자 사이의 계약인 신용 한도credit line는 생산의 초기 금융에서 중요한 역할을 하는데, 이는 신용 한도가 유연하게 금융에 접근할 수 있게 하기 때문이다. 기업은 신용 한도에 동의함으로써 은행과 계약을 맺으며, 이때 은행은 기업이 필요 시 차입할 수 있는 최대 금액, 신용 한도 내에서의 차입 조건, 그리고 차입 금액에 대한 이자율 등을 정한다(Wolfson 1996). 고정 금리를 보장받기 위해 차입자가 일정한 수수료를 지불하는 경우에는 차입 금리가 고정될 수도 있다. 또

그림 3-3 ┃ 칼레츠키의 위험 체증의 원리

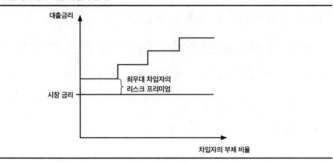

한 재무부 단기 증권 이자율 같은 어떤 시장 금리에 마크업을 적용한 수준에서 이자율이 정해질 때는 차입 금리가 변동할 수 있다. 이 마크업은 은행이 관리 비용과 채무불이행의 위험을 보전하고자 부과하는 리스크 프리미엄risk premium[16]이다. 결과적으로, 신용 한도 내의 이자율은 시장이자율의 일반적인 흐름을 따라가는 경향이 있다.

〈그림 3-3〉은 부채 부담이 서로 다른 기업에 부과되는 이자율을 보여 준다. 여타 측면에서는 기업들이 동질적이더라도, 과도한 부채 부담을 지닌 기업들의 위험도가 더 높다고 인식하기에, 은행은 그런 기업에 더 높은 이자율을 부과할 것이다. 기업이 금융시장에 기업 어음commercial paper, CP을 발행할 때에도 이와 같은 종류의 등급이 매겨진다. 〈그림 3-3〉은 칼레츠키가 1937년 처음으로 제안한 위험 체증의 원리를 보여 준다(Kalecki 1971, 제9장).

신용 할당

화폐의 내생성은 포스트 케인스학파 경제학에서 핵심 요소이다.

이는 광범위한 화폐경제 차원에 적용된다. 첫째, 앞서 논의한 바와 같이, 은행의 준비금과 현금은 중앙은행이 사전적 수요에 대응하는 방식으로 내생적으로 공급된다. 둘째, 가계가 부의 일부를 은행예금 형태로 보유하고자 할 때는 언제라도 가계의 요구에 부응해 화폐가 창출된다. 그러나 경제주체인 가계나 기업이 가까운 미래에 사용할 목적으로 일시적으로만 보유하고자 하는 화폐에 대해서는 어떻게 말할 수 있는가? 다시 말해, 신용화폐에 대해 무엇을 말할 수 있는가? 은행신용도 내생적인가?

한편으로, 포스트 케인스학파는 신용의 공급이 내생적이라고 주장한다. 즉 은행이 기업의 신용 요구에 언제나 수동적으로 대응한다고 생각한다. 그러나 다른 한편으로, 케인스의 잘 알려진 표현을 인용해 '가장자리에 놓인 불만족스러운 소비자'fringe of unsatisfied customers 가 항상 존재한다고 주장한다(Keynes 1930, 제2권, 364). 달리 말해, 포스트 케인스학파는 어느 정도의 신용 할당credit rationing이 존재한다는 사실을 인식하고 있다. 이 같은 두 가지 주장은 상통하는가? 그리고 이 논의는 신용화폐의 내생성에 의문을 던지는 것인가?

사실 이 질문에 대한 답변은 단순하다. 은행은 신용이 높다고 평가되는 차입자의 대출 요구를 항상 승인한다. 은행의 기준을 충족하지 못하는 차입자만이 신용을 얻지 못한다. 차입자를 신뢰할 만하다면, 은행은 이들에게 대출을 승인할 것이다. 따라서 은행이 승인하는 대출 규모는 건전하거나 신용도가 높은 차입자의 수에만 제약을 받는다.

여기서 문제는 누가 신용이 높은지 여부를 은행이 식별할 수 있는가이다. 그래서 은행은 수많은 정교한 방식을 개발해 왔다. 예를 들

포스트 케인스학파의 신용 할당에 대한 관점

두 가지 형태의 신용 수요를 구분할 수 있다. 신용이 있는 사람의 신용 수요와 그렇지 않은 사람의 신용 수요를 합한 총 신용 수요는 신용의 '개념수요'notional demand라 부를 수 있다. 그러나 은행은 신용 심사 기준을 충족하는 차입자만 고려하므로 사실상 유일하게 적절한 수요는 신용의 '유효수요'effective demand이고, 이는 신용이 있는 차입자만을 포함한다(Lavoie 1992a, 177; Wolfson 1996; 2003). 평균 대출금리를 i_1이라고 하면, 신용 할당은 〈그림 3-4〉에서 AB의 거리로 표현된다. 대출금리가 i_2로 증가하면 차입 비용이 증가하므로 차입하려는 기업과 가계의 수는 적어진다. 이는 〈그림 3-4〉에서 음의 기울기를 갖는 개념수요곡선으로 나타난다. 그런데 이와 동시에 은행의 심사 기준을 충족하지 못하는 차입자가 더 많아질 것이다. 즉 신용이 있는 차입자는 더 적어지고, 이에 따라 더 많은 차입자가 은행으로부터 거절당할 것이다. 〈그림 3-4〉에서 나타나듯이, 대출금리가 상승함에 따라 개념수요곡선과 유효수요곡선의 차이는 더욱 벌어진다.

대출금리 i_1은 두 가지 구성 요소로 구분된다. 첫 번째 구성 요소 i_b는 중앙은행의 기준 금리, 즉 지배적인 시장 금리(국채 금리와 콜금리)를 반영한다. 두 번째 구성 요소 σ는 리스크 프리미엄을 반영한다. 그러므로 대출금리는 다음과 같이 표현된다.

$$i_1 = i_b + \sigma$$

대출금리의 상승은 두 가지 잠재적 요인에서 발생할 수 있다. 우선, 대출금리는 본질적으로 중앙은행이 설정한 기준 금리에 기초하기 때문에, 기준 금리의 상승은 대출금리의 상승을 유발할 것이다. 더구나, 은행은 리스크 프리미엄 σ를 올림으로써 대출금리와 기준 금리 간 차이인 스프레드spread를 높이려 할지 모른다. 대출의 유효수요는 은행에서 정한 리스크 프리미엄으로부터 도출된다. 그러므로 은행이 리스크 프리미엄을 상승시키기로 결정하면, 이는 은행이 대출 심사 기준을 강화한다는 의미이다. 이는 〈그림 3-4〉에서 유효수요곡선이 왼쪽으로 이동하는 것으로 나타난다. 결국 모든 리스크 프리미엄에 대해 하나의 특정한 유효수요곡선이 존재한다.

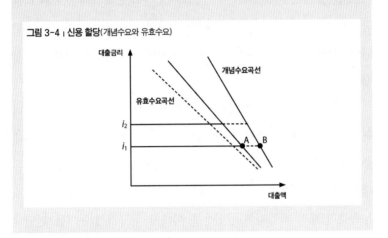

그림 3-4 | 신용 할당(개념수요와 유효수요)

어, 차입자를 다양한 위험 범주로 분류할 수 있다. 이 결정은 차입자의 과거 이력, 과거에 은행과 맺은 관계, 융자 대상인 프로젝트의 성격, 차입자의 여러 부채비율 및 유동성 비율 등에 기초해 내린다. 부채비율 중 하나는 차입자의 이자 부담 추정치에 대한 현금 흐름의 비율이다. 은행은 필요한 기준을 충족하지 못하는 차입자나 담보 조건을 충족하지 못하는 차입자의 대출 요구를 거절한다. 물론 모든 조건을 충족하는 개인이나 기업은 통상적인 금융 수요를 채우기에 충분한 신용 한도액까지 대출받을 수 있고, 이를 이용해 생산과정을 개시할 수 있다.

은행의 유동성선호

유동성선호 개념은 포스트 케인스학파 경제학의 중심 주제이지만, 많은 포스트 케인스학파는 이 개념을 좀 더 폭넓게 이해해야 한다고 믿는다(Dow and Dow 1989). 이 개념은 일반적으로 화폐 보유와 다른 금융자산 보유 사이의 선택에 대한 가계의 포트폴리오 결정과 관련되어 있으나, 기업과 은행의 행동을 포괄하는 개념으로 확대 해석할 수 있다.

기업의 유동성선호 결정은 유형의 재화(자본재)를 구입할지, 아니면 금융자산을 구입할지에 집중된다. 은행의 유동성선호는 은행 대출을 확대하려는 의지와 관련된다. 예를 들어, 유동성선호가 높은 은행은 대출을 늘리거나 신규 고객을 유치하기를 꺼려한다. 그러므로 은행이 잠재적 차입자에게 신용을 확대할 의사가 있는지를 판단할 때 유동성선호 개념을 사용할 수 있다. 이는 은행이 불확실한 미래에 대해 갖는 확신의 정도를 나타낸다.

그렇다면 은행의 유동성은 어떻게 측정할 수 있는가? 물론 이는 간단히 답할 질문이 아니지만, 몇 가지 접근 방법이 있다. 예를 들어, 은행이 국채를 보유하는 자산 기반 경제에서는 대출액 대비 무위험 risk-free 증권의 비율을 고려함으로써 유동성을 측정할 수 있다. 당좌대월 경제에서는 대출액 대비 은행자본의 비율을 계산할 수 있다. 실제로 이는 국제결제은행Bank for International Settlements이 자기자본 비율 capital adequacy ratios을 활용해 은행의 지불 능력을 산정하는 방법이다.

은행의 유동성선호를 측정하는 방법은 또 있다. 예를 들어, 은행이 미래를 비관적으로 바라보면, 즉 기업의 부채 상환 능력에 비관적이라면 대출 심사 기준을 강화하려는 경향을 갖는다. 그 결과 일부 기업은 은행 대출을 받을 자격을 상실한다. 은행은 기업에 부채 부담의 경감, 현금 흐름의 개선, 또는 더 높은 담보 조건 등을 요구할 것이다.

그러므로 불확실성의 시기에 유동성선호는 높아진다고 할 수 있다. 이는 다음과 같은 두 가지 중요한 결과를 수반한다. 첫째, 대출이자율이 높아진다. 은행은 대개 높은 채무불이행을 예상하기에, 증가된 위험을 보상하기 위해 리스크 프리미엄을 높여 자기 수익률을 확보하려 한다. 둘째, 더 엄격한 심사 기준 아래 상당수 차입자가 대출을 거절당한다. 이제 이들은 신용이 있는 차입자로 고려되지 않는다.

더구나 이 같은 행위가 금융시장을 지배한다는 점에 주목해야 한다. 시장 여건이 좋지 않을 때, 국채와 정크 본드junk bond[17] 간의 수익률 스프레드가 높아진다. 이 스프레드는 경제 상황을 나타내는 선행지표의 역할을 한다.

금융 취약성과 평온함의 역설

은행은 차입자의 신용도를 측정하기 위해 다양한 방법을 사용할지 모른다. 그럼에도 은행의 평가는 매우 주관적일 수 있다. 은행의 평가는 확신confidence의 문제이다. 포스트 케인스학파인 민스키(Minsky 1976; 1981)는 은행 및 차입자의 행위를 다룬 선도적인 연구에서, 이들의 상호 작용에서 불안정성이 발생할 수 있음을 제시한다.

민스키의 연구는 포스트 케인스학파와 급진적 경제학자들에게 잘 알려져 있으며, 그는 금융 불안정성 가설financial instability hypothesis 혹은 금융 취약성 가설financial fragility hypothesis로 불리는 월 스트리트의 경제적 관점을 발전시켰다. 마이런 고든(Myron J. Gordon 1997) 등 일부 금융 전문가들은 부유한 기업가일수록 더 신중하다고 주장하고 있으나, 민스키는 경제 호황기나 장기 고도성장 이후에 가계·기업·은행은 위험도가 높은 행동과 전략을 채택한다고 주장한다. 민스키에 따르면, 이런 상황에서 은행은 심사 기준을 완화하고 리스크 프리미엄을 낮추며 기업의 높은 부채 부담(제2장에서 사용한 기호로는 높은 ρ의 값)을 허용한다. 또한 가계·기업·은행 등 모든 경제주체들은 유동자산 보유 비율을 낮추려 한다. 이것이 바로 평온함의 역설paradox of tranquillity이다. 여기서 안정성은 불안정성을 잉태한다. 상대적으로 안정적이고 활발한 수준의 경제활동 시기가 궁극적으로 더 취약한 금융 조건을 유발한다.

그리고 투기적 행위가 커질수록 금융 취약성이 더욱 커지는 결과를 초래한다. 실제로 기업과 은행은 부채를 수단으로 사용해 서로 경쟁한다. 가계는 곧 이들이 하는 대로 따라 하고, 결국 주가와 부동산 가치가 상승하게 된다. 마침내 중앙은행이 개입해 신용 제약을 부과하거나, 오늘날 중앙은행의 주요 정책 수단인 기준 금리를 인상할 것이다.

높은 부채 부담하에서 금리가 상승하면 기존 채무의 이자 부담을 가중시켜 시스템의 취약성을 더욱 높인다. 여기서 은행은 리스크 프리미엄과 대출 심사 기준을 강화하는 방향으로 스스로의 행위를 확실히 변화시킨다. 정부가 대규모의 재정 적자 지출을 통해 총수요와 경제를 지탱할 채비를 갖추고 있지 않다면, 이 모두는 주식시장의 붕괴로 이어질 수 있다(Bellofiore and Ferri 2001).

민스키의 금융 취약성 가설은 주기적으로 발생하는 일련의 선순환과 악순환이 실물경제와 관계없이 어떻게 발생하는지를 잘 보여준다.[18] 실제로 민스키는 경제변동을 불안정한 금융 관행이나 모든 경제주체의 탐욕스러운 행위와 연관시킨다. 또한 그는 이 행위들을 감시하는 규제 당국의 능력이 충분하지 못하다는 사실을 강조한다.

4. 화폐경제의 체계적 관점

지금까지의 논의가 유용한 것은 틀림없으나, 이 절에서는 좀 더 체계적인 관점에서 화폐와 화폐순환을 고찰하고자 한다. 프랑스의 순환학파 경제학자들은 항상 중범위 경제적 접근을 주장해 왔는데, 이는 경제주체의 행위와는 독립적인 구조적 법칙이나 거시 경제적 법칙에 관한 연구이다.

중범위 경제학은 유효수요를 중요시하는 거시 경제 분석과 각 경제주체의 미시 경제 분석의 중간에 위치한다. 기술 조건과 상대가격에 관해서는 레온티에프와 스라파의 투입-산출 모형input-output models이 중범위 경제적 분석을 위한 필수 구성 요소이다.

중범위 경제 분석은 화폐순환을 잘 이해하기 위해 화폐적 관계, 특히 각 부문의 재무상태표와 금융 플로financial flow의 상호 작용에 주목한다.

체계적 화폐경제 분석의 원리

지난 수년간 많은 포스트 케인스학파 경제학자들은 중범위 경제적 관계를 탐구하기 위해 수학의 행렬을 사용해 왔다. 이 접근은 고들리(Godley 1999a), 랜스 테일러(Lance Taylor 2004), 아이크너(Eichner 1987) 등의 연구에서 촉발됐다. 나는 이 접근법이 비주류 거시 경제학자들을 결합시키는 새롭고 중요한 열쇠가 된다고 생각한다. 이 접근법은 신고전학파가 제시한, 제약 조건하의 극대화라는 개념을 해체하고 대체하는 데 도움을 준다. 또한 이 새로운 접근은 신고전학파 종합의 입장에 서있는 케인스학파인 토빈(Tobin 1982)의 거시 경제적 연구와도 많은 점에서 관심을 공유하고 있다. 사실 토빈은 노벨 경제학상 수락 연설에서 왜 그의 접근이 표준적인 신고전학파 모형의 접근과 다른지를 설명한 바 있다. 토빈에 따르면, 거시 경제학이 타당성을 가지려면 네 가지 중요한 특성을 포함해야 한다.

- 경제 분석에서 스톡stock과 플로를 완전히 통합해야 한다. 이들의 계산은 완전히 일관된 방법으로 해야 한다.
- 모든 모형은 다수의 경제 부문과 다수의 자산을 포함해야 한다. 각 자산은 고유한 자기 수익률을 갖는다.
- 모든 화폐적·금융적 운영을 포괄하고, 중앙은행과 민간은행을 통합적으로 다루는 것이 중요하다.
- 어떤 '블랙홀'도 존재해서는 안 된다. 모든 플로에는 반드시 시작점과 종결점이 있다. 모든 예산과 포트폴리오의 총계 제약adding-up constraints을 고려해야 한다. 이 제약은 행위 관계와 변수의 실제 값

모두에 해당한다.

토빈은 코네티컷 주 뉴헤이븐에 있는 예일 대학교에서 연구했기에, 이 접근을 따르는 이들을 흔히 뉴헤이븐 학파New Haven school라 부른다. 이와 거의 같은 시기인 1970년대에, 케임브리지 대학교 응용 경제학과의 고들리와 그의 동료들은 토빈과 유사한 방법론 및 접근법을 독립적으로 개발했다. 이는 이른바 '새케임브리지'New Cambridge 모형의 창시로 이어졌다(Godley and Cripps 1983).

신고전학파 경제학은 토빈의 접근법을 거부한 채 비현실적인 '대표적 주체'representative agent에 의존하는 방법으로 역행했다. 신고전학파에서 '대리인'의 경우, 소비자와 생산자가 한 사람의 동일 인물이다. 그러나 일부 포스트 케인스학파 경제학자들은 토빈의 접근법을 받아들이고 이를 화폐 생산 경제에 적용했다. 화폐 생산 경제에서 통화 공급은 내생적이고 행위 방정식behavioral equations은 신고전학파가 아니라 칼레츠키 혹은 케인스의 사고방식을 따른다.

고들리와 토빈의 분석이 강조하는 바는, 거시 경제학의 플로 차원과 실질 자본, 금융 자산이나 부채, 수익률 등 스톡 차원을 통합하는 일관된 거시 경제 이론 구조에 대한 필요성이다.

경제 부문 재무상태표와 금융 플로

토빈과 고들리의 체계적 접근은 재무상태표 행렬balance-sheet matrix과 거래-플로 행렬transactions-flow matrix이라는 두 행렬에 착안한다. 재무상태표는 유형 스톡tangible stock과 금융 스톡financial stock을 다룬다. 유형 스톡은 기계와 건물(기업의 고정자본)뿐만 아니라 가계가 소유하는 부동산의 가치도 포함한다. 또한 운행이 가능한 자동차 등 내구소비재도 포함한다. 여기에 생산되었으나 아직 팔리지 않은 재화, 즉 기업의 재고(S)도 포함할 수 있다. 재무상태표상에서 이 유형 스톡들에 대응하는 항목은 없다.

다른 한편, 금융자산은 이에 대응되는 항목인 부채 항목을 갖는데, 이는 다른 경제주체나 다른 경제 부문(가계, 생산 기업, 은행, 정부, 혹은 중앙은행)의 부채 항목에 나타난다. 예를 들어, 은행 대출은 은행에는 자산이지만 차입자에게는 부채이다.

그렇다면 이 스톡들은 어디에서 오는가? 이 질문에 대한 답은 다음과 같다. 스톡은 플로의 결과이다. 즉 플로의 결과가 기존의 스톡에 추가된다. 또한 스톡은 어떤 종류의 자산 가치를 재평가한 결과이기도 하다. 이런 처리는 거래-플로 행렬에서 제외된다.

그다음으로, 각 스톡은 과거와 현재를 잇는 동태 방정식을 통해 플로와 결합한다. 예를 들어, 연말에 가계가 보유한 모든 증권의 가치(E)는 그 시점의 증권 스톡(e)과 증권 가격(p_e)을 곱한 값으로 정의한다. 이 증권의 가치는 다음 세 가지 요소로 구성된다. 첫째, 이전 연도 말(즉 당해 연도 초)의 가치이고, 둘째, 당해 연도에 기업이 발행하고 가계가 시장가격으로 구매한 신규 증권의 가치이며, 셋째, 연초에 보유한 증권의 1년간 가치 상승으로 발생한 자본이득이다.

국민소득 계정 플로와 금융 플로의 통합

거래-플로 행렬은 흥미로운 수단이다. 왜냐하면 국민소득 및 생

표 3-2 | 폐쇄경제에서 정부 부문을 배제한 거래-플로 행렬

계정 항목	가계	기업		은행		합계
		경상수지	자본수지	경상수지	자본수지	
소비	$-C$	$+C$				0
투자		$+I$	$-I$			0
재고 변화		$+\Delta S$	$-\Delta S$			0
임금	$+wN$	$-wN$				0
순이윤	$+P_D$	$-(P_{ND}+P_D)$	$+P_{ND}$			0
대출 이자		$-i_l L_{(-1)}$		$+i_l L_{(-1)}$		0
예금 이자	$+i_m D_{(-1)}$			$-i_m D_{(-1)}$		0
대출액 변화			$+\Delta L_f$		$-\Delta L_b$	0
예금액 변화	$-\Delta D_m$				$+\Delta D_b$	0
금융시장 증권	$-p_e \Delta e$		$+p_e \Delta e$			0
합계	0	0	0	0	0	0

산 계정National Income and Product Accounts(이하 NIPA)의 모든 중요한 집계치를, 재무상태표에 영향을 미치는 금융 플로와 연계할 수 있기 때문이다. NIPA와 같이 거래-플로 행렬에서 묘사하는 경제는 수직적으로 통합된 생산 경제vertically integrated production economy이다. 여기서는 부가 가치만 다루고, 중간재 생산과 관련해 복잡하게 얽힌 상호 의존 관계는 제거된다.

〈표 3-2〉는 이 접근법의 기본 요소를 보여 준다. 여기서는 순전히 단순화할 목적으로 정부와 중앙은행을 제외시켰다. 그 점에서 순수 빅셀 모형Pure Wicksellian model이라 할 수 있다.

좀 더 단순화하기 위한 가정은 다음과 같다. 은행은 이윤을 내지 않고(대출금리 i_l이 화폐 예금 금리 i_m과 같다고 설정), 가계는 은행에서 차입하지 않으며, 기업은 화폐 잔고를 보유하지 않는다.

회계 행렬을 사용하는 이점 중 하나는 논의 과정에서 놓치는 부분이 없다는 것이다. 앞서 기술했듯이, 모든 플로는 어디에서인가 흘러와 어디로든 가야 한다. 이는 각 행과 열의 합계가 영이 되는 이유이다. 즉 회계 행렬은 대차 계정이 완전히 일치함을 나타낸다.

수평 방향으로 보면 각 플로는 같은 값의 대응 항목을 갖는다. 전체적으로 각 행은 한 부문과 다른 부문 간에 교환되는 명목 총액을 나타낸다. 유입과 유출의 균등성은 다음의 세 가지 이유 중 하나 때문에 발생한다. 첫째, 공급은 산출량을 조정하거나 재고 스톡을 변화시킴으로써 수요에 대응해 항상 조정될 수 있다. 둘째, (신용 할당의 경우처럼) 수요가 제한될지도 모른다. 셋째, (금융시장에서처럼) 시장가격의 변화가 공급 및 수요의 즉각적인 조정을 이루게 할지 모른다. 따라서 유입과 유출의 균등성은 폐쇄경제에서는 쉽게 성립한다. 개방경제에서는 행렬에 타국 경제를 반드시 포함해야 한다.

수직 방향으로 보면, 각 거래는 금융을 필요로 함을 알 수 있다. 각 열의 합계는 영이며, 각 경제 부문이 고려해야 하는 예산 제약 budget constraints 을 나타낸다. 먼저 가계 부문을 살펴보자. 가계 부문은 다음과 같은 명백한 예산 제약에 직면한다. 가계 부문이 받는 것은 이자소득($i_m D_{(-1)}$), 배당금(P_D), 임금(wN)이다. 이 소득들로 가계 부문은 소비(C)를 하거나, 은행예금을 증가(ΔD)시키거나, 신규 발행된 증권을 금융시장에서 구입($p_e \Delta e$)한다.

다음으로, 기업 부문의 상황은 좀 더 복잡하다. 기업은 가계에 소비재를 판매(C)하지만, 다른 기업에 투자재를 판매(I)할 뿐만 아니라 생산했으나 아직 판매하지 않은 재화(ΔS)를 보유한다.

회계 항목상에서 나타나는 제품 판매에서 발생한 소득은 임금, 차입금에 대한 이자 지불, 민간 부문 순이윤의 합계와 항상 일치해야 한다. 한편, 이윤은 두 개의 구성 요소로 나눌 수 있다. 가계 부문에 대한 배당금(P_D)과 사내 유보금(P_{ND})이다. 여기서 사내 유보금은 고정자본과 재고 스톡을 위한 최종 금융의 한 요소이다.

자금의 원천과 사용

거래-플로 행렬에서 부호가 양인 모든 구성 요소는 자금의 원천 source of funds을 나타낸다. 예를 들어, 명목임금 w와 고용수준 N을 곱한 총임금 wN은 가계의 자금 원천이다. 그러나 기업 입장에서 임금은 자금 사용use of funds을 나타내므로, 기업의 항목에 기입될 때 음의 부호를 갖는다.

행렬의 하단 부분은 자산과 부채의 변화를 나타낸다. 가계가 주식 보유(주식의 수 e와 주가 p_e의 곱)나 은행예금 ΔD의 보유를 증가시키는 것은 자금의 사용을 의미하고, 따라서 음의 부호를 갖는다. 그러나 기업이 새로운 은행 대출 ΔL을 받은 경우, 이는 부채를 증가시키지만 생산 부문의 자금원이므로 양의 부호가 붙는다.

'자금의 원천과 사용'이라는 용어는 은행의 역할을 논의할 때 다소 혼란을 야기할 수도 있다. 은행이 대출할 때, 즉 기존 대출 스톡을 증가시킬 때, 이 추가된 대출은 거래-플로 행렬에서 음의 부호를 갖는다. 하지만 대출의 결과로 발생한 예금은 양의 부호가 붙는다. 은행 부문의 관점에서 예금은 자금의 '원천'인 반면, 대출은 자금의 '사용'이라고 주장할 수 있다. 그런데 여기서 주의할 점이 있다. 이 주장은 대출을 위해 예금이 필요하다는 인상을 줄 수 있으나, 이는 잘못된 추론이다. 오히려 포스트 케인스학파가 주장하듯이, 대출이 예금을 창출한다. 다시 말해, 예금의 증가는 금융적 시각에서 자금의 원천으로 보일지 모르지만, 인과관계의 시작점은 최초에 은행이 결정한 대출이다. 대출은 은행이 신뢰할 수 있다고 평가한 기업의 요구에 대응해 무無에서 창조된다(Lavoie 2003).

화폐의 창조

이 장에서는 포스트 케인스학파의 화폐 이론에 대한 주요 요소들을 논의했다. 일례로, 3절에서 초기 금융과 최종 금융 사이의 중대한 차이를 논의했다. 그렇다면 이와 관련해 화폐순환을 어떻게 설명할 수 있는가? 앞서 설명한 〈표 3-2〉의 거래-플로 행렬을 참고해 이 질문에 답해 보자. 이를 통해 초기 금융과 최종 금융 간의 결정적 차이를 쉽게 이해할 수 있다.

거래-플로 행렬에서 생산 부문은 자본수지와 경상수지로 나누어진다. 두 수지의 합은 영이어야 한다. 자본수지 열은 최종 금융의 구성 요소를 나타낸다. 이 단순한 모형에서는, 분기 말 혹은 연말 기업의 고정자본 축적 및 재고 증가분이 다음 세 가지 자금 원천 중 하나에 의해 조달된다. 즉 신규 주식 발행, 은행에서의 차입, 배당되지 않은 이윤(사내 유보금) 등이다.

이와 대조적으로, 행렬[의 기업 부문]에서 음영 처리된 항목은 초기 금융을 나타낸다. 생산과정이 개시되면서 화폐순환도 시작되므로 기업은 피고용자에게 임금을 지불하는 데 필요한 자금을 차입해 새로운 재화의 생산(ΔS)을 시작해야 한다(수직적으로 통합된 폐쇄적 생산 경제를 가정하고 있기에 비용은 임금 비용뿐이다). 현재 기간의 차입액은 총임금과 정확히 일치한다. 이것이 순환의 제1 단계이다. 대출이 소비재 생산과 투자재 생산 가운데 무엇에 쓰일지는 전혀 문제가 되지 않는다. 사실 두 생산 모두에 초기 금융은 필요하다.

그러므로 순환의 가장 초기 단계에서 기업은 은행에 대해 부채와 함께 은행예금 형태의 자산까지 동시에 갖는다. 실제로 제1 단계는 매우 짧은 기간 내에 일어난다. 생산을 개시해 임금을 지불할 필요가 생기면, 기업은 이 예금을 인출한다. 오늘날에는 임금 지불이 대개 수표나 전자 이체로 이루어진다. 임금이 지불되면, 이는 가계와 노동자의 소득이 된다. 임금이 지불된 순간, 그리고 가계 부문이 새로 수령한 소득을 지출하기까지, 이 자금은 가계 부문의 저축(ΔD_m)이 된다. 행렬[의 가계 부문]에서 음영 처리된 항목은 제2 단계를 묘사한다.

이미 기술한 바와 같이, 제3 단계인 최종 금융은 생산 부문의 자본수지 열을 나타낸다. 여기서 기업 부문은 가계 부문에서 자금을 회수한다.

회계 원리와 4중 회계

거래-플로 행렬을 사용하면 몇 가지 유용한 회계 원리를 따르는 데 도움이 된다. 특히 기업의 회계 처리를 고려할 때 그렇다. 생산된 재화가 판매되지 않고 남아 있을 때, 이 재화는 재고의 추가분 ΔS가 된다. 최선의 회계 절차를 따르려면 재고 상품을 (기대하는 판매 가격이 아닌) 현재의 생산원가 또는 적어도 대체 원가replacement cost로 평가하는 것이 중요하다.

우리가 설정한 가상적인 수직적 통합 경제에서도 재고의 생산비용은 이 기간에 가계에 지불된 임금과 일치한다. 이런 의미에서 재고 증가분의 가치 ΔS는 지불된 임금 wN과 일치하며, 이런 사실은 행렬의 기업 부문 경상수지 열에서 음영 처리된 항목으로 표시된다.[19]

또한 거래-플로 행렬의 사용은 '4중 회계'quadruple accounting 원리를 더욱 명료하게 한다(Copeland 1949). 항상 각 행과 각 열의 합이 영이어야 하므로, 이를 위해서는 임의의 한 거래가 행렬에서 최소한 네 개 항의 값을 변화시킨다. 예를 들어, 은행이 기업의 생산을 위해 대출 ΔL을 승인했다고 하자. 이 대출은 대응 항목으로서 동일한 금액만큼의 예금 ΔD를 창출해야 한다. 따라서 은행 부문의 '자본수지' 열의 합은 영이 된다. 다음으로, 신규 대출은 생산 부문의 자본수지에서 추가 부채로 기입된다. 따라서 '대출액 변화' 행의 합은 영이 된다. 그리고 생산 부문은 추가적으로 은행예금을 획득했다는 점을 고려해 네 번째 항목[20]의 값이 변경되어야 한다. 이에 따라 예금 변화 행의 합계가 영이 된다. 결과적으로 각 거래에 대해 최소한 네 개 회계 기록의 변경이 이루어진다.[21]

모형과 거래-플로 행렬의 역할

경제 부문별 재무상태표 행렬과 함께, 부문별 거래-플로 행렬은 화폐 생산 경제의 핵심적인 관계들을 반영한다. 이를 위해 스톡과 플로를 연결하는 동태적 방정식 외에도 경제의 각 부문과 관련된 행위 방정식을 추가해야 한다.

어느 모형이든 특유의 행위 방정식들이 있다. 이 행위 방정식들은 모형을 완결 짓는 역할을 하고, 모형에서 도출한 특별한 결과와 결론을 설명한다. 그런데 고들리와 같은 포스트 케인스학파 경제학자들은 핵심적인 회계 방정식과 동태적 스톡-플로 방정식이 가능한 결과의 범위를 제약하는 이론적 구조를 갖는다고 생각한다. 다시 말해, 어떤 종류의 정식화 혹은 동태적 방정식은 핵심적 회계 방정식과 모순되므로 절대 채택될 수 없다. 테일러(L. Taylor 2004)가 지적했듯이, 스톡-플로의 일관된 거시 경제 모형화stock-flow consistent macro modeling와 핵심적 회계 방정식은 "거시적 수준에서 가능한 지불 패턴의 정식화로부터 상당히 많은 수의 자유도를 제거해 버린다".

고들리에 따르면, 화폐 생산 경제를 적절하게 표현하는 완전히 일관된 모형은 여러 파라미터에 부여된 값과는 무관하게 본질적으로 동일한 중장기적 결과를 가져올 수밖에 없다. 이와 같은 모형은 모든 거래를 고려하고, 예산 제약을 포함하며, 모든 스톡과 플로 간의 연계를 제시해야 한다. 또한 포트폴리오 제약portfolio constraints과 자산 총계 제약asset adding-up constraints[22] 등 스톡에 대한 제약도 설명해야 한다.

경제주체는 스톡과 플로의 합치를 보장하는 어떤 비율을 목표로 정한다. 예를 들어, 기업의 경우 재고 스톡 대비 매출액의 희망 비율이 있다. 이는 경제주체들에게 분명한 지식이 없더라도 나타날 수 있다. 예를 들어, 가계가 소득이나 부의 일정 비율을 매년 소비하는 경우, 가계는 암묵적으로 부(스톡)와 가처분소득(플로) 간의 장기적인 관계를 설정하고 있는 것이다.

체계적 접근에서 무엇을 배울 수 있는가

여기서 제시된 원리를 따르는 포스트 케인스학파 모형을 통해, 이

장의 1절에서 설명한 포스트 케인스학파 화폐분석의 주요한 특징을 검증할 수 있다. 화폐의 공급과 수요는 별개의 독립된 제약(화폐 공급은 중앙은행과 민간은행의 재무상태표에 따라 제약되지만, 화폐 수요는 가계의 포트폴리오 선택에 따라 제약)하에 놓여 있으나, 완전히 일관된 모형에서는 화폐의 공급과 수요가 반드시 일치한다. 이는 명시적으로 화폐의 공급과 수요를 일치시키는 특정 방정식이 존재하지 않는 경우에도 그렇다.[23]

이 점은 인플레이션의 근본 원인이 과잉 화폐 공급이라는 신고전학파의 주장이 부당하다는 점을 이해하는 데 도움이 된다. 포스트 케인스학파에 따르면, 인플레이션은 결코 화폐의 초과공급 때문에 발생하지 않는다.

또한 중앙은행과 재무 부처가 어떻게 직접 이자율을 설정하는지도 보여 줄 수 있다. 중앙은행은 항상 단기 이자율을 통제할 수 있으며, 의지만 있다면 장기 이자율도 통제할 수 있다. 중앙은행이 장기 이자율도 통제하는 경우에는 중앙은행이 정부에 청구할 수 있는 채권 구성의 변화를 수용하거나, 정부가 단기 증권과 장기 증권을 발행하는 비율의 변동을 수용해야 한다. 그렇지 않으면 단기 이자율에 비해 장기 이자율이 큰 폭으로 변동할 것이다. 재정 거래의 힘이 작용해 장기 이자율이 미래의 단기 이자율의 기대치에 서서히 접근하는 것을 보장하더라도 장기 이자율은 크게 변동하게 된다. 단기 이자율 기대치의 결정은 최근에 관찰된 단기 이자율에 따라 상당한 영향을 받는다. 그리고 중앙은행이 충분한 결의를 바탕으로 강력히 실현할 의지가 있다면, 최근에 관찰된 단기 이자율은 기준 금리로 수렴할 것이다.

그리고 체계적 접근을 적용하면, 개방경제에서 대외 불균형이 있음에도 중앙은행의 기준 금리 설정 능력이 결코 약화되지 않았다는 사실을 보일 수 있다. 다음 경우만이 유일한 제약이다. 즉 고정환율 체제하에서 대외 불균형이 자동적으로 해소되지 않고, 이로 말미암아 외환 보유고가 부족해져 정부로 하여금 긴축 재정정책과 긴축 통화정책을 채택하도록 강제하는 경우이다.

이처럼 개방경제 구조에서는 디플레이션 편향deflationary bias이 존재하는데, 제5장에서 이와 관련된 내용을 다룰 것이다. 대외 흑자인 국가는 확장 정책을 추구하는 데서 결코 제약받지 않으며, 이런 정책은 대외 적자인 국가가 추구하는 긴축 경제 정책을 상쇄한다.

단기분석:

유효수요와

노동시장

이 장에서는 주로 유효수요의 역할과 노동시장에 대한 영향을 고찰하고자 한다. 제1장에서 설명했듯이 경제가 수요 주도적demand-led 이라는 주장이 포스트 케인스학파 경제학에서 가장 중요하다. 사실상 유효수요는 고용이론의 핵심 요소이다. 또한 이 장에서 밝히는 바와 같이, 신고전학파 이론과는 대조적으로 실질임금이 하락해도 노동 수요가 증가하지 않는다. 오히려 그 반대가 진실이다. 다시 말해, 실질임금이 상승하면 소비가 증가하고, 그 결과로 노동 수요가 증가해 실업이 감소한다. 따라서 최저임금과 평균임금의 상승은 고용과 전체 경제에 긍정적인 효과를 갖는다. 이는 TINA를 옹호하는 이들이 생각하는 것과는 정반대의 결과이다.

이 장에서는 단기short-period분석에 초점을 두고, 장기long-period분석 요소들은 다음 장에서 논의하도록 한다.

단기와 장기

논의에 앞서, 단기분석과 장기분석의 차이를 명확히 할 필요가 있다. 단기와 장기에 대해서는 두 측면에서 구분할 수 있다. 첫 번째 구분은 신고전학파 교과서에서 흔히 볼 수 있는 분류 방법이다. 신고전학파 경제학은 대체로 실제 가격 및 인플레이션과 관련해 기대가 완전히 실현된 상태를 장기로 정의한다. 이 경우, 단기는 가격에 대한 기대가 잘못됐거나 기대가 완전히 조정되지 않은 상태를 말한다.

단기와 장기의 두 번째 구분은 더 단순한데, 바로 실제 기간actual period으로 구분하는 것이다. 단기는 자본 스톡이 일정한 기간이며, 장기는 투자에 따라 자본 스톡이 크게 변화하는 기간이다. 따라서 장기는 가계의 실질 부가 일정하고 순투자(자본의 순감가상각)가 발생하지 않는 정상 상태 경제stationary economy, 혹은 자본 스톡과 가계 자산이 기하급수적으로 증가하는 성장 경제를 특징짓는다.

두 번째 구분에 따른 단기분석은 필연적으로 제한적이다. 제3장에서 논의했듯이, 분석이 완전한 일관성을 유지하려면 모든 스톡과 플로를 함께 연결해야 한다. 그런데 [두 번째 구분을 따를 경우] 기업이 투자하고 가계가 저축을 할 때조차도 기업의 자본 스톡과 가계의 자산이 일정하다고 가정함으로써, 기업과 가계의 의사 결정에서 중요한 결과들을 몇 가지 간과하게 된다. 이 때문에 이와 같은 단기분석은 경제를 스냅사진으로 찍어 내는 것에 불과하다. 실제 경제에서 각 기간들은 시간 흐름에 따라 서로 연결되어 있다. 토빈(Tobin 1979, 제4장)이 제시한 바와 같이, 이런 식으로 기간을 잘못 취급한 예는 신고전학파 종합의 IS-LM 모형이다. IS-LM 모형은 자산과 생산능력에 대한 영향을 고려하지 않은 채, 양(+)의 저축과 투자가 결정된다.

이 장에서 다루는 단기분석의 경우, (두 번째 구분과 같이) 투자가 자본 스톡에 미치는 효과를 무시할 것이다. 그러나 재화의 수요 변화에 대응해 공급을 조정할 시간이 충분하기 때문에, 재화 시장이 균형 상태에 있다고 가정함으로써 (첫 번째 구분과는 대조적으로) 단기에서도 기대가 실현된다고 가정한다.

1. 유효수요와 구성 요소

독립 지출과 유발 지출

표준적인 신고전학파의 모형에서 총수요는 본질적으로 재정정책과 화폐 공급이라는 두 요소에 의존한다. 그러나 포스트 케인스학파 모형에서 화폐 공급은 내생변수이기 때문에 화폐 공급이 유효수요의 결정 요인은 아니다. 모형을 단순화하기 위해 재정정책에 대한 논의는 이후로 미루기로 한다. 따라서 우리는 정부를 포함하지 않는 폐쇄경제closed economy를 가정한다. 이처럼 단순한 모형에서 유효수요를 결정하는 요인은 무엇인가?

케인스(Keynes 1936, 제3장)는 『일반이론』에서 유효수요의 독립적 구성 요소autonomous components와 유발적 구성 요소induced components를 구분했다. 유발 지출은 현재 소득수준에 의존하는 현재 유효수요의 구성 요소를 의미한다. 이와 대조적으로 독립 지출은 현재 산출량과 독립적인 지출이다. 그리고 정부를 배제한 폐쇄경제에서 유일하게 남아 있는 총수요의 구성 요소는 소비와 투자이다.

케인스의 입장에서 투자는 기본적으로 독립변수로서 기업가의 장기적 기대에 의존한다. 반면에 소비는 부분적으로 유발 지출이다. 사실 이런 견해는 칼레츠키(Kalecki 1971, 제8장)의 접근과 거의 일치한다. 칼레츠키는 투자를 현재 산출량과 독립적인 변수로 보고 있으며, 소비를 (노동자) 임금에서의 소비와 (자본가) 이윤에서의 소비라는 두 가지 구성 요소로 나눈다. 임금에서의 소비는 유발 지출이며, 이윤에서의 소비는 과거에 실현된 이윤에 의존하므로 독립변수[독립 지출]이다.

거시 경제적 이윤의 결정

칼레츠키(Kalecki 1971, 제7장)는 거시 경제적 이윤을 설명하는 매우 간결한 방정식을 제시한다. 칼레츠키의 분석을 국민 계정에 적용하면, 그의 이윤 방정식은 앞 장에서 논의한 거래-플로 행렬에서 생산 기업의 경상수지 열과 일치한다[〈표 3-2〉 참조]. 국민생산은 각각 소득 측면과 지출 측면에서 분석할 수 있다. 명목 소득 Y는 다음과 같이 정의한다.

$$Y = 임금 + 이윤 = 소비 + 투자$$

소비는 임금 중에서 소비(임금 소비)와 이윤 중에서 소비(이윤 소비)로 나눌 수 있으므로, 다음과 같이 쓸 수 있다.

$$임금 + 이윤 = 임금 소비 + 이윤 소비 + 투자$$

여기서 마르크스를 비롯해, 대부분의 칼레츠키 이전 고전학파들이 가정한 바와 같이, 노동자들이 저축하지 않고 모든 소득을 소비한다면 다음과 같다.

$$임금 소비 = 임금$$

이 식을 두 번째 식에 대입해 정리하면, 칼레츠키가 1933년 폴란드어로 처음 제시한 이윤 방정식이 도출되고 다음 식으로 나타난다.

$$이윤 = 이윤 소비 + 투자$$

여기서 주요 결론 중 하나를 도출할 수 있다. 정부 부문이 없는 폐쇄경제에서 노동자가 저축하지 않을 때, 거시 경제적 이윤은 민간 부문의 투자와 자본가의 이윤 소비를 합한 값과 일치한다는 것이다.

칼레츠키 이윤 방정식에서의 인과관계

그렇다면 이윤 방정식의 정확한 의미는 무엇인가? 또한 이윤 방정식에서 인과관계는 어떻게 나타나는가? 이윤 방정식의 결론을 어떻게 해석할 수 있는가? 칼레츠키는 이 질문에 다음과 같이 답한다.

이 식은 무엇을 함의하는가? 이 식은 어떤 기간의 이윤이 자본가의 소비와 투자를 결정짓는다는 것을 의미하는가, 아니면 그 반대를 의미하는가? 이 질문에 대한 답은 이 요소들 중 어느 것이 자본가의 의사 결정에서 직접적인 대상이 되는지에 달려 있다. 분명한 사실은 자본가가 특정 기간에 그 이전보다 소비와 투자를 늘리는 결정을 할 수는 있어도, 이익을 늘리는 결정을 할 수는 없다는 것이다. 그러므로 이윤을 결정하는 것은 투자와 소비에 대한 자본가의 결정이지, 그 반대는 아니다(Kalecki 1971, 78-79).

칼레츠키의 격언으로 잘못 알려져 있는, 칼도의 유명한 격언을 인용해 이 거시 경제 이론을 요약할 수 있다. "자본가는 자신이 소비하는 것을 벌지만, 노동자는 자신이 버는 것을 소비한다"(Kaldor 1956, 96). 이 격언은 중요한 비대칭성에 초점을 맞추고 있다. 노동자는 본질적으로 기업가가 제공하는 고용에 의존하기 때문에, 뜻대로 자신의 수입을 늘리기 어렵다. 그러나 자본가와 기업가는 지출을 늘리고자 하면 (은행이 금융을 허용하는 한) 언제나 가능하다.

구축 효과에 대한 부정

TINA 옹호자들은 유효수요를 진작시키려 시행하는 확장적 재정정책이 결국 실패로 귀결된다고 주장한다. 그들은 정부의 재정 적자 지출은 투자 목적으로 민간 부문에서 좀 더 잘 활용될 수 있는 자원을 사용해 버린다고 주장한다. 이는 이른바 구축 효과crowding-out effect로서, 1930년대에 케인스가 반대한 '재무부 관점'Treasury view으로도 불린다. 재무부 관점에 따르면, 재정 적자의 확대는 민간투자를 구축하고 이자율을 높인다.

포스트 케인스학파는 몇 가지 이유로 재무부 관점과 구축 효과를 모두 부정한다. 첫째, 앞 장에 기술했듯이 시장이자율은 본질적으로 중앙은행이 설정한 기준 금리에 의존한다. 둘째, 일반화된 칼레츠키의 이윤 방정식을 사용하면, 재정 적자가 민간 부문의 이윤을 실질적으로 증가시킨다는 사실을 보이는 데 유용하다. 이를 역의 구축 효과reversed crowding-out effect라 할 수 있으며, 때로는 촉발 효과crowding-in effect라 불린다. 칼레츠키의 이윤 방정식을 정부 부문을 포함한 식으로 표현하면 촉발 효과를 확인할 수 있다. 즉 칼레츠키(Kalecki 1971, 82)의 이윤 방정식은 다음과 같이 다시 쓸 수 있다.

세후 순이윤 = 이윤 소비 + 투자 + 재정 적자

이윤 방정식의 일반화

칼레츠키의 이윤 방정식을 한층 더 엄밀하게 정식화하는 것이야말로 유효수요와 관련한 논의를 계속 전개하기 위한 최선의 방안일 듯하다. 앞 장에서 사용한 기호로 나타낸 국민소득 계정의 항등식에서 시작해 보자. 국민총

생산은 다음과 같이 정의된다.[1]

$$Y = wN + P = C + I$$

소득은 임금 wN과 이자 지불을 포함하는 이윤 P의 합이다. 이는 명목 소비지출(C)과 명목 투자지출(I)의 합과 같다. 소비지출과 투자지출은 다음과 같이 쓸 수 있다.

$$C = pa_c = pa_{cc} + pa_{cw}$$

$$I = pa_i$$

여기서 a_c와 a_i는 각각 실질 소비와 실질 투자를 나타내고, p는 가격을 표시한다. 그리고 a_{cc}와 a_{cw}는 각각 자본가의 실질 소비지출과 노동자의 실질 소비지출을 의미한다.

노동자가 저축하지 않는다고 가정하면, 다음과 같은 이윤 방정식을 얻는다.[2]

$$P = pa_{cc} + pa_i$$

칼레츠키에 따르면, 거시 경제적 이윤은 과거 의사 결정에 따라 실현된 투자에 의존하기 때문에 사전적으로 결정된다. 또한 자본가의 소비도 과거에 실현된 이윤의 크기(또는 금융시장에서 발생한 자본이득)에 의존한다.

그러므로 자본가의 실질 투자와 실질 소비는 항상 독립변수이다. 경제학에서 투자가 주요 논쟁 주제임을 감안하면, 단기분석에서 투자를 외생변수로 취급하는 것은 아마도 최선의 전략일 수 있다.

이 경우, 거시 경제적 이윤은 실질 독립 지출($a = a_{cc} + a_i$)에 의존한다. 따라서 이 식은 다음과 같이 다시 쓸 수 있다.

$$P = pa$$

기업이 단위 노동비용이나 실질임금에 대해 무엇을 실행하든 특정 기간의 총 (실질)이윤은 총 실질 독립 지출이 결정한다.

총수요 방정식

거시 경제적 수준에서 적어도 정부가 배제된 단순한 폐쇄경제 모형인 경우, 수요는 단지 두 구성 요소에 의존한다. 하나는 노동자의 유발 소비(노동자 임금)이고, 다른 하나는 자본가의 소비와 투자를 포함한 독립 지출이다. 따라서 총수요는 다음과 같이 쓸 수 있다.

$$AD = wN + pa$$

AD를 p로 나누면, 실질 총수요(RAD)가 도출된다.

$$RAD = \left(\frac{w}{p}\right)N + a$$

이 식에 따르면, 총수요가 화폐 공급에 의존한다고 보는 신고전학파 이론과는 달리, 포스트 케인스학파 모형에서 총수요는 노동자의 총 실질임금과 자본가의 소비 및 투자 결정에 따른 실질 독립 지출에 의존한다.

대안적 이윤 방정식

일부 포스트 케인스학파 경제학자들은 칼레츠키의 이윤 방정식에 포함된 시차를 배제함으로써 이윤 방정식을 약간 변형해 사용한다. 이 모형들은 대체로 현재 기간 자본가의 소비는 현재 기간에 실현된 자본가의 이윤에 의존한다고 가정한다. 자본가가 이윤의 일정 비율(s_c)을 저축한다고 가정하면, 자본가의 소비는 다음 식과 같다.

$$pa_{cc} = (1 - s_c)P$$

이 식을 이윤 방정식($P = pa_{cc} + pa_i$)에 대입하면, 다음 식으로 정리할 수 있다.

$$P = p\left(\frac{a_i}{s_c}\right) = \frac{I}{s_c}$$

이는 칼도가 제시한, 이른바 케임브리지 단기 이윤 방정식이다(Kaldor 1956, 96). 칼도는 이 식을 칼레츠키의 이윤 방정식 및 케인스의 '과부의 항아리' widow's cruse 예와 연결시켰다. 케인스는 『구약성서』 "열왕기 상" 17장에 나오는 이야기를 참조했는데, 여기서 한 과부는 뒤주에 담긴 밀가루와 병에 채워진 기름이 결코 떨어지지 않으리라는 보장을 받았다. 케인스는 "기업가가 아무리 이윤을 소비하더라도, 그들에게 귀속하는 부의 증가는 이전과 동일하다. 따라서 이윤은 기업가에게 자본증가의 원천 중 하나이지만, 이는 아무리 방탕한 생활에 쓰이더라도 고갈되지 않는, 과부의 항아리이다"(Keynes 1930, 139)라고 주장한다. 칼도가 지적한 바와 같이, 이는 기업가의 투자에 대해서도 동일하게 주장될 수 있다.

포스트 케인스학파 경제학에서 거시 경제적 이윤은 투자지출에 비례하고 자본가의 이윤에 대한 저축성향에 반비례한다. 이 관계들의 동태적 측면은 다음 장에서 살펴보고, 이 장에서는 칼레츠키의 표현을 계속 사용한다.

2. 칼레츠키학파 모형

케인스인가, 칼레츠키인가

은사인 마셜에게 큰 영향을 받은 케인스는 『일반이론』에서 신고전학파 이론의 몇 가지 기본 가정을 주저 없이 받아들인다. 일례로, 케인스는 화폐 스톡의 양은 일정하고 수익체감이라는 제약 아래 기업이 이윤을 극대화한다는 가정을 받아들였다. 앞서 이 책의 제2장과 제3장에서 이 가설들을 분명하게 부정한 바 있다.

케인스가 신고전학파의 특징들을 계속 수용한 것은 동시대 사람들에게 그의 이론이 더 일반적인 이론임을 인정받기를 원했기 때문이다. 공정한 평가를 받기 위해, 그리고 자신의 메시지를 이해시키기 위해 케인스는 그의 주장이 친숙하게 보이게 함으로써 동료들이 잘 이해할 수 있게 하는 데 힘썼다. 불행히도 케인스의 이 같은 전략은 확실히 결점을 드러냈고 오늘날까지 영향을 미치고 있다. 예를 들어, 데이비드슨이나 웨인트라웁 등의 포스트 케인스학파 근본주의자들은 케인스의 접근법을 따르라고 강력히 주장하고 있다. 이 때문에 그들의 포스트 케인스학파 이론은 수익체감과 총공급 분석에 근간을 두고 있으며, 따라서 어떤 면에서는 에드몽 말랭보Edmond Malinvaud, 장-파스칼 베나시Jean-Pascal Bénassy, 로버트 배로Robert Barro, 허셜 그로스만Herschel Grossman 등 불균형 케인스학파가 발전시킨 분석과 유사점을 발견할 수 있다.

반면에 칼레츠키는 마셜이 아닌 마르크스 전통의 교육을 받았다. 그래서 경기변동과 유효수요에 관한 그의 첫 번째 논문에는 신고전학파 가정의 여지를 전혀 발견할 수 없다. 특히 그는 단위 비용이 일정한 상태에서 생산을 증가시킬 수 있다는 사고를 주저 없이 채택한다. 유효수요에 관한 칼레츠키의 접근은 케인스의 접근보다 우월하거나 심지어 더 낫다고 평가된다. 이는 로빈슨(Robinson 1973, 97)과 칼도(Kaldor 1983, 15)가 도달한 결론이다. 실제로 케인스학파 경제학의 근본적인 내용을 분명히 하려면 "케인스보다는 칼레츠키에게서" 배워야 한다(Bhaduri 1986, ix). 그러므로 일부 비주류 경제학자들은 포스트 케인스학파 경제학보다는 칼레츠키학파 경제학이라는 용어를 쓰는 것이 최선이라고 주장한다(Dostaler 1988, 134).

포스트 케인스학파의 가동률 함수

칼레츠키학파의 총공급곡선은 제2장에서 논의한 현대적 기업이론에 기초한다. 칼레츠키학파 모형은 포스트 케인스학파가 **가동률 함수**utilization function라 부르는(Nell 1988, 106), 한층 현대적인 생산함수를 가정하고 있다. 또한 설비 가동률이 1백 퍼센트보다 낮은 한, 수익체감을 가정하지 않는다. 즉 수익 불변constant returns이 지배적이다. 1964년에 로빈슨이 처음 제안한 가동률 함수는 기업이 일정한 자본 설비 하에서 노동자 고용량을 조정할 수 있음을 의미하기 때문에, 자본 설비는 서로 다른 자본집약도[3]로 활용된다.

칼레츠키 자신이 그랬듯이, 칼레츠키학파 모형은 노동자를 가변 노동자variable labour와 고정 노동자fixed labour로 분류한다(Asimakopulos 1975). 가변 노동자는 블루칼라 혹은 직접노동자를 포함하고, 고정 노동자는 간접노동자를 포함한다. 가변 노동자는 재화나 서비스의 생산에 직접 관련되므로 가변 생산요소이다. 그리고 가변 노동자의 임금은 기업 입장에서 직접 비용의 구성 요소이다. 한편 고정 노동자 또는 간접노동자는 생산과 직접적으로 관계되지 않으며, 이른바 화이트칼라 노동자와 기타 관리직 노동자로 구성된다.

이 같은 노동자 구분은 경기변동에 따른 평균임금의 어떤 변동을 이해하기 위해 특히 중요하지만(Lavoie 1996-97), 여기서 보이고자 하는 분석 목적을 분명히 하기 위해 이 구분을 무시하기로 한다. 이처럼 단순화하더라도, 칼레츠키학파 모형에서 도출되는 근본적인 결론 가운데 몇 가지를 보일 수 있다. 특히 실질임금과 고용 간에 양의 상관관계가 어떻게 해서 나타나게 되는지를 이해할 수 있다.

칼레츠키학파의 '비용의 역설'

〈그림 4-1〉에서 칼레츠키학파의 노동 수요곡선은 독립 지출 a가 일정한 경우, 실질임금률과 총고용량이 양의 관계에 있음을 나타낸다.[4] 실질임금률 w/p가 상승하면 유효 노동 수요곡선을 따라 고용수준이 증가한다. 이는 신고전학파의 고용이론이나 TINA를 지지하는 사람들의 주장과 상반되는 결론이다.

얼핏 보면 이 결론이 역설적인 것처럼 보인다. 그러나 이 역설은 치명적인 구성의 오류fallacy of composition를 명확히 드러낸다. 다시 말해, 개별 기업에 유익할지라도 모든 기업이 동일한 행동을 취한다면, 경제 전체적으로는 합리적이지 않은 결과가 나타날 수도 있다.

하나의 기업만이 단위 임금 비용을 낮출 경우에 그 기업의 이윤이 증가할 수 있다는 것은 사실이다. 그러나 궁극적으로 전체 이윤은 조금도 높아지지 않는다. 모든 기업이 가격을 일정하게 유지하면서 임금을 낮춰 마크업을 증가시킨다면, 결국 상품 판매가 줄어든다. 칼레츠키는 "자본주의경제의 주요 특징 중 하나는 개별 기업에 이롭다고 해서 계급으로서의 모든 기업에 반드시 이익이 되는 것은 아니다"(Kalecki 1971, 26)라고 지적했다. 이것이 바로 칼레츠키학파에서 주장하는 '비용의 역설'이며, 케인스학파에서 주장하는 '절약의 역설'과 유사하다.

그림 4-1 | 칼레츠키학파의 노동시장

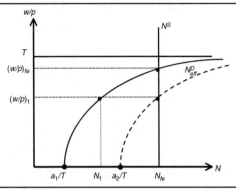

주 : [옮긴이] 그림에서 노동 공급곡선(N^S)은 완전고용 수준(N_{fe})에서 수직으로 가정한다. 그리고 유효 노동 수요곡선(N^D_{eff})과 노동 공급곡선이 교차하는 점에서 완전고용 임금수준인 $(w/p)_{fe}$가 결정된다. 지은이는 이후 논의에서 수직인 노동 공급곡선의 가정을 완화한다.

거시 경제학 원리 중에서 잘 알려진 '절약의 역설'에 따르면, 가계의 한계저축성향marginal propensity to save이 상승해도 총저축이나 국민소득은 전혀 증가하지 않는다. 실제로 투자가 일정(독립 지출로서의 투자)하면, 저축성향이 상승하더라도 총저축에 아무런 영향을 주지 못한다. 오히려 저축이 늘어나 국민소득·판매량·총고용의 감소를 초래할 뿐이다.

이와 유사하게, 비용의 역설에서 실질 독립 지출의 어떤 수준에서도 실질임금의 감소는 총이윤의 크기에 영향을 미치지 않는다. 그 이유는 총이윤이 총 실질 지출(또는 칼레츠키의 방정식에서 실질 투자지출이나 이윤에 대한 저축성향)에만 의존한다는 데 있다. 실질임금이 하락할 경우, 매출 1단위당 이윤 마진은 증가(제2장에서 마크업 매개변수인 θ 또는 Θ의 증가)하지만, 총이윤은 변하지 않고 국민소득·판매량·고용 등이 감소한다.

칼레츠키학파 모형의 정식화

칼레츠키학파의 노동시장 모형은 매우 단순하다. 먼저 앞서 사용한 실질 총수요함수를 통해 시작해 보자. 실질 총수요함수는 다음과 같다.

$$RAD = \left(\frac{w}{p}\right)N + a$$

다음으로 신고전학파의 생산함수를 포스트 케인스학파의 가동률 함수로 대체한다. 산출량은 사용된 노동량에 정비례한다고 가정하면, 다음의 식을 얻는다.

$$q = TN$$

여기서 T는 노동자 1인당 산출량으로서 일정하다고 가정한다. 즉 T는 노동생산성을 나타내고, 제2장에서 보였듯이 T는 1단위 생산에 필요한 노동량을 나타내는 기술 계수 n의 역수($T = 1/n$)이다. T는 전체 기술 진보의 수준을 나타내는 척도이기 때문에, 생산성을 나타내는 기호로서 T를 사용한다.

실질 공급과 실질 수요가 같다면($q = RAD$), 고용 곡선employment curve이라 부르는 유효 노동 수요곡선effective labour demand curve을 다음과 같이 도출할 수 있다.

$$N_{eff}^{D} = \frac{a}{T - (w/p)}$$

$$\left(\frac{w}{p}\right)_{eff} = T - \frac{a}{N}$$

이 두 식이 나타내는 곡선상의 모든 점에서 재화 시장은 균형 상태에 있고, 따라서 저축과 투자가 일치한다. 즉 〈그림 4-1〉에서 보는 것처럼, 실질 임금 w/p와 고용 N의 조합이 무엇이든지 유효 노동 수요곡선상에서 생산된 재화는 기업이 정한 가격으로 모두 판매된다. 이 곡선의 윗부분은 총수요가 총공급보다 많은 초과수요(투자가 저축을 초과) 상태이고, 아랫부분은 초과공급 상태를 나타낸다. 초과공급(또는 초과수요) 상태에서 기업이 생산을 감소(또는 증가)시키면, 경제는 균형 궤적인 유효 노동 수요곡선을 향해 움직인다. 이 조건하에서 모형 체계는 안정적이다. 이후 논의에서는 이와 같은 모형의 안정성이 충족된다고 가정한다. 즉 경제가 항상 유효 노동 수요곡선상에 위치한다고 가정함으로써 모형을 단순화한다.

또한 신고전학파 이론의 노동 수요곡선과는 반대로 칼레츠키학파 모형에서 유효 노동 수요곡선은 양의 기울기를 갖는다는 사실에 주목할 필요가 있다. 칼레츠키학파의 노동 수요곡선은 노동자 1인당 생산성인 T를 나타내는 수평선에 대해 점근적asymptotic으로 나타난다. 그러므로 실질임금은 블루칼라 노동자의 생산성을 결코 초과할 수 없으며, 그렇지 않은 경우 기업이 손실을 입게 된다.

이처럼 거시 경제적 수준에서 현대 기업들은 오직 하나의 제약, 즉 유효 수요에 직면한다. 각 기업이 되도록 많은 생산과 판매를 선호하는 이유는, 적어도 완전 설비 가동에 도달할 때까지는 생산의 증가가 단위 비용을 상승시키지 않는다는 사실을 알기 때문이다. 다만 기업들은 시장점유율에 따른 제약을 받는다.

이 현상의 배후에 있는 진정한 원인은 총수요의 감소이다. 총수요의 감소는 노동자의 살림을 악화시키는 소득분배의 변화로부터 발생한다. 즉 노동자의 소비성향이 이윤 취득자의 소비성향보다 높기 때문에, 노동자가 차지하는 분배율이 적을수록 총수요는 감소한다.

실질 독립 지출 증가의 효과

실질임금이 상승하면 실질 총수요가 증가하고 생산과 고용이 증가한다는 사실은 명백하다. 그렇다면 산출량을 확대하고 완전고용에 도달할 다른 방법은 없는 것인가?

칼레츠키(그리고 케인스)의 분석에서 완전고용에 도달하기 위한 선택지는 매우 적다. 다른 유일한 방안은 독립 지출 a의 증가이다. 독립 지출이 증가할 때, 유효 노동 수요곡선은 아래로 이동한다. 이 경우 실질 총수요를 동일한 수준으로 유지하려면 실질임금은 하락해야 한다. 그러나 실질임금이 이전 수준을 유지하면, 독립 지출이 늘어날 때 고용은 증가한다. 이는 표준적인 케인스학파 모형과 같다. 〈그림 4-1〉에서 점선으로 표시한 곡선을 살펴보자. 실질임금이 $(w/p)_1$로 일정하고 실질 독립 지출이 a_1에서 a_2로 증가하면, 고용은 N_1에서 N_{fe}로 증가한다.

물론 독립 지출이 증가하는 요인에 대한 의문을 제기할 수 있다. 독립 지출은 이윤 소비와 투자지출이라는 두 가지 요소로 구성되어 있다는 사실을 기억할 것이다. 케인스는 중앙은행이 주도해 이자율이 하락하면 독립 지출이 증가한다고 주장했다(Keynes 1936). 그런데 이 효과는 이자율이 하한까지 하락한 경우에도 충분하지 않다고 생각했다. 이는 케인스가 지속적인 실업의 해결 방안으로 공공 지출을 주장한 이유이다.

그러나 돈 파틴킨Don Patinkin 등 일부 신고전학파 경제학자들, 그리고 케인스와 동시대 경제학자인 아서 세실 피구Arthur Cecil Pigou 등은 공공 지출이 반드시 완전고용을 회복시키지는 않는다고 생각했다. 오

케임브리지 방정식과 비용의 역설 및 절약의 역설

교과서적인 단순한 케인스학파 모형에서 저축은 소득의 일정 비율(s)만큼 이루어진다.[5] 이 경우, 소비도 단지 소득의 일정 비율($1 - s$)에 따라 이루어진다. 상품 시장이 균형 상태에 있다면 저축과 투자의 일치는 다음 식과 같이 실질 투자와 산출량의 관계로 표현된다.[6]

$$q = \frac{a_i}{s}$$

여기서 $1/s$은 케인스 승수Keynesian multiplier이다.

케임브리지 방정식에서 노동자는 저축하지 않고 자본가는 이윤 중에서 일정 비율(s_c)을 저축하기 때문에, 저축과 투자가 같다는 관계에서 다음의 식을 얻을 수 있다.[7]

$$q = \frac{a_i T}{s_c (T - w/p)}$$

이 식을 이용하면 절약의 역설과 비용의 역설 모두 타당함을 쉽게 증명할 수 있다. 실질 투자 a_i가 일정할 때, 이윤에 대한 저축성향 s_c가 상승하면 산출량은 감소한다. 마찬가지로, 생산성 T가 일정할 때, 실질임금 w/p가 하락하면 산출량은 감소한다. 당연한 결과로서, 실질 투자 a_i가 증가하면 산출량이 항상 증가한다.

여기서 케인스 승수는 다음과 같이 좀 더 복잡한 식으로 나타난다.[8]

$$\frac{1}{s_c \left(1 - \dfrac{(w/p)}{T}\right)}$$

이 승수는 이윤의 한계저축성향 s_c뿐만 아니라, 소득분배에도 의존한다. 여기서 소득분배는 노동생산성 T와 실질임금률 w/p의 상대적 크기에 따라 결정된다.

그리고 고용은 다음 식으로 나타난다.[9]

$$N = \frac{a_i}{s_c\,(T - w/p)}$$

히려 명목임금과 명목 가격이 충분히 신축적인 경우, 실업이 존재하기 때문에 궁극적으로 명목임금과 명목 가격이 모두 하락할 것이라고 주장했다. 이에 따라 가계의 실질 화폐 잔고가 증가하기 때문에 가계의 구매력이 증가하고 민간 부문의 독립 지출이 증가해 실업이 감소하게 된다. 이 같은 신고전학파의 관점을 따르면, 시장의 힘이 결국 실업을 제거하게 된다. 이는 실질 잔고 효과real balance effect 또는 부의 효과wealth effect로 알려져 있다.

하지만 포스트 케인스학파는 시장의 자기 조정self-adjusting이라는 교리를 신뢰하지 않는다. 첫째, 제3장에서 살펴본 바와 같이, 화폐와 자산이 모두 내생변수인 세계에서는 신고전학파가 주장하는 자기 조정 메커니즘이 존재할 수 없다. 둘째, 케인스(Keynes 1936, 제19장)와 토빈(Tobin 1979, 제1장)이 주장한 바와 같이, 가격이 하락하면 기업과 경제에 악영향을 미칠 가능성이 있다. 예를 들어, 가격의 하락은 실질 부채 부담을 가중할 수 있다. 이는 파산과 혼란을 유발해 경기 침체와 경제 불황을 더욱 악화시킬 것이다.

3. 칼레츠키학파 모형의 발전

복수 균형

지금까지 우리는 노동 공급곡선의 모양에 대해 의문을 제기하지 않았다. 앞에서 노동 공급곡선이 단지 수직으로 표현된다고 가정했다. 그러나 많은 노동경제학자들은 노동 공급곡선이 후방 굴절형back-ward-bending[10] 곡선이라고 생각하고 있다. 임금수준이 낮으면 대체효과가 소득효과보다 크기 때문에, 임금이 상승함에 따라 개인은 노동시장에 참여하거나 노동시간을 늘인다. 이처럼 낮은 임금수준의 영역에서 노동 공급곡선은 양의 기울기를 갖는데, 비교적 산업화가 미진한 경제가 이에 속한다. 반대로, 임금수준이 상대적으로 높을 경우에는 소득효과가 대체효과보다 크기 때문에, 노동 공급곡선의 기울기가 음이 된다.

기울기가 양인 노동 공급곡선 또는 후방 굴절형 노동 공급곡선의 경우, 단기 칼레츠키학파 모형은 완전고용 균형점이 두 개 존재할 가능성을 암시한다(Seccareccia 1991). 예를 들어, 〈그림 4-2〉에서 임금수준이 $(w/p)_L$일 때, 노동시장은 점 L에서 균형 상태에 있다. 노동 수요량과 노동 공급량은 N_{feL} 수준에서 균형을 이룬다. 이는 완전고용 균형을 나타내지만, 이 균형은 매우 낮은 실질임금 수준과 산출량 수준에서 이루어진다. 이와 대조적으로, 두 번째 완전고용 균형점인 H는 높은 실질임금 수준, 따라서 산출량 수준과 고용수준이 모두 높은 N_{feH}에 대응한다.

이처럼 두 가지 가능성이 존재할 때, 균형점인 L과 H 중에서 어

그림 4-2 | 후방 굴절형 노동 공급곡선인 칼레츠키학파 모형의 복수 균형

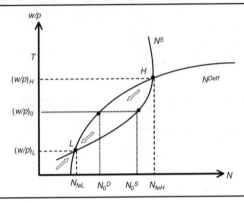

느 상태가 현실화될 가능성이 높은가? 이 질문에 답하기 위해 두 완
전고용 균형 상태의 중간에 위치한 임의의 실질임금 초깃값 $(w/p)_0$
를 고려해 보자. 이 실질임금 초깃값에 대응하는 노동 공급은 N_0^S이
다. 그리고 단기적으로 항상 투자와 저축이 같다(즉 경제는 유효 노동
수요곡선상에 있다)고 가정하는 한, 이 실질임금 초깃값에 대응한 노동
수요는 N_0^D이다.

따라서 실질임금 수준 $(w/p)_0$에서 재화 시장은 균형 상태에 있지
만, 노동시장에서는 노동 공급이 노동 수요보다 크기에 실업이 발생
한다. 포스트 케인스학파는 이 상황이 상당 기간 지속된다고 주장하
는데, 판매에 대한 기업가의 기대가 현실화되고 있는 상황에서 고용
에 대한 결정을 바꿀 유인이 존재하지 않기 때문이다(이는 단기에 대한
첫 번째 정의를 따른 것이다). 실질임금에 대해 제도적 경직성이 존재한
다고 가정하면, 실업이 비교적 안정적인 한 실질임금은 변하지 않는
경향이 있다.

이런 측면에서, 노동시장의 관습, 규칙, 규제, 제도적 장치 등이 제거되고 제도적 경직성이 붕괴되면, 명목임금 w는 하락한다고 할 수 있다. 한편 경제가 유효 노동 수요곡선상에 위치하고 있다면, 총수요와 총공급이 일치하기 때문에 재화의 가격은 안정적이다. 그 결과, 가격이 신축적이지만 물가가 안정적인 경제에서는 명목임금이 하락할 경우 낮은 완전고용 균형점 L에 대응하는 $(w/p)_L$까지 실질임금이 하락하는 경향이 있다.

'시장의 힘'의 악영향

이 같은 분석을 종합하면, 〈그림 4-2〉에서 경제 상황이 균형점 L의 오른쪽에 위치한 경우 시장의 힘들은 실질임금·산출량·고용수준이 모두 낮은 완전고용 균형점 L로 경제를 유도하는 경향이 있다는 결론을 내릴 수 있다. 인구가 일정하다고 가정하면, 다른 균형점 H의 경제에 비해 생활수준은 현저히 낮아진다고 생각할 수 있다. 균형점 H에서는 모든 사람들이 높은 실질임금 $(w/p)_H$, 높은 산출량, 높은 고용수준 N_{feH}을 향유할 수 있다.

우리의 분석에서 '높은' 균형 상태는 불안정한 반면, '낮은' 균형 상태는 안정적이라는 결과가 도출된다. 따라서 경직성이 존재하지 않는 세계에서는 〈그림 4-2〉의 화살표처럼, 시장의 힘이 경제를 높은 균형 상태에서 낮은 균형 상태로 밀어 낸다. 다시 말해, 시장의 힘은 경제를 차선의 최적 균형으로 몰아간다.

따라서 TINA 옹호자들의 주장과는 달리, 시장의 힘과 가격 신축성이 최선의 결과를 가져오는 것은 아니다. 이런 맥락에서, 실업이 존재하는 시기에 강력한 노동조합이 존재한다면 실질임금의 하락을 차단함으로써 전체 고용, 생산, 생활수준을 향상시키는 긍정적인 효과를 갖는다.

높은 완전고용 균형 상태는 불안정하기에, 지속적인 국가 개입만이 높은 완전고용 수준 근방에서 경제를 유지할 수 있게 한다. 사실 실업이 확대되는 시기조차도, 높은 실질임금을 유지하기 위해 국가는 개입해야 한다. 이는 최저임금법이나 생활임금 조례를 통해 가능하다(미국의 도시에 관한 연구로는 로버트 폴린(Robert Pollin 2003)을 참조). 더 높은 최저임금은 전체 임금구조를 상향 이동시킨다. 또한 국가는 공공서비스 부문에서 임금을 증가시킬 수 있으며, 거대 기업 권력의 대항체로서 강력한 노조를 장려하는 법안을 통과시킬 수도 있다(Galbraith 1967).

칼레츠키학파의 복수 균형 모형은 시장의 힘이 낮은 실질임금, 낮은 산출량, 낮은 고용수준의 균형 상태로 경제를 내몰 수 있다는 사실을 명확히 보여 준다. 그뿐만 아니라 적절한 규제와 제도가 존재한다면 더 높은 고용, 높은 실질임금, 높은 생활수준의 경제를 달성할 수 있다는 사실도 보여 준다.

기술적 실업

지금까지 논의한 여러 문제에 더해, 경제학에서 가장 오래된 논쟁 주제 가운데 하나인 기술 진보의 역할 및 기술 진보가 고용에 미치는 영향을 논의해 보자. 1817년 발간된 『정치경제학 및 과세의 원리』*On The Principles of Political Economy and Taxation*에서 리카도는 이 문제에 대한 견해를 정립하는 데 혼란스러움을 드러냈다. 초기에 리카도는 기술 진보의 부정적인 영향이 지속될 것으로 생각하지 않았으나, 나중에 그 책의 제3판 제31장에서 입장을 바꾸었다.

신고전학파 경제학자들은 기술 진보가 고용에 긍정적인 효과만을 미친다고 주장하거나, 적어도 특정 산업부문에서만 부정적 효과가 존재한다고 이구동성으로 주장해 왔다. 사실 신고전학파 경제학자들은 로봇이나 컴퓨터가 고용수준에 악영향을 주는 잠재적 위협이 될 수 있다며 경고하는 경제학자들을 비웃는다. 그러나 기술적 실업tech-nological unemployment의 가능성을 주장하는 일부 경제학자들은 기술 진보가 특정 산업부문뿐만 아니라 거시 경제적 수준 전반에 걸쳐 고용에 부정적인 영향을 미칠 우려가 있다고 경고한다. 수많은 노동자들이 기술 진보에 따른 고용 여건 악화에 공감하고 있기 때문에, 이 논제와 관련해 기술 진보가 갖는 의미를 주의 깊게 살펴볼 필요가 있다. 여기서 문제는 기술 진보가 실업을 확대하는가이다. 기술적 실업은 거시 경제적 논제가 될 수 있는가?

칼레츠키학파 모형은 이 질문에 대한 답변을 제공하는 데 적절한 모형이다. 그 이유는 칼레츠키학파 모형의 그래프와 수식이 단순하고, 이 모형이 총수요에 미치는 모든 영향을 주의 깊게 고찰하고 있기 때문이다.

유효 노동 수요곡선에 대한 생산성 증대의 효과

칼레츠키학파 모형에서 생산성 증대를 어떻게 해석할 수 있는가? 실질임금이 일정한 경우, 노동생산성이 증가하면 이윤 취득자(기업)

그림 4-3 | 유효 노동 수요에 대한 생산성 증대의 효과

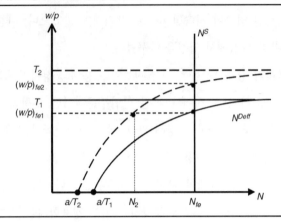

에게 유리하도록 소득분배가 변한다. 실질임금이 상승하지 않고 생산성이 증대하면, 제2장에서 θ 또는 Θ로 표시된, 기업의 비용 마진이 커진다. 결국 총수요가 감소하게 되고, 노동 수요가 하락한다. 이에 따라, 〈그림 4-3〉에서 유효 노동 수요곡선이 왼쪽으로 이동하고, 이는 점선으로 그려진다. 그리고 〈그림 4-3〉에서는 (노동 공급곡선 N^S가 수직이라고 가정하므로) 완전고용 수준이 하나만 있다고 가정한다.

초기 상태에서 경제는 실질 독립 지출 a, 노동생산성 T_1, 실질임금 $(w/p)_{fe1}$인 완전고용상태 N_{fe}에 있다고 가정하자. 생산성이 T_2로 증대하는 경우를 생각해 보자. 생산성 증대는 유효 노동 수요곡선을 위로 이동시킬 것이다. 이런 상황이 발생할 때 완전고용 수준이 유지되려면 실질임금이 $(w/p)_{fe2}$로 증가해야 한다. 그러나 실질임금이 변하지 않으면, 고용수준은 필연적으로 N_2까지 감소한다.

이 모형에서 상정하는 바와 같이, 실질 독립 지출이 일정한 경우

생산성이 높아질 때 고용 감소를 막으려면 실질임금이 어느 정도 상승해야 한다. 다시 말해, 현재의 고용수준을 유지하기 위해서는 노동생산성과 실질임금 사이의 차이가 일정하게 유지되어야 한다.[11] 그렇지 않은 경우, 실질 독립 지출이 증가할 필요가 있다. 실질임금과 노동생산성(1인당 산출량)이 같은 속도로 상승해 둘 사이 비율이 유지되는 경우(가장 현실적인 시나리오)에도, 고용을 일정 수준으로 유지하려면 역시 실질 독립 지출이 증가할 필요가 있다.[12]

그러므로 칼레츠키학파 모형의 맥락에서도 실제로 기술적 실업이 생길 수 있다. 노동생산성 증대에 따른 기술적 실업의 발생을 피하려면 일반적으로 실질임금과 실질 독립 지출 모두를 증가시켜야 한다.

경기변동과 생산성

실질임금이 생산성 증대로 말미암아 상승하는 경우와 생산성 변화에 반응하지 않고 일정한 경우 중 어떤 것이 더 현실적인가? 이에 대한 답변은 경기변동의 국면에 따라 달라진다.

우선 생산성 증대가 고용에 긍정적인 영향을 미치는 조건을 논의해 보자. 경제가 확장하는 시기, 그리고 실업이 낮은 시기에 생산성 증대가 발생하면, 노동자들이 유리한 상황에 있기 때문에 임금 협상에서 좀 더 높은 실질임금을 합의하는 데 성공할 가능성이 높다. 따라서 이 경우에는 생산성 증대가 고용에 부정적 영향을 미치지 않을 것이다. 더구나 확장기의 경제활동은 기업의 투자지출 증가를 촉진하고 가계의 재량적 지출을 증가시키게 할 것임에 틀림없다.

그러나 경제 불황기이거나 기업 혹은 주주들이 충분한 이윤을 창출하지 못함으로써 비용 삭감 차원에서 생산성 향상을 위해 노력할 때, 생산성 증대는 고용에 부정적 영향을 미치는 경우가 많다. 이 경우, 기업 경영진의 우선 목표는 이윤 마진을 늘리는 데 있기 때문에, 생산성 증대의 과실을 노동자와 나누리라는 기대는 심히 의심스러울 수밖에 없다. 결국 실질임금이 상승하는 경향은 나타나지 않으며, 기업은 투자에 소극적인 태도를 보인다.

이는 악순환과 선순환을 설명하는 가장 완전한 예이다. 경제성장기에는 규모의 경제와 인력 부족에서 비롯된 생산성의 향상이 고용에 대해 어떤 부정적 효과도 주지 않는다. 그러나 경제 불황기나 정체기에는 기업들이 단위 비용을 당연히 삭감하고자 노력하며, 이는 거시 경제적 고용수준에 악영향을 미친다. 이런 기술적 실업의 악순환은 1980년대와 1990년대 유럽에서 발생한 상황과 유사하다. 포스트 케인스학파 연구자들은 유럽 국가들에서 나타난 실업 증가 및 높은 실업률의 원인이 노동시장의 경직성에 있다고는 생각하지 않았다. 그보다는 유효수요가 부족하다는 것이 문제의 원인이었다. 이 유효수요의 부족은 경제를 유럽통화제도 내에 유지시키고 유로존Euro-zone 가입에 필요한 마스트리히트 조약의 기준을 충족하기 위해 거시 경제정책을 제약함으로써 발생했다(Irvin 2005).

일자리 나누기

프랑스와 다른 유럽 국가들에서는 지난 20년 넘게 높은 실업률이 지속됐고, 이에 대응해 중도좌파 경제학자들과 사회경제학자들은 실업을 낮출 혁신적인 정책을 몇 가지 제안했다. 그중 하나가 전체 고

기술적 실업, 가격 결정, 실질 독립수요

생산성 증대와 비례해 실질임금이 상승하더라도 현재의 고용수준을 유지하는 데 불충분하다(Nell 1988, 124)는 사실은 어렵지 않게 입증할 수 있다. 다음과 같이 단순한 마크업 조건에 따라 기업이 가격을 설정한다고 가정하자.

$$p = (1 + \theta)\, DUC$$

여기서 θ는 비용 마진이고 DUC는 직접 단위 비용이다. 수직적으로 통합된 단순한 칼레츠키학파 모형에서 직접 단위 비용은 산출량 1단위당 임금 비용이다. 그러므로 총계 수준에서 마크업 가격식은 다음과 같다.

$$p = (1 + \theta)\, wn = (1 + \theta)\left(\frac{w}{T}\right)$$

w는 명목임금, T는 노동자 1인당 산출량(노동생산성)을 나타낸다. 이 식을 다시 정리하면 다음과 같은 실질임금식이 도출된다.

$$\frac{w}{p} = \frac{T}{(1 + \theta)}$$

이 식에서 보듯이, 노동자의 구매력을 나타내는 실질임금은 생산성 T에 비례한다. 또한 이는 비용 마진 θ에 반비례한다. 기업이 단위 비용을 삭감할 때 비용 마진을 높이지 않는다면 비용 마진 θ는 일정해지고,[13] 실질임금 w/p는 생산성 T에 비례해 변한다. 예를 들어, 생산성이 5퍼센트 증가하면 실질임금도 5퍼센트 증가한다.

이 실질임금식을 앞에서 정의한 유효 노동 수요식 $N_{eff}^{D} = \frac{a}{T - (w/p)}$에 대입하면, 다음과 같은 식을 얻는다.

$$N_{eff}^{D} = \frac{a(1 + \theta)}{T\theta}$$

실질임금과 생산성이 비례적으로 증가한다고 가정하더라도 생산성 T가 증대할 때마다 유효 노동 수요는 감소한다. 그러므로 유효 노동 수요를 일정하게 유지하기 위해서는 추가적으로 실질 독립 지출 a를 비례적으로 늘릴 필요가 있다. 따라서 비율 a/T와 비용 마진 θ가 일정하다면, 유효 노동 수요는 일정하며 경제는 기술적 실업을 회피할 수 있다. 그러나 이는 매우 엄격한 조건이다. 따라서 신고전학파 경제학자들이 주장하듯이 세의 법칙 Say's Law에 의존하거나 혹은 실질임금을 한계노동생산성과 일치시키는 자유시장의 능력에 대한 믿음에 의지해 기술적 실업의 가능성을 간단히 부정해서는 안 된다.

용을 증대할 목적으로 개별 노동자의 노동시간을 축소하는 이른바 일자리 나누기work sharing이다. 부수적이기는 했지만, 케인스도 이 정책을 고찰한 바 있다(Keynes 1936, 제22장 5절).

일자리 나누기 정책은 기업이 생산 목표를 달성하는 데 필요한 총 노동시간이 일정하다는 가정을 전제한다. 즉 노동자가 1일 노동시간과 주당 노동일을 줄이면, 기업은 추가적인 노동자를 고용할 수밖에 없다는 가정이다.

그러나 일자리 나누기는 고용과 임금 소득(주급 및 월급)에 영향을 미칠 뿐만 아니라, 노동자의 시간당 생산성에도 중요한 영향을 미친다. 많은 기업들은 주 5일 근무제의 대안으로 주 4일 근무제를 채택함으로써 시간당 노동생산성이 증가했다고 주장한다. 최적화된 환경에서 노동자들은 과거 5일이 걸렸던 일을 4일 만에 해낼 수 있게 된 것이다.

이것이 사실이라면, 노동자들이 주당 노동일을 하루 줄이고 주급이나 월급의 20퍼센트 삭감을 수용할 경우 시간당 노동생산성이 20

퍼센트 증가하고 단위 노동비용이 20퍼센트 삭감된다는 의미이다.

일자리 나누기 계획의 일환으로 주간 노동시간이 감소하면 생산성도 높아질 가능성이 있다. 그러나 앞 절에서 살펴본 바와 같이, 어떤 생산성의 증대도 실질임금을 상승시켜 보상하지 않는 한 고용에 악영향을 미친다. 주 5일분 일을 4일 만에 할 수 있게 되는 극단적인 상황에서도 (시급이 상승해) 유효수요의 **규모가** 그대로 유지된다면, 고용된 노동자의 수에는 전혀 변화가 없다. 그러나 시급이 인상되지 않고 시간당 노동생산성만 증가한다면, 유효수요는 감소하게 된다.

일자리 나누기 혹은 주 4일 근무제는 시간당 임금(w/p)이 적어도 생산성 증가와 동일한 비율로 상승할 때에만 고용에 긍정적 효과를 갖는다. 시급이 상승하지 않으면, 결국 일자리 나누기 정책은 주급이나 월급의 감소를 동반하고, 노동자는 동일한 시급으로 더 적은 시간을 일하므로 노동 수요에 긍정적인 영향을 미치지 못할 것이다.

그러므로 일자리 나누기 정책이 성공하려면 시간당 실질임금의 상승을 동반해야 한다. 그래야만 각 노동자의 연간 구매력이 유지되고 유효수요의 규모도 유지된다. 그렇지 않다면, 일자리 나누기로 말미암아 유발된 시간당 노동생산성의 증대가 유효 노동 수요의 감소를 초래할 것이다.

이처럼 시간당 임금의 상승을 달성하는 최선의 방법은 공식 근무시간이 줄어들어도 현재의 주급(혹은 월급) 수준을 그대로 유지하는 것이다. 포스트 케인스학파는 시간당 실질임금의 상승을 동반하는 경우, 즉 노동일의 감소에도 불구하고 주급이 그대로 유지되는 경우에만 일자리 나누기 계획을 지지한다.

일자리 나누기, 시간당 노동생산성, 유효수요

앞에서 다룬 유효 노동 수요식에서 모든 변수는 연간 흐름(예컨대 연간 산출량)으로 표현되기 때문에, T는 노동자 1인당 연간 산출량, 즉 연간 노동생산성이고, w/p는 노동자 1인당 연간 실질임금을 나타낸다.

여기서는 주간 혹은 연간 노동시간의 변화를 검토하기 때문에, 주당 노동 기간의 변화를 고려해 노동생산성과 실질임금이라는 두 변수를 재정의해야 한다. 이 변수들을 다음과 같이 정의하자.

$$T = T_h h$$

$$\frac{w}{p} = \omega_h h$$

여기서 h는 1인당 노동자의 연평균 노동시간, T_h는 시간당 노동생산성, ω_h는 시간당 실질임금을 나타낸다.

유효 노동 수요식은 다음과 같다.

$$N_{eff}^D = \frac{a}{T - (w/p)}$$

이제 이 식은 다음과 같이 다시 쓸 수 있다.

$$N_{eff}^D = \frac{a}{(T_h - \omega_h)h}$$

극단적인 두 경우를 생각해 보자. 시간당 생산성 T_h와 시간당 실질임금 ω_h가 일정하다고 가정하면, 주간 노동시간의 축소, 즉 노동자 1인당 연간 노동시간 h의 감소는 확실히 전체 고용수준 N을 증가시킨다. 그 결과, 일자리 나누기 계획이 의도한 고용 증가를 성공적으로 달성할 수 있다.

다음으로, 주 4일 근무제의 경우처럼 주간 노동시간의 축소가 노동자 1인당 생산성의 증가로 완전히 상쇄되어 연간 생산성 T에 변화가 발생하지 않는다고 가정하자. 그리고 첫 번째 경우와 같이 시간당 실질임금 ω_h는 일

정하게 유지된다고 가정하자. 이 상황은 이제 각 노동자의 연간 임금 소득
($w/p = \omega_h h$)이 이전보다 낮아진다는 것을 의미한다(연평균 노동시간 h는 주 5
일 근무제에서 50주 동안 일주일에 40시간을 근무할 때 2천 시간이며, 새로운 주 4일 근
무제에서 50주 동안 일주일에 32시간을 근무할 때 1천6백 시간이다). 그러면 앞서 살
핀 첫 번째 유효 노동 수요식에서 나타났듯이, 고용은 확실히 감소한다. 그
러나 각 노동자의 연간 임금 소득이 이전과 변함이 없다면, 고용은 결코 증
가하지도 감소하지도 않을 것이다.

생산성이 증대했음에도 기업가가 비용 마진을 일정하게 유지할 때, 즉
시간당 노동생산성의 증가와 시간당 실질임금의 증가가 같은 경우, 유효 노
동 수요 식은 다음과 같다.[14]

$$N_{eff}^D = \frac{a(1+\theta)}{\theta\, T_h\, h}$$

결국 연간 생산성이 감소할 때, 즉 이전에 장시간 노동으로 수행했던 일
을 단축된 노동시간에 달성할 수 없을 때 고용은 항상 증가하게 된다.

장기분석:

성장 이론

1. 초기 포스트 케인스학파의 성장 모형

케임브리지 모형

제1장에서 서술했듯이, 일반적으로 포스트 케인스학파는 1956년 로빈슨과 칼도 등 케임브리지 경제학자들이 발전시킨 성장·분배 모형으로 잘 알려져 있다. 이 초기 모형들의 주요 목적은 표준적 신고전학파의 한계 생산성 이론에 의지하지 않고 주어진 성장률하에서 소득분배, 특히 이윤율을 설명하는 데 있었다.

초기 포스트 케인스학파 모형은 이윤율을 설명하기 위해 제4장에서 논의한 칼레츠키의 이윤식($P = I/s_c$)의 동태적 해석에서부터 시작한다. 이 식의 양변을 자본 스톡 K로 나누면 이윤율식 $r = P/K$가 도출된다. 성장률[자본축적률]이 $g = I/K$이므로, 이윤율식에서 다음의 관계를 얻는다.

$$r = \frac{g}{s_c}$$

이 식이 이른바 케임브리지 방정식Cambridge equation으로서, 거시 경제적 이윤율은 경제성장률에 비례하지만 이윤에 대한 저축성향에 반비례하는 관계를 보여 준다(이때도 노동자는 저축하지 않는다고 가정한다).

물론 이 식을 저축함수로 해석할 수 있는데, 이 장에서도 이를 따르도록 한다. 총저축은 이윤에 자본가 저축성향을 곱한 값이다. 이와 같은 저축의 관점에서 자본 스톡의 성장률은 두 요소, 즉 자본가의 저축성향과 이윤율의 곱으로 표현된다. 그러므로 케임브리지 방정식은 다음과 같이 다시 쓸 수 있다.[1]

$$g^s = s_c r$$

바나나 도형

이윤율을 결정하는 요소를 알았다면, 다음으로 경제성장률을 결정하는 요소는 무엇인가? 로빈슨(Robinson 1962)에 따르면, 기업가가 결정하는 자본 스톡의 증가율과 경제의 자본축적률은 기업가의 기대 이윤이나 추정 이윤 r^a에 의존한다. 로빈슨의 동태적 투자함수를 다음과 같은 선형함수로 나타낼 수 있다.[2]

$$g^i = \frac{\Delta K}{K} = \frac{I}{K} = \alpha + \beta r^a$$

그러나 로빈슨 자신은 축적률과 기대 이윤 사이의 관계가 비선형 함수라고 생각했다. 다시 말해, 자본축적률을 어느 수준까지 높이려면 기대 이윤율이 더 큰 폭으로 상승할 필요가 있다(계수 β가 작아진다)는 것이다.

여기서 저축함수와 투자함수를 결합하면, 〈그림 5-1〉처럼 두 실선으로 나타낼 수 있다. 두 실선이 바나나 모양을 보여서, 이 그림을

그림 5-1 | 초기 포스트 케인스학파의 성장 모형과 절약의 역설

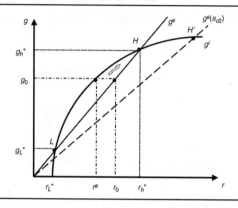

바나나 도형banana diagram이라고 한다. 그러나 투자함수의 비선형성으로 말미암아, 두 개의 균형이 나타날 가능성이 있다. 즉 기대 이윤율과 실현 이윤율이 같아지는 값이 두 개 있고 이 균형들은 모두 장기 균형이다.

이윤율과 축적률이 모두 낮은 균형점 L은 불안정하다. 반면에 이윤율과 축적률이 모두 높은 균형점 H는 안정적이다. 그러므로 바나나 영역 내에서 경제는 최종적으로 균형점 H로 수렴한다.

여기서 드는 의문은 균형점 H가 안정적인 이유이다. 이에 답하기 위해, 기업가의 기대 이윤율 r^a가 두 균형점 H와 L 사이에 있다고 가정해 보자(〈그림 5-1〉 참조). 이 기대 이윤율에 기초해, 기업가는 투자함수 g^i에 따라, g_0의 비율로 자본축적을 증가시킬 것이다. 이렇게 결정된 투자는 앞서 언급한 케임브리지 방정식을 통해(즉 〈그림 5-1〉에서 실선 g^s를 통해) 이윤율 r_0을 실현시킨다. 그러나 여기서 r_0는 r^a보다 크기 때문에, (과거가 미래에 대한 어떤 지침이라면 적응적 기대adaptive expectation를 함으로써) 다음 시기에도 이윤율이 높을 것이라고 더 낙관적으로 생각하게 되어 기대 이윤율이 상승한다. 그 결과 기대 이윤율이 실현 이윤율과 같아지는 균형점 H까지 기대 이윤율이 서서히 증가해 균형 이윤율 r_h^*가 실현된다. 이 균형점 H에서의 자본축적률은 g_h^*이다.

절약의 역설에 대한 재고찰

초기 포스트 케인스학파 성장 모형의 목표 중 하나는 단기분석에 대한 케인스의 통찰 중 일부분을 장기분석으로 확장하는 것이었다. 다시 말해, 초기 포스트 케인스학파는 케인스의 정태분석의 맥을 잇는 동태분석을 제시하고자 했다. 케인스의 결론 중에서 가장 중요한 것은 제4장에서 간략히 설명한 '절약의 역설'일 듯하다. 여기서는 이를 동태적 측면에서 살펴보도록 한다.

논의를 진전시키기에 앞서, 솔로 성장 모형을 따르는 신고전학파 성장 모형에서는 저축성향이 하락하면 노동자 1인당 산출량이 감소하지만, 경제성장률에는 영향을 미치지 않는다는 점을 상기할 필요가 있다. 그러나 이와 대조적으로, 내생적 성장 모형이라 불리는 신고전학파의 새로운 성장 모형에서는 저축성향이 감소하면 경제성장률도 감소한다. 이는 장기적 수익을 얻으려면 단기적 고통이 필요하다는, TINA 옹호자들이 공유하는 이데올로기와 일치한다.

그렇다면 포스트 케인스학파의 성장 모형은 저축성향의 하락과 관련해 어떤 결론을 도출하는가? 신고전학파의 새로운 성장 이론과 같이 저축성향의 하락이 경제성장에 부정적인 영향을 미치는가, 아니면 장기적으로도 절약의 역설이 성립하는가?

〈그림 5-1〉을 이용해 포스트 케인스학파의 성장 모형에서 절약의 역설이 장기에도 유지된다는 것을 보일 수 있다. 우선 저축성향이 s_{c2}로 하락한 경우를 생각해 보자. 저축성향이 하락할수록 저축 곡선 g^s는 아래 방향으로 완만해지고, 이는 〈그림 5-1〉에서 점선으로 그려진다. 성장률이 g_h^*인 초기 장기균형점 H에서 보면, 저축성향이 하락함에 따라 실현 이윤율은 기대 이윤율 r_h^*보다 더 커진다. 그 이유는 새로운 낮은 저축률에서 총수요가 기대한 규모보다 더 크기 때문이다. 기업가는 기대 이윤율을 상향 조정함으로써, 따라서 자본축적률을 높임으로써 이 상황에 대응한다. 결국 경제는 이윤율과 축적률이 모두 높은 새로운 안정적 균형점 H'에 도달한다. 그러므로 저축성향의 하락이 경제성장률을 높인다는 절약의 역설은 장기에도 여전히 유효하다. 이 결론은 가계가 저축률을 높일 때에만 높은 성장이 가능하다는, TINA의 가장 기본적 교리 중 하나와 상반된다. 포스트 케인스학파에 따르면, 절약은 경제를 정체시키고 낮은 이윤율을 유발할 뿐이다.

성장의 장벽

그러나 초기 포스트 케인스학파의 성장 모형의 특징 중에는 칼레츠키학파와 스라파학파 경제학자들이 의문을 제기하는 것이 하나 있다. 칼도와 로빈슨의 성장 모형에서 발견할 수 있는데, 이윤율과 총비용 마진의 관계가 항상 양의 관계가 된다는 점이다. 칼도와 로빈슨의 모형은 이윤율이 높아지면 성장률이 높아지는데, 이는 제2장에서

θ 또는 Θ로 표현한 총비용 마진의 장기적인 신축성 때문이다.

초기 포스트 케인스학파는 장기적 경쟁의 힘이 총비용 마진을 증가시킨다고 생각했다. 1970년대 아이크너(Eichner 1987)와 우드(Wood 1975)를 비롯한 포스트 케인스학파 경제학자들은 과점 시장에서 선도 기업이 성장률을 높게 예측하면 항상 총비용 마진을 증가시키는 행동을 취한다고 주장함으로써 장기적 경쟁의 힘을 정당화했다. 이 주장은 제2장에서 금융 경계에 대해 설명한 데서도 추론할 수 있다.

장기적으로 경쟁의 힘을 인정한다면, 그리고 생산성 수준이 일정하다는 조건도 받아들인다면 성장률이 상승할수록 실질임금은 하락하게 된다. 이 상황은 성장에 걸림돌이 되는데, 이는 노동자가 명목임금 상승을 요구함으로써 실질임금의 하락에 저항할지도 모르기 때문이다. 이 경우 로빈슨(Robinson 1956, 48)이 **인플레이션 장벽**inflation barrier이라 부른 임금-가격 상승의 악순환wage-price spiral이 일어난다.[3] 같은 시기에 스라파학파와 칼레츠키학파는 실질임금과 경제성장 사이에 이처럼 필연적인 역의 관계가 존재한다는 사실을 부정했다.

케인스의 『일반이론』과 이를 장기에까지 확장하려는 시도 사이에 존재하는 명백한 모순은 데이비드슨(Davidson 1972, 제5장)에 의해 처음 논의됐다. 케인스(그리고 칼레츠키)는 단기에서 수요의 증가가 생산을 증대하고 설비 가동률을 높인다고 주장했다. 그러나 칼도 및 로빈슨의 성장 모형은 하나같이 설비 가동률이 정상 수준normal level으로 수렴한다고 가정하고 있다. 이들의 모형에서 재화의 공급과 수요 간의 불일치나 저축과 투자 간의 불일치를 장기적으로 조정하는 매개는 가격과 총비용 마진이다.

따라서 초기 포스트 케인스학파의 성장 모형은 장기균형으로 이행하는 과정에서 수량 조정quantity adjustment을 포함하지 않기 때문에, 이 모형들이 케인스의 『일반이론』이나 칼레츠키 모형을 일반화했다고 생각하기는 어렵다. 이처럼 간과된 사실을 인식함으로써, 일반적으로 칼레츠키학파의 성장 모형으로 언급되는, 포스트 케인스학파의 새로운 성장 모형이 발전했다.

2. 새로운 칼레츠키학파 모형

새로운 칼레츠키학파 성장 모형은 알프레도 델 몬테(Alfredo Del Monte 1975)의 논문에서 처음 제시됐으며, 케임브리지 대학교의 로버트 "밥" 로손(Robert "Bob" Rowthorn 1982), 매사추세츠 공과대학교의 두트(Dutt 1990)와 랜스 테일러(Taylor 1991)에 의해 발전했다. 이 모형들은 하나같이 칼레츠키의 제자인 슈타인들(Steindl 1952)의 연구에서 영향을 받았다.

포스트 케인스학파의 초기 성장 모형과는 대조적으로, 칼레츠키학파의 새로운 모형에서 이윤 마진은 일정하다. 즉 이윤 마진은 내생변수가 아니라 외생변수이다. 이는 기술 수준이 일정할 경우 실질임금 역시 일정해 내생변수가 아님을 의미한다.

이 모형은 유효수요의 원리에 바탕을 두고 있으며, 모든 조정은 수량 변화를 통해 이루어진다. 우선, 투자가 일정한 단기적 상황을 고찰해 보자. 여기서 한계저축성향이 감소(또는 독립 소비의 증가)하거나 실질임금의 상승으로 말미암아 총소득이 증가해 총수요가 증대한다고 가정하자. 앞 장에서 논의한 바와 같이, 이런 총수요의 증대는 생산의 증가와 설비 가동률의 상승을 유발한다.

이윤율의 분해

포스트 케인스학파의 초기 성장 모형과 새로운 성장 모형 간의 차이를 설명하는 한 가지 방법은 이윤율을 몇 가지 구성 요소로 분해해 분석하는 것이다. 실현 이윤율 r은 실현 총이윤액을 자본 스톡의 가치로 나눈 값이다. 이를 다시 쓰면 다음과 같다.

$$r = \frac{P}{K} = \left(\frac{P}{Y}\right)\left(\frac{Y}{Y_{fc}}\right)\left(\frac{Y_{fc}}{K}\right) = \frac{\pi u}{\nu}$$

여기서 P는 총이윤액, K는 자본 스톡의 가치, Y_{fc}는 완전 설비 가동 시 발생하는 소득이다. 이 식에서 실현 이윤율은 세 구성 요소의 곱으로 표현된다. 이 구성 요소들은 이윤 분배율($\pi = P/Y$), 설비 가동률($u = Y/Y_{fc}$), 기술 계수의 역수($1/\nu = Y_{fc}/K$)이다.

단순화를 위해 기술 계수 ν가 일정하다고 가정하면, 이윤율 r은 이윤 분배율 π가 상승하거나 설비 가동률 u가 상승할 때 증가한다. 제2장에서 소개한 바와 같이, 초기 포스트 케인스학파 성장 모형의 주창자들은 설비 가동률이 정상 수준에서 일정하게 유지($u = u_n$)된다고 가정한다. 따라서 총비용 마진 θ가 증가해 이윤 분배율 π가 증가할 때에만 이윤율 r이 증가할 수 있다. 제4장에서 살펴본 바와 같이, 어떤 생산성 수준 T에서 실질임금 w/p가 하락할 때 이윤율이 상승한다.

칼레츠키학파의 새로운 성장 모형에서 유휴설비가 감소하면 기업은 고정자본 투자를 증가시킨다. 다시 말해, 설비 가동률이 증가하면 자본축적률(자본 성장률)이 높아진다. 모든 유효수요의 증가는 장기적으로 경제성장률을 가속시키는 것으로 귀결된다. 이 과정은 힉스나 새뮤얼슨 등 초기 케인스학파가 여러 차례 논의한 가속도 원리accelerator principle[4]의 다른 유형이다.

그러나 포스트 케인스학파의 초기 모형과는 대조적으로, 칼레츠키학파의 새로운 모형에서 높은 자본축적률은 좀 더 높은 설비 가동률과 연관된다. 장기적으로 개별 기업이 정상 수준(u_n) 근방에서 설비 가동률을 유지할 수는 있지만, 모든 기업이 이와 유사한 방식으로 행동할 경우 거시 경제적 힘이 작용해 결국 기업들이 최종적으로 정상 가동률보다 높은 수준, 또는 낮은 수준에서 생산하는 역설적인 결과가 초래된다. 기업이 정상적인 설비 가동률 수준으로 되돌아가려고 최선의 노력을 기울이더라도, 실현된 장기 설비 가동률이 정상 수준과는 차이가 있는 상황이 일반적이다.[5]

칼레츠키학파 모형의 도식적 표현

초기 포스트 케인스학파 성장 모형의 경우처럼, 칼레츠키학파 모형은 저축함수(g^s)와 투자함수(g^d)만으로 매우 단순하게 표현할 수 있다. 그리고 안정성 조건을 충족하는 한 시장의 힘은 경제를 두 함수의 교차점으로 유도한다.

노동생산성이 일정함에도 노동자는 협상을 통해 혹은 법률에 따라 높은 실질임금을 획득할 수 있다. 이런 정황은 이윤 분배율 π뿐만 아니라 총비용 마진 θ의 하락을 의미한다. 그렇다면 이런 변화는 장기적으로 자본축적률과 이윤율에 어떤 영향을 미치는가?

우리가 이미 알고 있는 답변이 하나 있다. 이윤 분배율 π가 하락하면 자본축적률은 상승한다. 이는 〈그림 5-2〉의 ①을 보면 알 수

칼레츠키학파 성장 모형의 정식화

아마데오(Amadeo 1986)가 제시한 단순한 칼레츠키학파 모형을 논의해 보자. 이 모형은 세 가지 구성 요소로 이루어진다. 첫 번째 구성 요소는 투자함수이다. 로빈슨의 선형 투자함수와 유사하지만, 이윤율의 함수가 아니라(또는 이윤율만의 함수가 아니라) 설비 가동률의 함수로 보고 있다. 따라서 투자함수를 다음과 같이 쓸 수 있다.[6]

$$g^i = a + \beta(u - u_n) \quad \cdots \langle \text{식 } 5\text{-}1 \rangle$$

여기서 a는 기업이 예상하는 판매의 추세 성장률로 해석될 수 있다. 실제 설비 가동률이 정상 설비 가동률 u_n과 일치할 때, 기업은 기대 판매 성장률과 같은 비율로 생산 설비를 확대한다. 그 결과 $g^i = a$가 된다. 그러나 실제 설비 가동률이 정상 수준보다 낮을 때, 즉 $u - u_n < 0$인 경우, 기업은 생산 설비가 과잉이라고 판단해 자본 스톡의 성장률을 낮춤으로써 실제 설비 가동률이 정상 가동률보다 낮은 상황을 개선하려고 한다. 이는 기대 판매 성장률보다 자본 스톡의 축적률이 낮은 상황, 즉 $g^i < a$임을 의미한다. 또한 설비 가동률이 정상 수준보다 높은 경우에는 그 반대의 상황이 성립한다. 기업은 생산능력이 불충분하다고 생각해 정상 수준으로 되돌아가려는 기대를 형성하고, 기대 판매 성장률 이상으로 자본축적률을 높임으로써 미래에는 실제 설비 가동률이 정상 설비 가동률에 가까워지게 노력한다. 결국 이 투자함수는 개별 기업이 정상 설비 가동률을 유지하고자 노력한다는 신념을 반영하고 있다.

칼레츠키학파 모형에서 다른 두 가지 구성 요소는 지금까지 논의해 익숙해진 식이다. 두 번째 구성 요소는 바로 케임브리지 저축 방정식이다.

$$g^s = s_c r \quad \cdots \langle \text{식 } 5\text{-}2 \rangle$$

세 번째 구성 요소는 앞서 다룬 이윤율의 분해를 참조할 필요가 있다.

이 식은 비용 측면에서 측정하는 회계상의 이윤율(이윤 비용 PC)이므로, 이를 r^{PC}라고 하면, 다음과 같이 나타낼 수 있다.

$$r^{PC} = \frac{\pi u}{\nu} \cdots \langle 식\ 5\text{-}3 \rangle$$

이 식에서 이윤 분배율 π는 포스트 케인스학파의 비용 할증 가격식에서 비용 마진 θ 또는 Θ에 정비례하는 외생변수이다. 이처럼 간접노동이 없고 생산성이 일정한 단순한 모형에서 실질임금과 이윤 분배율은 서로 반대 방향으로 움직인다.

〈식 5-1〉과 〈식 5-2〉를 같게 놓으면, 저축과 투자가 일치하는 균형의 모든 궤적을 나타내는 유효수요 제약effective demand constraint을 도출할 수 있다. 이는 생산된 모든 재화가 판매됨을 의미한다. 여기서 **유효수요 이윤율** r^{ED}를 나타내는 식은 다음과 같다.

$$r^{ED} = \frac{(a - \beta u_n + \beta u)}{s_c} \cdots \langle 식\ 5\text{-}4 \rangle$$

그리고 〈식 5-3〉을 〈식 5-2〉에 대입하면, 다음 식과 같이 저축 방정식을 설비 가동률의 함수로서 나타낼 수 있다.

$$g^s = \frac{s_c \pi u}{\nu} \cdots \langle 식\ 5\text{-}5 \rangle$$

이제 이 식들을 〈그림 5-2〉와 같이 나타낼 수 있는데, ①은 투자방정식과 저축 방정식인 〈식 5-1〉과 〈식 5-5〉를 나타내고, ②는 이윤 비용곡선 PC와 유효수요곡선 ED을 의미하는 〈식 5-3〉과 〈식 5-4〉를 나타낸다.

포스트 케인스학파의 초기 성장 모형에서와 같이, 내생변수(설비 가동률 등)의 변화에 대해 저축함수가 투자함수보다 더 민감하게 반응할 때 이 모형은 안정적이다.[7] 그러므로 다음과 같은 안정조건이 충족되어야 한다.

$$\frac{s_c \pi}{\nu} > \beta$$

〈식 5-1〉과 〈식 5-5〉를 같다고 놓거나 〈식 5-3〉과 〈식 5-4〉를 같다고 놓으면, 균형 설비 가동률 u^*를 구할 수 있다.[8]

$$u^* = \frac{a - \beta u_n}{\left(\dfrac{s_c \pi}{\nu} - \beta\right)}$$

있다. 이윤 분배율 π의 하락은 전체 경제의 저축성향($s = s_c\pi$)을 낮춘다. 따라서 저축함수 g^s의 기울기는 아래 방향으로 완만해지고 이는 점선으로 그려진다. 첫 번째 국면에서 초기 자본축적률이 g_0^*일 때, 노동자에게 유리한 소득분배의 변화와 이에 따른 높은 소비재 수요로 말미암아 판매가 늘어나면, 설비 가동률은 u_1으로 높아진다.

판매가 증가했기에 이제 기업은 더 높은 설비 가동률을 예상해 자본축적률을 높인다. 이 과정은 경제가 더 높은 자본축적률 g_1^*와 더 높은 설비 가동률 u_1^*에 도달할 때까지 계속 진행된다. 이 최종 도달점(g_1^*, u_1^*)에서 판매는 정확히 생산을 상쇄해 새로운 장기균형이 달성된다. 이윤 분배율이 하락하고 이에 따라 총저축성향이 하락하면서 장기 자본축적률과 설비 가동률이 상승한다는 의미에서, 이 새로운 균형은 '절약의 역설'을 보여 준다.

비용의 역설

그런데 절약의 역설만큼이나 중요하고 놀랄 만한 두 번째 효과가 존재한다. 이는 제4장에서 논의한 '비용의 역설'이 동태적 성장 모형에서도 나타난다는 것이다. 즉 실질임금이 상승해 생산비용이 증가

그림 5-2 | 칼레츠키학파 성장 모형과 경제적 역설

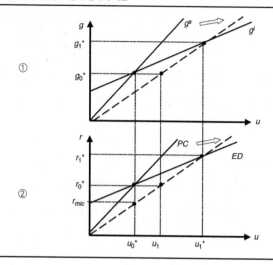

하면, 장기 이윤율은 높아진다. 다시 말해, 각 개별 기업의 총비용 마진이 감소하면, 경제 전체의 이윤율은 증가한다.

비용의 역설은 〈그림 5-2〉를 통해 쉽게 설명할 수 있다. 실질임금이 상승하고 이윤 분배율 π가 감소함에 따라 설비 가동률과 회계상 이윤율 간의 관계를 나타내는 PC 곡선의 기울기는 아래쪽으로 완만해진다. 미시 경제학의 부분균형 분석에서 묘사하는 바와 같이, 설비 가동률이 u_0^*로 고정되어 있다면 기업의 비용 마진이 하락할 때 이윤율은 r_{mic}로 하락한다. 그러나 거시 경제에 미치는 영향 때문에 실제 설비 가동률은 초기 수준인 u_0^*에 고정되어 있지 않다. 실제 판매에 대응하는 실제 설비 가동률은 u_1까지 상승하기 때문에, 비용 마진이 하락함에도 단기 이윤율은 초기 수준인 r_0^*를 유지한다.

한편 장기적으로 가속도 효과가 작동하기 시작한다. 설비 가동률이 상승하면 자본축적률이 상승하고, 이는 이윤율을 높이는 데 기여해 선순환이 이어진다. 결국 경제는 이윤율이 r_1^*인 상황, 즉 PC 곡선과 ED 곡선이 교차하는 새로운 균형점에 도달한다.

이는 비용의 역설이 거시 경제적 현상이라는 사실을 보여 준다. 다른 조건들이 일정할 때, 한 기업만이 실질임금을 올리고 총비용 마진을 줄이는 경우, (실질임금률의 상승이 효율성 임금 이론theory of wage effi-ciency[9]에서와 같이 생산성 상승을 가져오지 않는 한) 확실히 이윤이 감소하고 이윤율은 하락한다. 그러나 모든 기업이 총비용 마진을 줄이는 경우에는 경제 전체의 가동률이 높아지기 때문에 거시 경제적 이윤율은 상승한다.

지금까지의 분석을 바탕으로 다음과 같은 결론에 도달할 수 있다. 개별 기업이 단독으로 실질임금을 낮추거나 노동자를 해고함으로써 (남아 있는 노동자의 생산성에 부정적인 영향을 주지 않는 한) 생산비용을 줄이고 이윤 마진을 높이는 것은 그 기업의 입장에서 이익이 될지도 모른다. 그러나 거시 경제적 시각에서 보면, 모든 기업이 총비용 마진의 하락을 수용한 경우에는 전체 이윤율이 증가할 수 있다.

비용의 역설과 절약의 역설은 표준적 칼레츠키학파 성장 모형의 중요한 특징이다. 저축성향이 하락하면 자본축적률을 상승시키고, 거시 경제적 수준에서 실질임금의 상승은 더 높은 이윤율의 실현으로 이어진다. 이 두 역설은 신고전학파 이론, 그리고 TINA의 주장과 완전히 대조적이다. 사실 두 역설은 완전고용과 완전 설비 가동률을 경제 분석의 출발점으로 가정하지 않을 때 무엇이 발생하는지를 보여 주는 매우 좋은 예이다. 두 역설은 유효수요의 중요성과 실제 세계에서 가격이 아닌 수량을 통한 조정이 갖는 중요성을 강조한다. 무엇보다 중요한 점은, 개인행동의 거시 경제적 귀결을 무시한 채 미시 경제적 시장 내부에서의 개인행동에만 초점을 둔 신고전학파 경제 분석의 단점을 분명히 드러낸다는 데 있다. 거시 경제적 힘에 의해 유발된 의도하지 않은 결과를 간과한 분석에는 언제나 구성의 오류가 잠재해 있다.

3. 칼레츠키학파 모형의 확장과 비판

자연 성장률과 유효수요

앞에서 전개한 칼레츠키학파의 새로운 성장 모형은 수요 측면에 대한 논의만을 고려하고 있다. 따라서 공급 측면을 고려할 여지를 남겨 두지 않는다. 그러나 분명 공급 조건이 수행하는 기능이 있을 것이므로, 공급 측면도 어느 정도 강조해야 한다. 이 절에서는 공급 측면이 갖는 몇 가지 의미에 대해 살펴본다.

먼저 기술 진보율과 노동 증가율의 합인 자연 성장률natural growth rate을 검토해 보자. 예를 들어, 칼레츠키학파 모형에서 정의된 바와 같이, 실제 성장률과 자연 성장률이 다르면 실업률은 경제 상황에 따라 지속적으로 증가하거나 감소한다. 이 경우, 칼레츠키학파 모형은 과소 결정under-determined의 문제[10]가 발생한다. 사실 이런 불균형 상태는 단기의 경우에만 발생할 수 있다. 그렇지 않으면 실제 실업률은 영이 되거나 터무니없이 높아진다.

이 비판에 대해 두 가지 대응 방안이 존재한다. 첫 번째는 실제 성장률과 자연 성장률 간에 괴리가 발생할 경우 노동자의 협상력이 작용해 기업의 비용 마진에 영향을 미친다고 가정하는 것이다. 다시 말해, 노동자의 협상력과 기업의 비용 마진이 실업률의 **변화**에 반응한다는 가정이다. 어떤 조건하에서는, 이윤 마진이 내생변수이기 때문에, 실제 성장률이 자연 성장률 수준으로 근접해 갈 수 있다. 그러나 장기적으로 독립 수요가 증가하면 실업률이 낮아지기 때문에, 유효수요가 여전히 중요한 역할을 한다(Stockhammer 2004).

칼레츠키학파의 두 번째 대응은 좀 더 근본적이다. 이 대응 방안은, 공급 조건이 중요하기는 하지만 자연 성장률은 실제 성장률에 순응해 조정된다고 제안한다. 다시 말해, 공급이 유효수요의 변화에 순응한다는 주장이다(León-Ledesma and Thirlwall 2002). 이는 자연 성장률 자체가 내생변수임을 의미한다.

내생적 기술 진보

내생적 기술 진보endogenous technical progress가 타당하다면, 어떻게 이를 정당화할 수 있는가? 자연 성장률의 내생성을 설명하는 몇 가지 메커니즘이 있다. 예를 들어, 경제가 빠르게 확장하고 있을 때, 노동자 1인당 노동시간의 증가, 경제활동인구의 증가(특히 여성의 경우), 이주 노동자의 유입 증가 등과 같은 요인으로 말미암아 노동 공급이 증가하는 경향이 있다. 그리고 다음과 같은 요소들은 기술 진보율을 높이는 데 공헌한다. 노동자가 좀 더 생산적인 부문으로 이동하거나, 규모의 경제가 발생하거나, 실행을 통한 학습learning by doing 등 지식과 관련한 동태적 메커니즘이 작동하거나, 기술혁신이 더욱 빠르게 채택되는 경우들이다.

이 모든 요소의 결합은 자연 성장률이 경제의 수요 측면에서 발생하는 변화에 따라 조정되는 내생변수임을 시사한다. 내생변수로서 자연 성장률을 보는 것은, 현실의 총수요 성장률이 다양한 자연 성장률을 초래한다는 이력현상의 일례로 해석할 수 있다. 이 경우에 경제는 경로 의존적path-dependent이다.

이런 개념이 비선형 동학 이론, 이력 효과, 고착화 현상lock-in effect 등을 다룬 최근 문헌에서 비교적 새롭게 제시된 연구라고 생각할지 모른다. 그렇지만, 이어지는 인용문들에서 볼 수 있듯이, 초기 포스트 케인스학파도 이미 복수의 자연 성장률이 가능하다는 것을 고려한 바 있다.

그러므로 기술 진보는 (기업가가 행한 무수한 결정의 결과인) 바람직한 생산 설비 확장률이 (어떤 특정 수준까지 생산이 확대되어 자극되는) 노동인구 증가율을 크게 상회하는 경향이 있는 사회에서 가장 빠르게 나타날 것 같다 (Kaldor 1960, 237).

그러나 기술 진보는 자본축적과 보조를 맞추기 위해 가속화한다. 기술 진보율은 하늘에서 떨어지는 단비와 같은 자연적 현상이 아니다. 1인당 산출량을 증가시키려는 동기가 있을 때, 기업가는 발명품이나 개선점을 찾아 나선다. 발명의 촉진보다 기술혁신의 확산률을 가속화하는 것이 더 중요하다. 잠재적 시장이 팽창하고 있음에도 노동자를 구하기 힘든 상황임을 기업가가 인식할 때, 어떤 형태로든 생산성을 증대할 동기를 갖게 된다 (Robinson 1956, 96).

버둔의 법칙

앞에서 언급한 경제성장률과 기술 진보율 사이 양의 관계는 칼도 (Kaldor 1957)가 기술 진보 함수라 부른 것으로, 많은 경제에서 입증된 바 있다. 이 관계는 버둔의 법칙Verdoorn's Law으로 알려져 있다(McCombie and Thirlwall 1994).

칼레츠키학파 성장 모형에 버둔의 법칙을 도입하면 의미심장한 결과를 도출할 수 있다. 여타 조건이 일정한 상황에서, 총비용 마진이 감소해 실질임금이 상승한다고 가정하자. 칼레츠키학파 모형에 따르면, 실질임금의 상승은 유효수요를 증가시키고, 그 결과 성장률이 가속화된다. 그런데 버둔의 법칙을 고려하면, 높은 성장률은 기술 진보를 향상시킨다. 즉 제4장에서 정의한 노동생산성 T가 더 빠르게 성장한다. 총비용 마진이 일정할 때, 실질임금률은 T에 의존하므로 T의 빠른 증가는 더 높은 실질임금 상승으로 이어진다(Lavoie 1992a, 327).

이처럼 버둔의 법칙은 칼레츠키학파 모형에서 '비용의 역설'을 강화한다. 총비용 마진의 감소에 따른 실질임금 상승은 기업의 이윤율뿐만 아니라 장기적인 기술 진보율, 실질임금 상승률, 일반 대중의 구매력 등을 높이는 긍정적인 효과를 갖는다. 따라서 칼레츠키학파 모형의 결론이 '고통 없이는 보상도 없다'는 TINA를 확신하는 경제학자들의 견해와 완전히 대조적이라는 사실을 여기서 재차 확인할 수 있다.

투자함수의 수정과 사회적 대립

지금까지 전개한 칼레츠키학파 모형에 담긴 사회경제적·정치적 의미는 중요하다. 특히 노동자와 자본가 사이의 대립이 반드시 자본주의경제의 전제조건은 아님을 시사한다. 신고전학파 이론이나 많은 마르크스주의자와 고전학파 경제학자들의 주장과는 대조적으로, 실질임금과 이윤율이 필연적으로 상반될 필요는 없다. 칼레츠키학파 모형은 노동자와 기업가 사이의 협력이 전체 경제에 유익한 효과를 낳을 수 있다는 사실을 드러낸다. 임금이 상승하면 이윤이 증가한다. 따라서 자본축적은 바로 **임금 주도적**이다.

그러나 다수의 마르크스주의 혹은 스라파학파 경제학자들은 칼레츠키학파 모형에서 도출한 몇 가지 결론에 의문을 제기하고 약간의 수정을 제안했다. 그중 비교적 흥미로운 두 가지 제안에 대해 논의하고자 한다. 첫 번째 수정은 아미트 바두리와 스티븐 마글린의 연구(Amit Bhaduri and Stephen Marglin 1990), 그리고 하인츠 쿠르츠의 연구(Heinz Kurz 1990)에 기초한다.

이들은 칼레츠키학파 모형의 다른 가정들은 수용하지만 투자함수는 수정해 제안한다. 이들에 따르면, 자본축적률 g^i는 설비 가동률의 함수일 뿐만 아니라 이윤 분배율 π의 함수(바두리와 마글린) 혹은 기업이 평가한 정상 이윤율 r_n의 함수(쿠르츠)라고 주장한다. 이 같은 투자함수의 수정은 얼핏 큰 변화가 아닌 것처럼 보인다. 그러나 수정된 투자함수는 '절약의 역설'에는 영향을 미치지 않지만 '비용의 역설'에는 중요한 의미를 가진다.

여기서 이윤 분배율과 정상 이윤율을 낮추는 실질임금의 상승이 다른 주요 경제 변수들에 미치는 영향을 살펴보자. 실질임금의 상승은 소비를 통해 총수요에 긍정적인 영향을 미치지만 투자에 부정적인 영향을 미치기 때문에, 적어도 부분적으로는 상쇄된다. 이로 말미암아 실질임금의 상승이 특정 파라미터 값에서는 부정적인 효과를 키워 자본축적률, 이윤율, 설비 가동률의 하락을 초래할 수도 있다. 이 경우에 자본축적은 이윤 주도적profit-led이라 한다. 그러므로 투자 함수를 수정하면, '비용의 역설'은 반드시 필연적인 현상으로 나타나지 않으며 단지 가능성이 있는 현상에 불과하다.

이 같은 차이들을 전제할 때, 포스트 케인스학파와 급진적 경제학자들 간에 동의된 의견은 다음과 같다(Blecker 2002). 현실에서 성상 이윤율 하락이라는 부정적인 영향은 매출과 생산자의 현금 흐름 증대라는 긍정적인 영향에 따라 어느 정도 상쇄된다. 많은 실증 연구들은 기업의 투자 결정이 현금 흐름의 변화에 매우 민감하게 반응한다는 사실을 분명하게 보여 준다(Fazzari et al. 1988). 그리고 높은 현금 흐름은 높은 설비 가동률과도 밀접한 관계가 있다.

궁극적으로 노동 소득에 대한 세금뿐만 아니라 임금의 저축은 총비용 마진의 감소로 말미암아 발생하는 성장의 긍정적인 효과를 제거할 수 있다. 더구나 개방경제에서는 (명목임금의 상승으로 달성한) 실질임금의 상승이 외국 기업에 대한 국내 기업의 경쟁력을 약화시키고, 따라서 국내에서 생산된 상품에 대한 해외의 수요를 감소시킬지도 모른다. 이와 관련한 실증 연구에서는 대상 국가 및 분석 기간에 따라 다른 결과가 나타났으며, 특정 파라미터 값에서만 '비용의 역설'이 성립한다는 결론을 내린다.

국제수지 제약

　지금까지의 논의에 근거해 칼레츠키학파 모형에 부과된 가장 명확한 제약 중 하나를 완화하고 해외 총수요의 중요성에 대해 논의해보자. 그러려면 국제수지 분석에서 출발할 필요가 있다. 1970년대 칼도의 연구는 물론이고 개방경제 승수를 다룬 해로드의 연구에 착안한 포스트 케인스학파 경제학자들에 따르면, 많은 국가들은 국제수지 제약이 부과되지 않았을 때에만 좀 더 빨리 성장할 수 있었다.

　존 맥콤비와 앤서니 필립 "토니" 설월(John S. L. McCombie and Anthony Philip "Tony" Thirlwall 1994)을 비롯한 포스트 케인스학파 경제학자들에 따르면, 대부분의 정부는 수입이 과도하게 급증한 데 따른 대외 불균형에 반응해 성장을 둔화시키는 정책을 실행한다. 이 국가들은 빠른 성장에 필요한 수단과 자원을 보유하고 있으며, 자본축적을 강화하는 데 충분한 수준 이상으로 국내 유효수요를 만들어 낸다. 그럼에도 이 국가들은 경상수지 적자에 의해 성장이 제약된다.

　사실 외국 자본이 유입한 데 따른 자본수지 흑자는 경상수지 적자를 쉽게 상쇄할 수도 있다. 그런데 이런 상황은 달러가 기축통화로서 역할을 하는 미국에서는 가능할지 모르지만, 다른 국가에서는 일시적으로 나타날 뿐이다. 실제로는 누적된 대외 채무와 외국 투자에 대해 이자와 배당을 지불해야 하므로, 장기간의 경상수지 적자를 감당하기 힘들다. 그러므로 장기적으로 경상수지가 균형을 이뤄야 하고 수입이 수출보다 많아서는 안 된다.

　포스트 케인스학파의 이론에 따르면, 수출이 외국의 소득 성장률에 의존하고 수입이 국내 소득수준과 수입성향에 의존한다는 단순한

금융시장의 역할

지금까지 논의한 모든 모형은 단순화를 위해 금융시장의 존재를 무시했다. 포스트 케인스학파 모형에 이자 지불과 금융시장을 포함할 경우에는 어떤 결과를 도출할 수 있는가? 제2장에서 다룬 금융 경계와 관련한 논의는 이 문제에 얼마간 실마리를 제공한다. 이에 따르면, (배당률 상승과 함께) 실질이 자율이 상승할 때, 기업은 이윤 마진을 높여 대응하거나, 아니면 자기금융 self-finance의 능력이 위축되는 상황에 놓인다. 여기서 이윤 마진이 증가하면 노동자의 소비가 감소하고, 자기금융의 능력이 낮아지면 투자가 감소한다. 따라서 금융시장을 명시적으로 포함하는 칼레츠키학파의 표준적 모형에서 는 실질이자율의 상승이 어느 경우에 해당하든 부정적인 결과를 초래한다.

그러나 이것이 논의의 끝이 아니다. 바두리·마글린과 쿠르츠가 제안한 수정된 투자함수를 채택하면 분석은 더욱 복잡해진다. 금융자산이 높은 수 익(금융시장으로부터 높은 자본이득)을 가져오는 경우, 금융 소득자의 소비가 커져 실질이자율 상승의 전체 효과가 양의 값으로 나타날 수도 있다. 이는 제럴드 엡스타인(Gerald A. Epstein 1994), 에크하르트 하인과 카르스텐 오크슨 (Echhard Hein and Carsten Ochsen 2003)이 증명한 바 있다.

마지막으로, 로베르 브와예(Robert Boyer 2000), 도미니크 플리옹(Dominique Plihon 2002) 등 일부 프랑스 조절학파 경제학자들은 주식 자산의 일부를 소 비로 사용하는 경우를 고려할 때, 그리고 금융 투자가들이 예컨대 금융 자 금의 15퍼센트 수익 기준을 실물 부문에 적용해 경영진에게 주주 가치 극 대화를 요구할 때 또 다른 거시 경제적 역설이 발생하는 경로를 분석했다.

제3장에서 논의한 체계적 화폐경제 분석 방법을 통해 이 질문들에 적절 히 답할 수 있다. 이 방법으로 기업의 부채 부담을 고려할 수 있고, 주식 등 다양한 금융자산을 보유한 가계의 선호도 변화를 살필 수 있기 때문이다.

가정을 할 경우, 장기에 (미국을 제외한) 개방경제의 최대 성장률은 설월의 법칙Thirlwall's law으로 알려진 다음 식으로 쓸 수 있다.[11]

$$g^{BP} = \frac{\epsilon z}{\eta}$$

여기서 g^{BP}는 국제수지 제약에 직면한 국가경제의 최대 성장률이다. 이 최대 성장률은 외국의 소득 성장률 z와 국내 생산 재화에 대한 외국의 수요탄력성 ϵ에 비례한다(여기서 수요탄력성은 소득 증가율에 대한 수요 증가율의 비율로 정의된다). 반면에 이 성장률은 수입에 대한 국내의 수요탄력성 η에 반비례한다.

많은 실증 연구들은 선진국과 개발도상국 모두에서 이 단순한 공식이 타당하다는 사실을 입증한다. 1960~90년에 미국과 일본을 제외한 거의 모든 선진국에서 이 식이 적용된다. 미국은 최대 성장률 g^{BP}를 통해 예측된 수준보다 훨씬 빠른 성장을 기록했는데, 이는 부분적으로 미국의 무역 상대국이 미국 경상수지 적자 규모에 해당하는 만큼 미국 국채를 매입해 자금을 제공하는 데 동의했기 때문이다. 일본은 예측한 최대 성장률보다 느린 성장을 보였는데, 이는 누적된 경상수지 흑자 때문이다.[12] 2000년 이후 중국도 엄청난 외환 보유고를 축적하고 있어서 일본과 유사한 상황이 벌어질 것으로 보인다.

이런 국제수지 제약은 IMF와 세계은행의 관료들이 미국을 제외한 고성장 국가들에 국내 수요의 억제를 권고하는 상황에서 중요한 의미를 갖는다. 이는 전 세계적으로 총수요 감소를 유도하는 강한 압력이 존재한다는 사실을 의미한다.[13]

이와 같은 총수요 감소 압력에 대응해, 데이비드슨(Davidson 1982)은

'채권 국가'들의 행동을 조정하도록 강제하는 국제적 메커니즘을 채택하자고 제안했다. 다시 말해, IMF나 국제통화 기구들은 경상수지 흑자국들이 총수요를 증가시키도록 강제해야 한다는 것이다. 이 총수요 증가 정책은 경제성장률이 높지만 경상수지가 적자인 국가들이 긴축적인 재정정책과 금융정책을 채택하지 않게 해줄 수 있다.[14]

인플레이션의 영향

앞서 논의한 국제수지 제약에 더해 주목할 만한 제약이 하나 더 있는데, 이 또한 칼레츠키학파의 성장 모형에서 도출한 결과를 뒤집을 수도 있는 제약이다. 바로 인플레이션이다. 마르크스주의자인 제라르 뒤메닐과 도미니크 레비(Gérard Duménil and Dominique Lévy 1999)는 칼레츠키학파의 표준적 모형에서 도출한 장기적 결과인 '절약의 역설'과 '비용의 역설'을 허무는 변형된 칼레츠키학파 모형을 제시했다.

그들에 따르면, 설비 가동률이 정상 수준을 초과했을 때 인플레이션 압력이 존재한다. 이는 수요 주도형 인플레이션demand-driven inflation의 전형적인 예로서, 정상 가동률에서의 공급에 비해 수요가 훨씬 큰 경우에 인플레이션이 발생한다는 것이다. 뒤메닐·레비의 모형에서 인플레이션 수준은 실제 가동률과 정상 가동률의 차이에 비례한다.

그들에 따르면, 인플레이션이 지속되는 한 중앙은행은 점차 강도 높은 금융긴축정책을 채택한다. 이를테면 인플레이션이 영의 수준으로 떨어지지 않는 한, 즉 실제 설비 가동률이 정상 수준을 초과하는 한 중앙은행은 (실질)이자율을 인상한다. 따라서 실질이자율이 계속 높아지는 상황에 직면한다. 이처럼 높은 이자율은 결국 기대 매출의 추세 성장률(투자함수 〈식 5-1〉에서 파라미터 a)을 낮춘다. 또한 높은 실질이자율은 금융 부담을 증가시켜 기업이 은행신용 사용을 꺼리게 하고 자본축적을 지연시킬 수 있다.

단기에는 케인스, 장기에는 고전학파?

뒤메닐·레비의 모형을 적용할 경우, 금융정책은 거시 경제적 힘을 반대로 작용하게 하는 재량적 메커니즘이 된다. 우연하게도 이 메커니즘은 중앙은행이 추구하는 새로운 콘센서스new consensus 모형과 얼마간 유사하다. 예를 들어, 인플레이션 목표에 중심을 둔 통화정책은 설비 가동률이 정상 수준으로 수렴되도록 유도할 것이다. 이는 칼레츠키학파 모형에 매우 중요한 의미를 제공한다.

뒤메닐·레비가 주장하듯이, 통화정책에 대한 이런 접근은 단기 변동성을 분석할 때는 칼레츠키학파(또는 케인스학파)의 입장에 서고, 장기 성장 분석을 할 때는 순전히 고전학파의 입장을 유지하는 것과 같다. 그들이 제시한 수정된 칼레츠키학파 모형은 저축성향의 하락(또는 실질임금의 상승)이 단기에는 경제에 긍정적인 영향을 미치지만, 궁극적으로 장기 성장률을 하락시키고 실질이자율을 높인다는 결과를 보여 준다. 뒤메닐·레비는 축적을 위해 금욕과 절제, 그리고 대부 자금의 공급이 필요하다는 고전학파 경제학의 관점을 부활시킨다. 음울한 과학의 가르침으로 다시 되돌아온 것이다.

그러나 포스트 케인스학파는 칼레츠키학파 모형의 고전학파적 수정에 동의하지 않는다. 포스트 케인스학파는 가동률이 높다고 해서 필연적으로 단위 비용이 증가하는 것은 아니라고 생각한다. 인플레이션 유발 과정에 대한 견해는 제2장에서 설명한 내용과 다르지 않다. 제2장에서 논의했듯이, 가동률이 완전 가동률 이하라면 기업의 한계 가변비용과 평균가변비용은 거의 수평선으로 나타난다. 더구나 빠른 성장이 버둔의 법칙대로 생산성을 높임으로써 실업률 하락에 따른 임금 상승분의 일부를 상쇄한다면, 인플레이션 압력은 약화된다. 이는 1990년대 후반 미국 경제에서 실제로 나타난 현상으로, 당시 성장률은 높고 실업률은 급격히 하락했음에도 인플레이션 압력은 거의 발생하지 않았다.

포스트 케인스학파에 따르면 인플레이션은 일차적으로 사회 계급 간의 적정한 소득분배를 둘러싸고 대립한 결과이다. 즉 노동자, 기업가, 연금 생활자들의 갈등에 따른 산물이다(Taylor 1991, 제4장; Cassetti 2003). 가동률이 높아 이윤율이 커지면, 노동자와 노동조합은 더 높은 임금을 요구한다(Kaldor 1985, 39). 이는 특히 높은 이윤율이 높은 성장률과 낮은 실업률을 수반하는 경우에 그렇다. 그러나 적절한 임금 협상 제도가 갖추어져 있다면, 높은 성장과 높은 인플레이션 간에 양의 관계가 반드시 존재하지 않을 수도 있다(Hein 2002). 더구나 초국가적 재고량이 충분하다면 세계적 호황에 따른 원자재 비용의 상승을 피할 수도 있다. 인플레이션은 불가피한 현상이 아니며, 비효율적 제도가 낳은 불행한 결과라 할 수 있다.

수평적 필립스곡선

필립스곡선은 경제학에서 가장 잘 알려진 관계 중 하나이다. 전통적으로 필립스곡선은 실업률과 물가 상승률(인플레이션) 간의 관계, 실업률과 임금 상승률 간의 관계를 나타냈으나, 최근에는 설비 가동률과 물가 상승률 간 양의 관계를 밝히는 데까지 확장되고 있다.[15] 뒤메닐·레비(Duménil and Lévy 1999)는 장기에도 이처럼 양의 관계가 성립한다고 가정했다. 한편 신고전학파 경제학자들은 일반적으로 이 관계가 단기에만 유효하고, 장기 필립스곡선은 정상 가동률에서 수직이라고 가정한다. 후자는 자연 실업률 혹은 물가 안정 실업률(이하 NAIRU)에 상응한다.

대다수의 포스트 케인스학파 경제학자들은 NAIRU의 개념을 부정한다. 그리고 설령 NAIRU가 존재하더라도 이는 총수요와 무관하게 공급에 의해서만 결정되지 않는다고 생각한다. 심지어 포스트 케인스학파 경제학자들은 통상적 단기 필립스곡선조차도 얼마간 거부감을 보이는데, 이는 다음 인용문에 나타나 있다.

> 만약 유일한 NAIRU가 존재한다면, 이는 진실로 거시 경제 정책에 대한 논의의 종말을 말하는 것이다. 현시점에서 나는 이를 믿지 않고 그 증거도 없다. 적절한 수준의 인플레이션은 낮은 실업률을 확보하는 데 수반되는 대가라고 생각한다. 그러나 나는 실업률이 낮아지면 인플레이션이 높아질 것이라는 필연적 결론을 수용하지 않는다(Godley 1983, 170).

이후의 실증 연구들에 따르면, 〈그림 5-3〉에서처럼 성장률, 실업률, 설비 가동률이 중간 범위에 있을 때 단기 필립스곡선은 수평인 상태가 되고 비선형이다(Eisner 1996; Filardo 1998). 인플레이션이 거의 일정하게 유지되는 수평 구간이 존재한다는 것은 수요관리와 완전고용을 위해 정책적으로 대응할 여지가 많음을 시사한다. 이는 NAIRU가 총수요에 의해 결정되는 실제 실업률을 향해 움직인다는 견해, 그리고 이력현상에 관한 연구의 결과를 통해서도 도출될 수 있다. 톰 스탠리(Tom Stanley 2004)는 실증 연구에 대한 메타 분석meta-analysis을 통해 NAIRU가 실제 실업률을 따라가는 경향이 있다는 결론을 뒷받침하는 결과를 제시했다. 최근 대부분의 중앙은행, 특히 유럽중앙은행은 〈그림 5-3〉에서 가동률 u_m 근방이 유일한 물가 안정 가동률이라 믿고, 가동률이 이 근방에 도달하도록 경제를 유도하는 것을 목표로 설정하고 있다. 그러나 한때 미국 연방준비제도이사회가 했던 것처럼, 중앙은행은 과감하게 경제 상황을 살피면서, 〈그림 5-3〉의 가동률 u_{fc} 근방으로 경제를 유도해야 한다.

그림 5-3 | 수평 구간을 갖는 포스트 케인스학파의 필립스곡선

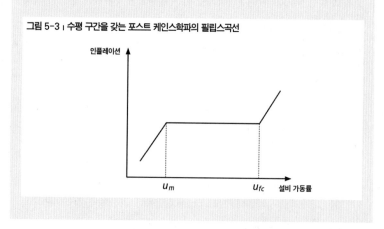

맺음말

케인스에게 영감을 얻은 포스트 케인스학파는 자본주의를 창의와 혁신을 촉진하는 체제로 본다. 과부족이라는 문제에 대처할 능력이 있는 국가와 민주적 제도로 뒷받침된다면, 자본주의는 효율적인 경제 시스템이 될 수 있다. 이는 특히 소득분배, 모든 사회계층을 대상으로 한 공공서비스 및 사회 기반 시설을 제공하는 데서 그렇다.

　이 책을 관통하는 근본 주제 가운데 하나는, 자유방임 상태에 있는 자본주의는 파괴적 경쟁과 낭비를 초래한다는 것이다. 국가 개입이 없는 자본주의는 불안정성과 경기변동을 유발한다. 그리고 자본주의 그 자체는 완전고용이나 충분한 총수요를 보장할 수 없다.

　신고전학파 경제학자들과 달리, 포스트 케인스학파 경제학자들은 자본주의의 불안정성을 경쟁의 힘이나 메커니즘의 결여, 가격 경직성에 따른 결과라고 생각하지 않는다. 그와 반대로, 포스트 케인스학파는 가격 관리, 관습, (자본의 자유로운 이동을 제한하는) 규제 등이 실제로 경제체제의 안정성을 강화한다고 생각한다.

　또한 포스트 케인스학파는 인플레이션, 대외 적자, 공공 부채 등을 낮추고자 총수요를 단기적으로 억제할 목적으로 시행된 긴축정책은 경제의 생산능력을 축소시키기 때문에, 장기적으로 부정적인 효과를 수반한다고 생각한다. 이 책에서 논의한 주장에 근거해 이런 파괴적 정책의 타당성을 반드시 재고찰해야 한다. 지금은 대다수의 정부와 중앙은행이 인플레이션이 아닌 완전고용을 우선순위 정책으로 삼아야 할 시기이다.

인플레이션 압력을 견제하면서 완전고용을 유지하고자 자본소득을 포함한 항상소득 정책permanent incomes policy[1]을 지지하는 포스트 케인스학파 경제학자들도 있다(Davidson 1972, 제14장). 또한 중앙은행이 (지자체의 중개를 거치는 경우도 있으나) 민간 부문에서 일할 의지가 있으나 직장을 구하지 못하는 모든 구직자에게 정해진 임금으로 공공 일자리를 제공하는 '일자리 보장 프로그램'job guarantee program, '최종 고용자' employer of last resort,[2] '공공서비스 고용'public service employment 등으로 불리는 고용 완충재고employment buffer-stock 접근 방식을 지지하는 포스트 케인스학파 경제학자들도 있다(Forstater 1998; Juniper and Mitchell 2005). 이 제도들은 비자발적 실업 탓에 발생하는 엄청난 낭비와 손해를 어느 정도 완화할 수 있다. 통상적인 총수요정책에 비해 이 정책들은 정부 지출이 시급히 요구되는 고실업 지역 및 사회계층에 일자리 보장 프로그램을 집중해 실시할 수 있다는 장점이 있다. 따라서 이 프로그램들을 통해 안정적인 인플레이션 수준에서 실업률을 낮출 수 있다.

서브 프라임
금융 위기

나[앨런 그린스펀 미국 연방준비제도이사회 전 의장]는 중국이 실제로 필요했던 것은 시장경제에서 일한 경험이 있는 사람들, 서구의 유능한 대출 담당 직원처럼 날카로운 눈을 지녔고 경쟁력 있는 판단을 내릴 줄 아는 사람들이라고 제안했다(Greenspan 2007, 319).

역사적 배경

이 책은 2003년 프랑스어로 썼고, 2005년 12월에 영어판이 나왔다. 당시 일부 경제학자들은 부동산 열기와 서브 프라임subprime 시장의 팽창에 주목하고 있었다. 서브 프라임은 신용 등급이 낮은 차입자들을 대상으로 승인한, 이자율이 높은 모기지mortgages 또는 신용카드 대출이다. 또한 일부 분석가들은 2006년 유럽의 몇몇 대형 은행들이 미국 내 영업에서 막대한 대손상각에 노출됐을 때, 그리고 2007년 7월에 월 스트리트의 대형 투자은행인 베어스턴스Bear Stearns가 자신이 운영하던 헤지 펀드hedge funds 가운데 두 개를 폐쇄했을 때를 주목했다. 그러고 나서, 2007년 8월 유럽에서 어느 은행이 부도 위기에 직면했는지를 알 수 없게 되자, 유럽 은행들 간의 신뢰가 깨지고 큰 혼란이 발생했다. 초과 자금을 보유한 은행들은 자금이 필요한 은행들에게 은행 간 단기자금 시장interbank market을 통해 대출하기를 거부했다. 이 상황에서 유럽중앙은행은 콜금리를 기준 금리 수준에 맞추고 은행 지불 시스템을 제대로 작동시키기 위해 거의 무제한의 자금을 제공할 수밖에 없었다. 이 위기는 빠르게 진정됐고, 중앙은행가들은 현명하게 대응한 덕분에 금융 불안의 확산을 막았다고 자평했다.

그러나 세계 도처에서 투자자들은 장기 부채와 연동되어 있는 단기 자산의 상환을 더는 연장하지 않기로 결정했고, 많은 국가들에서 유동성 위기가 촉발됐다. 이 같은 장기 부채에는 모기지와 이에 기초한 증권,[1] 특히 미국 서브 프라임 시장에서의 모기지 증권이 포함되어 있었다. 2007년 9월 초, 영국의 대형 모기지 발행 은행인 노던록은행Northern Rock Bank에서 예금 인출 사태가 발생했다. 노던록은행은 미국 모기지 발행 기관들과 유사한 공격적인 전략을 추구해 왔다. 정부는 공적 자금의 투입을 부인해 왔지만, 노던록은행은 결국 공적 자금 투입을 통해 구제됐고 2008년 초에 국영화됐다. 이 시기는 모기지 대출에 특화된 미국계 대형 은행인 컨트리와이드Countrywide가 자신의 경쟁자인 아메리카은행Bank of America에 헐값으로 매각된 시기이다. 두 달 뒤 베어스턴스도 컨트리와이드와 같은 운명에 처해졌다. 2008년 8월과 9월에는 대형 은행들과 금융기관들이 줄줄이 구제되기를 기다렸고 은행 간 단기자금 시장은 공황 상태에 빠져들었다.

전 세계는 이른바 서브 프라임 위기에 직면했다. 이 위기는 먼저 부동산 시장을 악화시켜 은행과 금융기관을 강타했고, 이후에는 주식시장과 실물경제로 확산됐다. 이 위기에는 서브 프라임 차입자들만 관련된 것이 아니었다. 전문가들이 새로운 정보 기술 시대의 재현인 새로운 금융 공학 시대의 장점을 찬양했고, 모든 사회 계급에 속한 가계들이 완화된 차입 기준에 따른 이익을 얻고 있었다. 이런 상황은 곧 은행들을 곤경으로 몰아넣었다. 대출 거부의 순환, 은행 위기, 은행 구제 계획, 은행 국유화, 경제 침체, 그리고 궁극적으로 경기 부양책이 여러 국가들에서 뒤따랐다. 많은 경제학자들은 충격에 휩싸였다. 위기의 징후가 있었던 2006년 이전에도 위기의 가능성을 제기한 경제학자들이 있었는데, 고들리(Godley 1999b)와 로버트 실러(Robert J. Shiller 2005)도 그랬다. 고들리는 가계 부채가 이보다 더 증가하면 안 된다고 주장했으며, 실러는 주택 가격이 이보다 더 오르면 안 된다고 주장했다. 수년에 걸쳐 교묘한 금융 혁신과 무모한 금융 확장을 보증해 온 수리적 금융 모형의 정교한 발전에도 불구하고, 이 두 효과(과도하게 높은 가계 부채 및 정체하거나 하락하는 주택 가격)는 금융 시스템의 취약성을 드러냈다.

포스트 케인스학파 이론은 서브 프라임 금융 위기에 대해 어떻게 말할 수 있는가? 이 책의 초판에는 현재의 금융 위기를 예측하거나 이에 대해 설명하지 않았으나, 최근 사태를 이해하는 데 도움을 주는 메시지가 많이 담겨 있다. 1930년대 대공황이 오늘날에도 여전히 기억되듯이, 이번 금융 위기 또한 역사의 한 부분으로 기록될 것이 분명하다. 실제 서브 프라임 금융 위기는, 1980년대 초와 1990년대 서구 경제에 심각한 경기 침체를 유발했던 사건들보다는, 1930년대 대공황을 유발한 사건들과 좀 더 유사한 측면이 있다. 전자는 인플레이션을 낮추려 긴축 통화정책을 시행하면서 의도적으로 유발된 경기 침체였다.

은행 : 탐욕적인 이윤 추구와 손실에 대한 공포

서브 프라임 금융 위기는 은행 및 금융기관과 관련한 문제이고, 이는 이 책에서 논의한 내용과 연결 짓기 위한 첫 번째 지점이다. 거시 경제적 화폐순환을 다룬 장[이 책의 제3장]에서, 은행 시스템을 통해 승인될 수 있는 신용 규모에는 한계가 없음을 여러 차례 강조했다. 주류 경제학자들의 믿음과는 대조적으로, 포스트 케인스학파 경제학자들은 대부 자금의 풀pool이 존재한다는 사고, 즉 화폐 성장에 한계가 있다는 사고를 부정한다. 신용 창출은 은행들의 유동성선호와 차입자에 대한 확신에 의존한다. 은행 업무는 신뢰와 확신에 기초하고 있다. 즉 이는 신용도creditworthiness 개념에 기초해 있다. 어떤 은행이 대출을 늘려 이윤을 얻을 수 있다고 믿는다면, 그 은행은 다른 은행의 신뢰를 유지하는 한 항상 대출을 늘릴 수 있다. 은행업은 본질적으로 이윤 추구와 손실에 대한 공포 사이에서 균형을 이루는 것이다. 이윤은 대출의 증가를 통해, 그리고 새로운 금융 상품을 제공하는 혁신을 통해 창출된다. 그러나 부실 채무자에게 대출하거나 부적절한 시기에 대출할 경우, 차입자가 이자 지불 능력을 상실하고 채무불이행default 상황에 빠져 막대한 운영 손실과 자본손실이 발생할 수도 있다. 이는 누구에게, 언제 대출할 것인지, 그리고 과도한 위험을 회피하려면 무엇을 해야 할지를 판단하는 데 필요한 기준을 은행가들이 설정하는 이유이다.

그런데 이 같은 기준들은 아주 객관적이거나 절대적이지 않기 때문에 시간에 따라 변한다. 은행들은 경제가 좋지 않은 시기에 더욱 엄격한 규준norms을 적용하는 반면, 좋은 시기에는 이 규준을 완화하는 경향이 있다. 이 책의 〈그림 3-4〉에서처럼, 경제가 좋지 않은 시기에 은행들은 채무불이행으로 인한 손실을 우려해 신용 비용(기준 금리와 실제 대출금리 간의 스프레드)을 올리면서도 신용을 할당하는 경향이 있다. 반면에 경제가 좋은 시기에 은행들은 채무불이행 리스크를 낮게 평가해 낮은 스프레드에 기초한 낮은 금리를 제공함으로써 잠재적 차입자들이 대출을 받도록 장려한다. 이와 관련한 내용은 제3장에서 포스트 케인스학파의 주요 경제학자인 민스키의 주장을 논의할 때 살펴본 바 있다. 민스키에 따르면, 호황이 진행될 때 경제주체들은 보유한 유동성 자산을 줄이고 부채를 늘릴 채비를 갖춘다. 역설적으로, 성공적인 조건들은 결국 더욱 취약한 금융 포지션을 낳는다. 이는 민스키가 금융 불안정성 가설 혹은 금융 취약성 명제라고 부른 것이다.

민스키는 호경기에 기업들이 부채비율을 높이려는 성향과 은행들이 자기자본 규모(총주식 가치) 대비 자산 규모 비율인 레버리지율leverage ratios을 높이려는 성향에 주로 초점을 맞췄다. 민스키가 예견했듯이, 2001년 주식시장의 폭락에 뒤이은 경기 확장기에 은행들과 금융기관들은 레버리지율을 높였지만, 기업들은 자신의 부채비율이 일정하거나 심지어 하락하는 상황을 목격했다. 반면에 미국·영국·캐나다 등 많은 국가에서 순자산net wealth 대비 부채비율, 또는 단순히 가처분소득 대비 부채비율로 측정한 가계 부문의 부채비율이 지속적으로 증가했다.

도렌 이젠버그(Dorene Isenberg 1988; 1994)는 민스키의 금융 취약성 가설을 대공황의 역사적 기록에 비추어 본 연구에서, 1920년대 미국 기업들의 부채비율이 상승하지 않았지만, 미국 가계 부문의 부채비율이 상승했다는 사실을 발견했다. 미국 가계 부문의 소득 대비 부채의 비율은 1922~29년 사이에 거의 두 배나 상승했다. 가계들은 부동산과 주식을 매입하려고 부채를 크게 증가시켰다. 대공황은 1929년 주식시장 대붕괴와 과도한 부채 금융을 통한 주식 매입과 관련되어 있으나, 놀랍게도 가계 부채의 대부분은 모기지에서 발생했다. 따라서 현재 서브 프라임 위기와 매우 유사한 측면이 존재한다. 서브 프라임 위기는 가계 부문이 높은 가격에 주거용 부동산을 매입하고자 차입을 과도하게 늘렸고, 은행들, 특히 월 스트리트의 투자은행들과 유럽은행들이 헤지 펀드를 통해 높은 레버리지율을 탐닉했기 때문에 발생했다.

블랙 스완

일반적으로 신중한 사람들로 여겨지는 은행가들이 어떻게 과도한 차입과 과도한 대출의 덫에 빠지게 되는가? 포스트 케인스학파 경제학자들은 이를 근본적 불확실성에 따른 필연적인 결과라고 생각한다. 지식이 불완전하고 미래가 불확실한 세계에서, 의사 결정은 확신과 야성적 혈기에 의존한다. 사람들이 행동 방침을 결정할 때 의지하는 선명하거나 객관적인 '근본 요소'fundamentals는 존재하지 않는다. 이는 금융시장 세계에서 특히 그렇다. 믿을 만한 정보가 부재한 상황에서 은행가들과 투자가들은 가까운 과거에 의지해 의사 결정을 내린다. 그들은 가까운 과거가 미래의 안내자라는 가정 아래 정규 확률분포에 기초한 모형을 사용한다. 최근 베스트셀러 작가인 나심 탈레브(Nassim N. Taleb 2007)가 설명하듯이, 대부분의 은행가들과 투자가들은 블랙 스완Black swans(발생 가능성이 극히 낮지만, 일단 발생하면 상당한 충격을 주는 예측 불가능한 사건들)을 외면하곤 한다. 신용 창출에 거의 한계가 없는 것과 마찬가지로, 상황이 악화될 때 유동성 위기 시에 필요한 자금의 규모에는 사실상 한계가 없다.

그러므로 대부분의 비주류 경제학자들, 특히 포스트 케인스학파 경제학자들은 규제 없는 시장이 안정되어 있지 않고 오히려 더 불안정하다고 믿는다. 시장에 맹목적으로 의지하는 것은 현명하지 못하다. 이는 금융시장의 경우에 더욱 그렇다. 거의 대부분의 통화 거래가 은행 시스템을 통해 청산되어야 하므로, 금융 불안정성이 (미국인들이 메인 스트리트Main Street[2]라고 일컫는) 실물경제에 미치는 영향은 실로 엄청나다. 금융시장은 본질적으로 불안정할뿐더러, 대형 금융기관 하나의 실패가 국내 경제 시스템 자체에 손상을 입힐 수 있다. 이 책의 본문에서 언급했듯이, 포스트 케인스학파 경제학자들이 일반적으로 은행과 금융시장은 강하게 규제될 필요가 있다고 주장하는 이유가 바로 여기에 있다. 글로벌화가 진전되면서 그 영향은 전 세계로 확산될 수 있다.

서브 프라임 위기의 직접적인 원인 : 금융 증권화

1980년대 중반, 은행권에서는 **금융 증권화**securitization로 불리는 새로운 금융 기법에 대한 이야기로 떠들썩했다. 이는 속칭 **대출-매각 체제**originate and distribute regime라는 새로운 금융거래 유형을 창출했다. 이 금융 혁신 이전에는 승인된 모기지를 그 은행이 떠안았고 25~30년 동안 낮은 이윤을 얻을 수밖에 없었다. 만약 차입자가 위험에 직면하면, 은행은 이 위험을 짊어지는 것 외에 달리 선택의 여지가 없었다. 그러나 금융 증권화가 도래하면서 모든 상황이 변했다. 모기지를 발행한 은행은 이 모기지들을 묶어 주택 저당증권MBS이라 부르는 높은 등급의 증권으로 만들고, 이를 즉각 매각해 상당한 수수료를 받을 수 있게 됐다. 이제 채무불이행에 따른 위험은 모기지를 발행한 은행에 귀속되지 않고, 이 증권을 매입한 투자자들에게 전가됐다. 새로 취득한 자산에 내재된 위험을 정확히 평가할 능력이 있는 (혹은 그렇다고 가정되는) 수많은 투자자들에게 위험을 분산시킨다는 측면에서 증권화는 바람직하다고 평가됐다.

일부 금융기관이 단기 기업 어음을 발행해 고수익 유동자산을 쫓는 부유한 가계, 초과 현금을 보유한 기업, 연금 기관 등에 판매하고, 다시 이 자금으로 주택 저당증권을 매입하면서 금융 혁신의 층위는 확대된다. 이 단기 기업 어음을 자산 담보부 기업 어음asset-backed commercial paper, ABCP이라 부른다. 그런데 금융권은 합성 자산synthetic assets을 창출함으로써 또 하나의 금융 혁신 층위를 만들어 냈다. 이 파생 상품은 주택 저당증권들의 조합으로 부채 담보부 증권collateralized debt obligation, CDO이라 부른다. 이 조합들을 재조합해 만들어 낸 상품을 CDO 스퀘어드CDO squared[3]라 한다. 게다가 투자자들은 이른바 신용 부도 스왑credit default swaps, CDS[4]을 통해, 약속된 수익률을 금융 증권이 지불할 수 있는지 여부에 대해 내기를 걸 기회를 갖는다. 그리고 〈에셔의 폭포〉[5]와 같이, 신용 부도 스왑의 시장가격은 모기지(주택 저당증권 또는 이들의 합성)의 위험도를 추정하는 데 사용됐다. 이 모든 파생 상품은 위험을 다시 한 번 희석함으로써 시스템이 실패할 가능성을 낮춘다고 생각됐다. 소수의 전문가는 이런 은밀한 채무가 역효과를 낳을 수 있다고 생각하지만, 다른 한편으로 금융 파생 상품이 금융시장의 효율성을 개선할 수 있다고 믿는다.

이 구조가 필연적으로 불안정해지고, 사기 행위를 조장하고, 경제적 고통을 초래한다는 사실을 인지하는 데 경제학 박사 학위 따위는 필요 없다. 특히 부동산 중개사, 모기지 브로커와 은행, 보험사, 평가 기관 등에서 행해지는 바와 같이, 보너스 체계가 단기적 이익에 대한 보상에 기초하고 있을 때 문제가 발생한다. 장기적 손실에 따른 피해는 자산을 최종적으로 보유한 사람들에게 돌아간다. 이는 "뒷일을 알 게 뭐야!"après moi, le déluge!라는 프랑스인들의 말과 같다. 그러나 대다수 경제학자들과 금융 전문가들이나 중앙은행 관료들은 이런 문제가 발생하리라고 생각하지 않았다. 민스키(Minsky 1986, 280)가 지적했듯이, "금융시장이 작동하지 않는 경향을 보일 때까지, 은행 자산 기준량 equity bases의 잠식, 부채 관리 금융거래의 성장, 은밀한 채무 사용의 증가 등은 사실상 무시된다." 은행들이 금융 증권화를 통해 규제 당국이 부과한 자기자본 비율을 피할 수 있었던 초창기 때부터 민스키 (Minsky 1987)는 이를 주목했다. 극단적인 경우, 보유한 자본이 매우 적은 은행들은 모기지를 증권화하고 이를 규제 대상이 아닌 비은행 금융 부문에 판매함으로써 모기지를 무한히 창출할 수 있다고 민스키는 주장한다.

또한 민스키는 금융 증권화가 글로벌화와 밀접하게 관련되어 있다는 사실에 주목했다. 이는 미국에서 자금을 조달한 모기지를 금융 증권 형태로 다른 국가가 보유할 수 있기 때문이다. 실제 독일과 같은 일부 국가는 금융 증권화를 완전히 금지하고 있다. 독일 은행들은 모기지 대출에 기초한 금융 증권의 발행을 허용하지 않았다. 이 같은 원칙이 타당함에도 독일 통화 당국은 독일 은행들이 주택 저당증권을 매입하는 것을 금지시키지 않았다. 결국 일부 독일 은행은 미국 서브 프라임 자산 탓에 막대한 손실을 입었고, 미국 은행이 실패하기도 전에 이미 정부의 구제를 받아야만 했다. 2007년 은행 간 시장의 위기는 상황이 매우 잘못 돌아가고 있다는 첫 단서였고, 이는 독일 은행이 실패하면서 이미 예견됐다. 독일 은행의 실패에 이어, 프랑스 은행은 미국에서 발행된 주택 저당증권과 부채 담보부 증권에 가격을 책정하기를 거부했다. 그리고 2009년 독일의 대형 은행인 하이포 리얼 에스테이트Hypo Real Estate는 간접적으로 미국 부동산 시장에 관여한 결과로 1천억 유로 이상을 헛되이 투입했고, 결국 국유화됐다.

유동성

서브 프라임 위기는 포스트 케인스학파 경제학자들이 강조한 경제적 개념을 전면에 드러냈다. 바로 유동성이다. 시장은 언제나 정확한 가격을 발견한다는 주류 경제학자들의 주장은 제법 그럴듯하다. 가격이 하락하면 사람들은 기꺼이 구매할 의향이 있을 것이라고 말한다. 그러나 이는 유동성이 충분할 경우에만 그렇다(Davidson 2008). 모든 사람들이 자산을 매각하고자 할 때, 또는 어느 누구도 이 자산들을 매입하려 하지 않을 때, 최종 대부자lender of last resort가 존재해야 하다. 그렇지 않으면 이 자산 시장은 정지된다. 2007년 8월 초, 투자자들이 자신이 보유한 어음, 특히 자산 담보부 기업 어음의 상환 기간 연장을 거부했을 때, 많은 화폐시장에서 이 같은 상황이 발생했다.

서브 프라임 위기가 진행되는 동안, 『월 스트리트 저널』과 여러 금융 전문 기자들은 민스키 분석의 타당성을 자주 강조했다. 그들은 **민스키 모멘트**Minsky moment에 주목했다. 필요로 한 유동성이 부족한 경제주체들은 금융자산이든 유형자산이든 매각하려 한다. 그러나 이들 자산의 가격은 악순환에 빠져 끝없이 하락한다. 비주류 경제학자들이 종종 경고한 바와 같이, 시장가격의 유연성은 왜곡된 결과를 낳는다(이 책의 51쪽을 참조).

유동성의 중요성은 폴 조리온(Paul Jorion 2008)이 한 다음의 이야기를 통해 재확인할 수 있다. 황소 사육사가 은행에 1만 달러의 빚을 지고 있다고 가정하자. 대출 상환 만기가 막 도래했지만, 그에게는 대출을 상환할 돈이 없다. 그래서 그는 자신이 키우고 있는 황소 한 마리를 경매로 처분해 돈을 마련할 계획이라고 은행가에게 밝힌다. 경매장에는 가축 사육사들로 가득 차있다. 그러나 어느 누구도 1만 달러, 9천 달러, 심지어 8천 달러에도 황소를 사려고 하지 않는다. 은행가는 그 사육사에게 그만 계획을 접고 경매장을 떠나자고 말한다. 그러자 그 사육사는 자신의 황소를 적정한 가격에 구매할 사람이 곧 나타날 것이라고 주장한다. 이에 은행가는 이렇게 말한다. "당신은 내 말을 이해 못 합니까? 여기 경매장에 있는 모든 사육사가 내게 돈을 빌린 사람들이에요!"

중앙은행들은 막대한 규모의 유동성을 공급하고자 개입했다. 중앙은행들은 엄청난 양의 위험 자산을 안전 자산인 재무부 단기 채권으로 교환해 주는 방안을 받아들였다. 은행들은 재무부 단기 채권을 차입에 필요한 담보로 사용할 수 있었다. 그뿐만 아니라, 은행 간 거래 시장이 완전히 작동을 멈췄기 때문에, 중앙은행들은 이 시장에서 차입할 수 없는 은행들에 매일 엄청난 규모의 현금을 공급했다. 이것이 2007년 8월과 2008년 9월에 발생한 상황이다. 월 스트리트 투자 은행들이 불과 며칠 사이에 문을 닫거나 구제됐고, 미국의 다른 대형 금융기관들이 국유화됐을 때이다. 은행들은 다음 달 혹은 다음 주에 파산할지도 모를 다른 은행에 높은 금리로 자금을 빌려줘서 손실이 발생하는 위험을 선택하기보다는, 중앙은행에 있는 자신의 계좌에 여유 자금을 예치하는 방식을 선호했다. 그런데 이 책의 111~118쪽 에서 설명했듯이, 이런 혼란의 시기는 포스트 케인스학파 경제학자 들의 여러 주장이 타당함을 입증했다. 은행 시스템의 대규모 현금 수 요에도 불구하고, 통화 당국자들은 어느 시기에서든 기준 금리가 목 표 수준 근방에서 유지되도록 관리해 왔다.

화폐 이론에 대한 함의

넓은 시각에서 서브 프라임 위기를 볼 때, 두 가지 의미를 생각해 볼 수 있다. 첫째, 거시 경제적 모형을 (소득과 같은) 플로 변수들로만 구성하거나 하나의 스톡과 하나의 이자율만을 포함해 구축해서는 안 된다. 여기서 하나의 스톡이란 통화주의자들이 오랫동안 우리를 확 신시키려 했던 화폐 스톡을 의미한다. 부채-소득 비율 등 스톡-플로 비율은 분명히 경제활동에 영향을 미치는 중요한 요인이며, 특히 부 -소득 비율은 부동산 시장과 주식시장의 경기 상황에 영향을 받는 다. 서브 프라임 위기는 이 책에서 서술한 믿음, 즉 화폐경제의 체계 적 관점이 필요하다는 믿음을 강화시켰다고 생각한다.

금융 관계가 중대한 역할을 하며, 금융 약정financial commitments이 실 물경제에 어떻게 영향을 미치는지를 분석할 필요가 있다. 현실적인 거래-플로 행렬을 구성하려면 적절한 재무상태표 행렬이 필요하다. 그 단순한 형태는 이 책의 135쪽에 예시되어 있다[〈표 3-2〉 참조]. 이 행렬들은 다양한 금융 스톡 및 유형 스톡과 관련한 모든 금융 플로 (이자 지급, 모기지 지급과 상환, 배당금 지급, 사내 유보금)를 고려한다. 이 스톡들은 소비 혹은 투자와 같은 플로 변수들에 영향을 미치므로, 스톡의 변화 과정에 대한 추적이 중요하다. 민스키(Minsky 1996, 77)는 "자본주의경제에서 적절한 경제모형 구조는 상호 관련된 재무상태표와 경제단위들의 손익계산서를 포함할 필요가 있다."고 주장했다.

또한 서브 프라임 위기 사건은 어떤 포괄적인 이자율보다는 이자율의 집합을 고려하는 것이 얼마나 중요한지를 보여 주었다. 이와 관련한 내용은 이 책의 128~129쪽에서 은행들과 투자자들의 유동성 선호를 다룰 때 설명했었다. 이번 위기가 진행되는 동안, 무위험risk-free 이자율들 간에, 장기이자율과 단기이자율 간에, 그리고 은행이나 비금융 기업의 채무불이행 위험을 반영하는 시장이자율들 간에 큰 격차가 발생했다. 이 같은 격차는 개인들과 기관들이 안전 자산을 필사적으로 찾고 있었기 때문에 발생했다. 그런데 보험으로 보장된 금액을 초과하는 은행예금조차도 완전히 안전하지 않았기에, 안전 자산은 정부만이 공급할 수 있었다. 다행히도 1980년대와 1990년대의 경기 불황 시기에 정부(특히 미국 정부)가 대규모 적자운영을 한 덕분에 상당량의 국채를 매입할 수 있었다.

서브 프라임 위기의 다른 원인 : 금융화

마지막으로, 서브 프라임 위기가 발생한 시스템적 원인에 대해 간략히 살펴보자. 서브 프라임 위기를 낳은 직접적인 원인이 탐욕과 증권화의 일반화인 것은 분명하다. 그런데 이번 위기를 유발한 잠재적 요인들은 존재하지 않는가? 일부 포스트 케인스학파 경제학자들과 마르크스주의 경제학자들은 서브 프라임 위기를 **금융화**financialization에 따른 필연적인 결과라고 본다. 이때 금융화란 **금융** 규제가 완화되고 금융이 실물경제를 지배하는 과정을 의미한다. 금융화로 말미암아 금융 서비스 부문은 GDP에서 더 높은 분배율을 요구하고, 비금융 기업 경영진에게 더 많은 이윤을 실현하도록 압력을 가해 이윤 분배율이 증가하고, 금융 투자자들이 재무 수익에 더 높은 기준을 부과해 전체 이윤에서 이들에게 돌아가는 분배율이 증가한다. 이와 관련한 내용은 이 책의 202쪽에서 간략히 논의했다. 또한 최근 나타나는 양상으로, 금융화는 금융 사기의 증가와 최고 경영자CEO 및 고위 회사 간부 연봉의 급격한 상승을 동반했다.

이 책의 제4장에서 유효수요와 노동시장을 논의할 때, 노동생산성에 비례한 실질임금이 중요한 역할을 한다고 강조했다. 여기서 노동생산성 대비 실질임금 비율이 하락하면 필연적으로 총수요를 감소시키고 경제활동을 위축시킨다고 주장했다. 또한 이 책의 제5장에서, 경제성장과 칼레츠키학파의 임금 주도 성장 모형에서 '비용의 역설'을 논의할 때에도, 이와 유사한 주장을 폈다.[6] 1980년대 초반 이후 대부분의 서구 사회에서는 노동생산성이 증가한 이후 시차를 두고 실질임금이 상승했다. 그 결과 임금 분배율이 과거보다도 훨씬 낮아졌다. 임금 분배율 하락 자체는 상대적으로 낮은 소비로 이어졌어야 했고, 결국 이 기간에 전반적인 경제활동이 둔화됐어야 했다. 그러나 실제로는 모든 국가에서 이 현상이 나타났던 것은 아니며, 대부분의 시기에 그랬던 것도 확실히 아니었다. 이는 두 가지 요인이 상대적으로 낮은 실질임금의 부정적 효과를 상쇄했기 때문이다.

첫 번째 요인은, 앞서 언급했듯이, 금융화로 말미암아 기업 이윤에서 투자자들에게 배당되는 분배율의 증가이다. 이것이 초래하는 결과는 이윤에서의 저축률(s_c) 하락과 동등한 의미를 갖는다(이 책의 154~155쪽과 163~164쪽에 소개된 고용 모형, 제5장에 나오는 성장 모형을 참조하라). 이는 쉽게 이해할 수 있다. 만약 이윤에서 가계 부문이 배당받는 분배율이 증가하면, 여타 조건이 일정할 때, 이윤에 대한 저축성향은 하락한다. 이는 기업들이 사내 유보금 형태로 보유하는 이윤은 모두 저축되지만, 가계에 배당한 금융 소득의 일부는 소비되기 때문이다. 저축성향의 하락은 이윤을 증가시키고 경제활동을 활성화해 성장률을 높인다. 이윤의 증가는 다시 주가의 상승으로 이어지고, 따라서 주식에 대한 자본이득이 커진다. 주식시장이 호황이 되면서 좀 더 부유해졌다고 느끼게 된 가계는 지출을 늘리므로 이윤에 대한 저축성향은 더욱 하락한다.

두 번째 요인은, 금융화가 신용 접근성을 용이하게 해 주식시장 호황과 이에 뒤이은 부동산 시장 호황을 촉진했다는 것이다. 잘 알려진 바와 같이, 미국과 다른 국가의 경제적 번영은 가계 부문의 가처분소득 대비 부채 비율이 상승했기에 가능했다. 다시 말해, 경제성장은 은행 부문의 적극적인 대출 장려로 말미암아 가계 부문이 점점 더 많은 빚을 지게 되는 '소비자 주도'consumer-led 성장이었다. 이는 다시 주가와 부동산 가격을 상승시켰고, 소비재와 서비스에 대한 가계 부문의 지출 증가로 이어졌다. 따라서 금융화는 성장 체제의 전환, 즉 실질임금 상승과 기업 투자 증가에 의지하는 성장 체제에서 소비지출 증가와 가계 총부채의 지속적인 증가에 의지하는 성장 체제로의 전환을 이끌었다. 여기서 가계 총부채의 증가는 주가와 부동산 가격 상승에 의해 용인됐다. 기업들은 임금노동자에게 적정 임금을 제공하고 대규모 유형자본에 투자하는 대신, 낮은 임금을 지불하고 소비재와 금융·부동산 자산을 매입하는 데 필요한 자금을 가계에 대출하고 있었다.

일부 포스트 케인스학파 경제학자들이 지적하듯이, 그런 성장 체제는 지속 가능하지 않다(Godley 1999b). 이는 가처분소득 대비 부채 비율이 계속 증가해야만 작동할 수 있다. 지난번 미국의 부동산 호황 국면에서와 같이, 특히 이자율이 상승할 때, 채무 상환 부담은 결국 경제에 악영향을 미친다. 그런데 미국과 영국 부동산 시장에서 과잉의 영향은 매우 크게 나타났다. 이런 비정상적 부동산 호황은 결국 서브프라임 금융 위기를 유발했으며, 현재 소비와 가계 부채 주도debt-led 성장 체제는 지속될 수 없음을 드러냈다. 이 책의 제3장 4절에서 명확히 밝힌 원리에 근거한 스톡-플로 일관 모형을 통해 입증된 주장은, 가계 부채에 의존한 성장 체제는 지속될 수 없다는 것이다(Godley and Lavoie 2007). 개인소득에 비해 모기지 혹은 소비자 대출의 빠른 증가는 경제에 단기적으로 긍정적인 영향을 미치지만, 장기적으로 부정적인 영향을 미친다. 단기에 달성한 성장률을 유지하기 위해 가계는 부채 부담을 지속적으로 증가시켜야 한다. 서브 프라임 위기로 말미암아 은행들이 대출을 꺼리고 많은 가계들이 부채를 상환하려고 했기 때문에, 모기지와 소비자 대출이 급속히 위축됐고 심지어 마이너스로 돌아섰다. 이 과정은 역진적으로 돌아간다. 아마 몇 년을 의미하는 단기에 있어서, 가계 차입의 감소는 경제를 둔화시키는 다른 요인의 부정적 영향을 증폭시킴으로써 경제활동에 매우 좋지 않은 결과를 초래할 것이다.

현실적 함의

대공황의 경우처럼, 서브 프라임 위기 탓에 아마도 좋지 않은 결과들이 많이 나타날 것이다. 앞서 논의한 바와 같이, 소득분배가 개선될 필요가 있으며, 임금노동자의 실질임금 상승은 다시 한 번 자본축적의 성장을 이끌 수 있다. 그러나 경기 불황의 시기에는 경제적힘이 다른 방향으로 작용하고 있으므로, 가까운 미래에 이런 상황이일어날 것 같지는 않다. 실업률이 증가하고 노동조합이 약화함에 따라, 기업들은 임금 상승을 승인하지 않으려고 한다. 또한 공공 부문의 대규모 적자는 공무원들의 임금 상승을 쉽게 거부할 명분이 된다.

다른 한편으로, 몇몇 회사 간부의 부당한 행위는 말할 것도 없고, 시대 흐름에 편승한 제너럴모터스GM 등 무능력한 일부 대기업과 은행가들이 만들어 낸 현재의 엉망진창인 상황은 CEO와 회사 간부들에 대한 보수가 터무니없이 높다는 사실을 백일하에 드러나게 했다. 일부 국가에서는 기업의 보수를 엄격하게 제한(예컨대 평균임금 대비 기업 경영층 연봉의 배율 제한)하고, 보수 패키지의 일부인 스톡옵션이나퇴직수당을 금지하려는 조짐이 있다. 이는 기업들이 큰 손실을 입고있을 때에도 엄청난 보너스의 승인을 남용해 왔기 때문이다. 또한 기업 간부들은 자신의 행동이 초래할 장기적 결과를 고려하지 않고 단기적 이익을 선택하면서 역효과를 유발했다.

생산성 추정치가 높기 때문에 회사 간부들이 수백만 달러에 달하는 급여를 보장받는다는, CEO와 아첨꾼들(이사회에 급여 패키지를 제안하는 연봉 설계 컨설턴트들)의 주장은 더는 타당하지 않다. 수조 달러가 넘는 손실을 안긴 이번 서브 프라임 위기에서 드러난 사실은, 은행의 고위 경영진은 적절하게 판단할 능력이 부족했거나 직원들에 의해 발전되고 매입된 금융 상품이 무엇인지 알지 못했다는 것이다. 또한 교육을 잘 받은 시민들을 뛰어넘을 만한 특출한 통찰력이나 능력을 고위 경영진이 지니고 있지 않다는 사실이 이번 서브 프라임 위기를 거치며 입증됐다. 다시 말해, CEO의 보수는 그들의 한계수입 생산에 의해 결정되지 않았으며, 이는 주류 경제학 교과서에서 주장하는 내용과 상반된다.

대부분의 은행가들은 그들 자신을 위해서라도 훨씬 더 주의 깊게 금융 부문을 규제할 필요가 있음을 분명히 깨달았다. 금융시장을 자기 조절auto-regulation 상태로 방치할 수는 없다. 은행들과 금융거래자들이 비은행 금융 부문으로 활동 반경을 넓힘으로써 어떤 규제를 회피할 수 있다면, 이는 전통적인 은행 업무에 부과된 규제와 비슷한 수준으로 비은행 금융기관들을 규제 대상에 포함할 필요가 있음을 의미한다. 대형 헤지 펀드의 실패는 국가 차원의 구제금융을 강요함으로써 전체 통화 시스템을 불안하게 할 수 있기 때문에, 헤지 펀드도 규제할 필요가 있다. 실제로 세계 최대의 헤지 펀드 업체였던 롱텀캐피탈매니지먼트Long-Term Capital Management(이하 LTCM)는 두 명의 노벨 경제학상 수상자들의 조언을 받아 설립[7]됐음에도 1998년에 대규모의 구제금융을 받아야 했다.[8]

이제 금융시장은 신뢰를 상당히 잃었다. 지난 30여 년 동안 대부분의 정부는 '금융시장'과 금융 전문 매체로부터 끊임없는 압력을 받으면서 친시장pro-market 정책을 지향해 왔다. 특히 각국 정부는 부채가 크게 늘어나거나 국제 신용 평가 기관의 경고에 주의를 기울이지 않을 경우 국채의 신용 등급이 하락할 수 있음을 우려했다. 나는 금융시장의 조언을 지금은 얼마간 무시하는 것이 더 적절하다고 믿는다. 현재 정부의 적자가 늘어나고 있는 것은 금융시장(은행가, 금융 자문가, 신용 평가사 등을 포함)의 무책임하고 어리석은 행동의 결과이다. 그들은 우리가 현재 직면하고 있는 비참한 상황을 만들어 냈다. 은행 CEO나 수석 경제학자들의 주장을 더는 신뢰할 수 없다. 정부의 도움으로, 안전 자산인 재무부 단기 채권을 통해 수십억 달러, 수십억 파운드, 수십억 유로를 수혈받지 않고서는 은행업이 운영될 수 없다는 사실을 모두가 알고 있다.

주류 경제학자들의 인식에 놀라운 변화가 일어났다. 대부분의 경제학자들은 전염병과 같은 정부 재정 적자를 피해야 한다고 주장해 왔다. 이들은 1998년 아시아 금융 위기에 연루된 국가들에게 확장적 재정정책의 사용을 금지했던 IMF의 기존 정책을 지지해 왔다. 그러나 지금 그들은 경기 불황과 침체를 타개하고자 경기 부양책의 장점을 외치고 있다. 표준적인 케인스학파 방안들은 갑작스럽게도 이제 구식dépassé이 아니게 됐다. 케인스학파의 처방들은 우려스러운 경제 하향 추세에 대한 적절한 대응이다.

IMF조차도 GDP의 2.5퍼센트 내에서 재정 적자 운영을 권고하고 있다. 미국과 서유럽 경제가 인플레이션 하락 혹은 가격 하락세를 보이면서 공황 직전에 이르렀을 때, IMF 경제학자들은 그들이 이전에 했던 주장, 즉 공공 부문의 적자가 민간투자를 구축crowding out하고, 미래의 조세 증가를 우려해 소비를 위축시키고, 이자율을 상승시킨다는 주장을 폐기했다. 현재 거의 모든 경제학자들은 재정 적자가 기업의 이윤에 긍정적인 영향을 미친다는 주장(이 책의 152쪽에서 논의한 내용)에 동의한다. 가계는 소비를 망설이고, 기업은 생산을 주저하고, 은행은 고객의 신용도를 의심하고 있다. 이런 상황에서, 국가는 경제의 유일한 안정제이다. 국가만이 유효수요를 유지시키고 증대할 수 있는 대항력으로서 행동할 수 있다. 신축적인 시장가격 메커니즘은 경제를 안정시키는 기능을 수행하지 못할 것이다. 그리고 현재 경기 불황을 낳은 주요 원인이 통화정책이 아닌 상황에서, 통화정책은 통화 시스템의 작동을 유지시키는 역할을 할 수 있을 뿐이다.

좀 더 넓은 시각에서, 이번 서브 프라임 위기를 계기로 주류 경제학의 영향력 확대와 TINA(시장에 기초한 문제 해결, 민영화, 규제 완화, 공공 재정 균형, 낮은 세율, 국제자본시장의 자유화를 넘어서는 대안은 없다)에 대한 맹목적인 믿음을 멈추게 해야 한다. 의심할 바 없이, 우리는 이 책에서 논의한 케인스주의로의 회귀를 목격하고 있으며, 이를 주시할 의무가 있다. 두 번째 케인스주의 혁명이 얼마나 확산되고 얼마나 깊게 뿌리내릴지는 앞으로 지켜봐야 한다. 아직까지도 많은 주류 경제학자들은 서브 프라임 위기가 정부 규제와 개입에서 비롯됐다는 인식을 고수하고 있다.

하나의 희소식은 13억 명 이상의 중국 국민들이 2007년 이후 진행되는 상황을 지켜보고 있다는 것이다. 이들 중에는 최근 중국 주식시장이 폭락해 큰 손실을 본 사람들도 있다. 이들이 산업화된 세계의 일부로 편입하면서 깨달은 사실은, 규제가 완화된 시장은 주류 이데올로기가 천명한 약속들을 거의 이행하지 못하며, 규제 없는 시장은 효율성 및 안정성과는 거리가 있다는 것이다. 이미 이들은 중국 경제가 신고전학파 경제학자들의 조언을 따르지 않으면서도 상당히 빠른 속도로 성장해 왔다는 사실을 주목할 기회가 있었다. 이에 더해, 서브 프라임 위기 또한 주류 경제학과 거리를 두게 했다. 따라서 앞으로 어떤 상황이 발생하든, 세계경제의 큰 부분을 차지하는 곳에서 비주류 경제학의 확산을 바랄 수 있게 됐다.

옮긴이 후기

2008년 글로벌 금융 위기 이후 소득분배와 관련한 논의가 국내외에서 활발히 진행되고 있다. 이는 2013년에 출간된 토마 피케티의 책『21세기 자본』*Capital in the Twenty-First Century*이 전 세계에서 선풍적으로 인기를 끌면서 증폭된 측면이 있다. 한편 국내에서는 2014년에 최경환 전 기획재정부 장관이 경제정책 방향으로 '소득 주도 성장'을 제시하면서 소득분배와 성장 간의 관계에 대한 논의가 크게 확대됐다. 그런데 유효수요 증대를 통한 경제성장이라는 기본 정책 방향에 타당성이 있음에도, 이를 위해 시행한 정부의 정책은 '소득 주도 성장론'이 내포하고 있는 내용과는 거리가 멀었다.

소득 주도 성장론은 이 책에서 다루고 있는 '임금 주도 성장론'을 사회적 소득분배 전반으로 확장한 이론이다. 포스트 케인스학파 경제학자들이 주장한 바와 같이(이 책의 제5장 참조), 임금 주도 성장론의 핵심은 노동자의 '실질' 임금 상승이며, 특히 최저임금 상승이 중요하다. 최저임금 상승이 노동자 임금의 하한선을 끌어올려 전체 임금 상승에 기여하고, 기업가(고소득층)에 비해 노동자(저소득층)의 소비성향이 크기에 친노동자적 소득분배는 유효수요를 증대시켜 경제성장을 이끈다. 여기서 주목해야 하는 것은, '명목'이 아닌 '실질' 임금 상승(임금 몫의 증가)이라는 점이다. 기업이 노동자의 임금 상승분을 모두 가격에 전가할 경우 경제에 미치는 영향이 미약하거나 '임금-가격 상승'의 악순환에 빠질 수 있다. 따라서 '임금 주도 성장'이 성공을 거두려면 노동조합법을 개선하고 단체협약 범위를 확대하는 등 친노동자 정책을 동시에 추진해야 한다.

나아가 가계 부문의 소비지출 증가를 통해 유효수요를 진작하려면 가계 소득의 증가뿐만 아니라 사회안전망의 확충이 필요하다. 사회보장제도가 약화될 경우 가계 부문은 미래 (소득 및 지출에 대한) 불확실성으로 말미암아 소비를 줄이고 저축을 늘리는 행동(과잉 저축)을 보이고, 이로 인해 경제성장이 둔화되는 결과를 초래할 수 있다. 이런 경향은 기대 수명이 길어지는 가운데 글로벌 금융 위기 이후 소득 증가 속도가 느려지고 고용 지위의 불안정성이 커진 상황에서 더욱 강화될 가능성이 높다.

이처럼 임금 주도 성장 혹은 소득 주도 성장을 위해서는 (최저)임금 상승, 친노동자 정책 강화, 사회보장제도 확대, 소득재분배 조세 정책 등을 동시에 추진할 필요가 있다. 그러나 현 정부가 소득 주도 성장이라는 명목 아래 시행한 정책은 오히려 그것과는 반대편에 서 있었다. 정부는 기업가(고소득층)에게 좀 더 유리한 소득 증대 정책(일례로 '배당소득 증대세제'는 금융자본가에게 우호적인 정책이다)을 추진하고, 노동시장 유연화, 규제 완화 등 소득 주도 성장에 역행하는 제도를 강화하는 데 주력했다. 그 결과 한국 경제는 경기 회복이 지연되고 소득 격차만 커지는 상황이 계속 이어지고 있다.

독자들은 이 책을 통해 주류 경제학과는 전혀 다른 현실적 미시 경제 이론 토대 위에서 '임금 주도 성장'(혹은 '소득 주도 성장')과 관련한 주요 개념과 명확한 이론적 근거를 찾을 수 있을 것이다. 이런 점에서 이 책의 한국어판이 좀 더 일찍 소개되었다면, 소득 주도 성장의 핵심 요소와 이를 위한 실제적 정책에 대한 이론적·실증적 논의가 좀 더 진지하게 이루어졌을지 모른다는 아쉬움이 남는다.

•

이 책의 저자인 마크 라부아 교수는 프랑스 파리1대학Université de Paris-1에서 박사 학위를 받은 뒤 1979년부터 캐나다 오타와 대학교University of Ottawa에서 교수로 재직하고 있다. 라부아 교수는 지난 35년간 40여 개 학술지에 130여 편의 논문을 발표하고 아홉 권의 저서를 출간한 저명한 포스트 케인스학파 경제학자이다.

라부아 교수의 연구 분야는 소비자 선택이론, 가격 결정 이론, 성장 이론, 화폐 이론, 스포츠 경제학, 환경 경제학 등 미시 경제 이론에서 거시 경제 이론에 이르기까지 실로 폭넓고 다양한 분야를 포괄한다. 그는 이런 풍부한 이론적 연구에 기초해 신고전학파 경제 이론을 비판하는 데 그치지 않고 현실적인 대안 이론을 제시하고자 노력하고 있다. 옮긴이가 라부아 교수에게서 박사 학위논문을 지도받는 동안, 그는 다소 파편화되어 있는 포스트 케인스학파 경제 이론을 일관된 체계로 통합하는 데 기여하고 싶다는 이야기를 자주 했다. 과거에도 앨프리드 아이크너 등 일부 포스트 케인스학파 경제학자들은 하나의 일관된 체계 내에 포스트 케인스학파의 미시 경제 이론과 거시 경제 이론을 통합하려는 시도를 해왔으나, 아직까지도 미완결적인 상태로 남아 있다. 현재 라부아 교수는 이 과업을 충실히 수행하고 있는 중이다.

이 책은 라부아 교수가 자신의 대표작인 『포스트 케인스학파 경제학: 새로운 토대』Post-Keynesian Economics: New Foundations에서 다루고 있는 핵심 내용을 포스트 케인스학파 경제 이론을 처음 접하는 사람들을 위해 쉽게 풀어쓴 것이다. 지난 10여 년간 국내에도 포스트 케인스학파 경제 이론에 관한 책과 논문이 다수 소개됐지만 주로 거시 경제 이론에 치우친 감이 없지 않다. 이런 한계를 조금이나마 해소하고 국내 독자들이 포스트 케인스학파 경제 이론을 더욱더 체계적으로 이해하는 데 도움을 주고자 이 책을 번역하게 됐다. 독자들은 이 책을 읽으면서 주류 경제 이론이 완전히 '거꾸로 서있다'는 사실을 확인하고, 이에 대한 대안 이론이 어떤 방향에서 세워져야 하는지를 고민하는 계기가 될 수 있을 것이다.

이 책을 읽는 데 방해가 될지 모른다는 우려에도 불구하고, 독자들의 이해를 돕기 위해 다소 많은 옮긴이 주를 달았다. 아울러 포스트 케인스학파 경제학을 좀 더 공부하려는 학생들, 그리고 이 학파의 경제 이론을 가르치려는 이들을 위해 '포스트 케인스학파 연구 그룹' Post Keynesian Study Group, PKSG에서 제시한 추천문헌 목록을 부록으로 넣었다.

●

이 책의 초벌 번역은 옮긴이가 라부아 교수에게 박사 학위논문을 지도받고 있던 2006년에 끝냈으나, 그동안 출판사를 찾지 못해 세상에 나오지 못했다. 그러던 중에 경성대학교 전용복 교수님의 추천으로 후마니타스와 인연이 닿았고 이제야 출간할 수 있게 됐다.

이 책의 분량은 얼마 되지 않지만 포스트 케인스학파 경제학의 입문서로는 거의 처음으로 국내에 소개되는 터라 많은 분들의 도움을 받았다. 일본어판을 참고해 초벌 번역을 꼼꼼히 수정하고 적절한 용어를 제안해 주신 포스코경영연구원의 조항 박사님께 먼저 감사드린다. 그리고 번역서 전체를 검토해 오류를 바로잡고 추천의 글을 써주신 고려대학교 박만섭 교수님('포스트 케인스학파 연구 그룹'의 추천문헌 목록의 추가를 제안해 주시기도 했다)과 한밭대학교 조복현 교수님께 진심으로 감사드린다. 그 밖에 박사 학위논문 마무리로 바쁜 와중에도 많은 조언을 해준 권기창 군과 애정 어린 격려를 해주신 여러 교수님들께도 고마움을 전한다.

후마니타스를 만나지 않았다면 아마도 이 번역서는 사장됐을지도 모른다. 후마니타스는 이 책의 가치를 인정해 출간에 기꺼이 동의해 주었다. 복잡한 저작권 업무를 무난히 처리해 주고 독자들이 좀 더 이해하기 쉽도록 표현이 거친 번역을 매끄럽게 다듬어 주신 안중철 편집장과 윤상훈 편집자를 비롯한 후마니타스 편집진 여러분께 진심으로 감사드린다. 물론 번역에 오류가 있다면 이는 전적으로 옮긴이의 책임이다.

이 번역서가 경제학을 공부하는 학생이나 경제학에 관심이 있는 사람들에게 다양한 경제 이론을 접할 수 있는 계기를 제공하고, 나아가 대안적 경제 이론을 세우기 위한 논의를 촉발하는 데 도움이 되길 바란다.

후주

한국어판 서문

1_ 1980년대 중반부터 글로벌 금융 위기가 본격화되기 전인 2006년까지 미국 등 주요국의 국내총생산GDP 변동성이 1970년대와 1980년대 초반에 비해 절반 수준으로 축소됐고 인플레이션 변동성도 3분의 1 수준으로 하락했다. 이 현상을 하버드 대학교의 제임스 스톡James Stock과 마크 왓슨Mark Watson 은 '대안정기'라 불렀다. 주류 경제학자들이 주장하는 대안정기를 비판적으로 검토하는 연구로는 존 퀴긴(John Quiggin 2010, 제1장)을 참조하라. 그러나 퀴긴은 대안정기라 불린 기간에 변동성이 실제로 축소 되었다고 보기는 어렵다고 주장한다. 즉 표준편차로 측정한 변동성이 낮아지기는 했으나 평균값 자 체가 낮아져서 평균값 대비 변동성은 오히려 더 높아졌다는 것이다. 그에 따르면 대안정기는 '리스 크 대이동'Great Risk Shift과 밀접한 관련이 있는데, 대안정기에 기업이나 정부가 만들어 낸 리스크가 금 융 혁신과 노동시장 유연성 등을 통해 노동자와 가계로 전가됐고, 이로 말미암아 경제 총량은 과거 보다 안정적으로 보였을지 모르지만 노동자와 가계는 지속적으로 증가하는 위험·변동성·불안정성 을 경험하고 있었다.

2_ 기업이 상품의 가격을 결정할 때 비용과 이윤을 회수할 수 있게 하려고 생산비용에 곱해지는 비율을 의미한다. 더 자세한 내용은 이 책 제2장의 4절 '가격 결정'을 참조하라.

서론

1_ TINA는 영국 보수당 총리였던 마거릿 대처Margaret Thatcher가 자주 사용한 슬로건으로, 2008년 클레어 버린스키Claire Berlinski가 쓴, 대처 총리의 전기 제목이기도 하다. 대처는 자본주의가 숱한 문제를 안고 있음에도 이를 대체할 대안은 없으며, 자유 시장, 자유무역, 글로벌화를 추구하는 것이 최선이자 유 일한 사회 발전 방안이라는 이데올로기를 설파했다. 그의 신자유주의neo-liberalism 정책을 흔히 대처리 즘Thatcherism이라 부르는데, 이는 1980년대 이후 신자유주의가 확산되는 시발점이 됐다.

2_ 정부의 시장 개입을 최소화하는 신자유주의 정책을 세계적 차원에서 확산시키는 전략을 의미한다. 미국의 경제학자 존 윌리엄슨John Williamson이 1989년 연구 보고서에서 남미를 비롯해 위기를 겪고 있 던 개발도상국에 대해 10대 경제정책 처방을 제시했는데, 워싱턴 D. C.에 소재한 IMF, 국제부흥개발 은행IBRD, 미국 재무부 등이 개발도상국의 경제개혁 프로그램 패키지에 윌리엄슨이 제시한 정책 처방

을 포함하면서, 이를 워싱턴 콘센서스라 통칭하기 시작했다. 워싱턴 콘센서스는 ① 균형재정 지향, ② 정부 보조금 삭감, ③ 세금 제도 개혁, ④ 금리 자유화, ⑤ 환율 경쟁력, ⑥ 무역자유화, ⑦ 외국인 직접투자 촉진, ⑧ 국영기업 민영화, ⑨ 규제 완화, ⑩ 소유권법 확립 등의 정책을 포괄한다.

3_ 갤브레이스는 대중에게 익숙해 '대중의 공감'을 이끌어 내는 사상이나 관념을 '통념'이라 불렀다. 그는 통념이 어느 정도 정통 학문과 동일시되면 거의 난공불락의 입지를 구축하고, 통념에 회의적인 사람들은 실격자로 낙인찍히기에 분별력 있는 학자라면 통념에서 이탈하지 않으려 한다고 역설했다. 그에 따르면, 균형예산에 대한 집착, 공공 지출 확대에 대한 거부감, 생산을 위한 생산에 대한 환상 등이 오랫동안 통념으로 받아들여져 왔으며, 그 이후 경제 환경이 급격하게 변화하면서 케인스의 도전을 받게 된 뒤 새로운 통념이 형성되기 시작했다.

4_ '안정과 성장에 관한 협약'The Stability and Growth Pact, SGP은 유럽통화동맹European Economic and Monetary Union, EMU하에서 EU 회원국 간의 재정정책을 조정하는 법적 기반을 제공하는 협약으로서, 회원국의 재정 정책을 EU 집행위원회와 이사회가 감독하고, 위반 국가를 제재할 수 있도록 명시하고 있다. 1997년 채택된 이 협약에 따라 회원국들은 한 해의 예산 적자가 GDP의 3퍼센트를 초과하지 않아야 하고 국가 채무를 GDP의 60퍼센트 이하로 유지해야 한다는 '마스트리히트 기준'을 준수하도록 강제됐다. 이 협약의 주요 목적은 단일 통화(유로화) 체제의 안정이었으나, 2008년 글로벌 금융 위기 이후 남유럽 국가에 부과된 가혹한 긴축 재정정책이 오히려 유로존의 위기를 부추겼다는 비판이 대두됐다.

5_ 1950~60년대 영국 케임브리지 대학교 중심의 교수들(로빈슨, 파시네티, 피에란젤로 가레냐니Pierangelo Ga-regnani)과 미국 케임브리지 지역에 소재한 매사추세츠 공과대학교 교수들(폴 새뮤얼슨Paul Samuelson, 로버트 머튼 솔로Robert Merton Solow) 간에 벌어진, '자본 개념(의미)'을 둘러싼 논쟁으로서 '케임브리지 자본 논쟁'이라고도 부른다. 신고전학파의 성장 이론은 총계 생산함수aggregate production function에 기초한다. 그런데 영국 케임브리지학파Cambridge school는 신고전학파의 총계 생산함수가 오직 하나의 상품을 생산하는 경우에는 성립할 수 있으나, 다수의 상품을 생산하는 경제에서는 성립할 수 없다고 비판한다. 이 중 대표적인 비판이 기술 재전환reswitching of techniques 문제와 자본 역전capital reversal 문제이다. 기술 재전환 문제는 "어떤 한 생산기술이 한 실질임금률 범위에서 가장 이윤성이 높은 기술로 선택되었다가 실질임금률이 상승하면서 다른 생산기술보다 이윤성이 낮아지지만, 실질임금률이 더 상승하면 다시 가장 이윤성 높은 기술로 선택되는 현상"(박만섭 2014)이 나타날 수 있다는 것이다. 자본 역전 문제는 이윤율과 자본집약도(자본 가치 대비 노동의 비율) 사이의 관계가 신고전학파의 주장과는 달리 양(+)의 관계로 나타날 수 있다는 것이다. 신고전학파는 이윤율이 높아질수록 자본집약도가 더 낮은 생산기술을 선택(자본에서 노동으로 대체)하게 되어 이윤율과 자본집약도 간에 음(-)의 관계(우하향하는 자본 수요곡선)가 성립한다고 주장하고 있으나, 자본 역전이 발생할 경우 이는 논리적인 타당성을 상실한다(이 책 제1장 주 40 참조). 이 두 현상은 신고전학파의 자본-노동 대체 관계와 상대가격 이론 체계를 부정하는 동시에, 근본적으로 신고전학파 이론의 기초인 희소성 개념을 뒤흔든다. 또한 우상향하는 자본 수요곡선(또는 노동 수요곡선)의 존재는 균형의 불안정성을 의미하고, 이 경우 경쟁은 상품 시장과 노동시장을 더욱 불안정하게 만들 수 있다. 자본 논쟁은 새뮤얼슨이 신고전학파의 이론적 오류를

인정하면서 영국 케임브리지학파의 승리로 일단락되었고, 한계주의에 기초한 분배 이론과 성장 이론의 토대는 흔들렸다. 그러나 자본 논쟁 이후에도 신고전학파 이론은 현실을 설명할 능력이 있다는 '믿음'으로 말미암아, 근본적 오류를 해소하지 못한 채 계속해서 경제모형에 적용되고 있다. 자본 논쟁과 관련한 좀 더 상세한 내용은 Harcourt(1972), 박만섭(2012, 제9장: 2014)을 참조하라.

6_ 〈Heterodox Economics Directory〉(http://heterodoxnews.com/hed/)에서 관련 정보를 확인할 수 있다.

7_ 19세기 영국 역사학자 토머스 칼라일Thomas Carlyle이 토머스 맬서스Thomas Malthus의 『인구론』*An Essay on Principle of Population*(1798)을 읽은 뒤 경제학을 '음울한 과학'이라고 지칭한 데서 유래했다.

제1장_ 비주류 포스트 케인스학파

1_ 비주류 경제학파를 소개한 국내 문헌은 박만섭(2012)을 참조하라.

2_ 로빈슨은 1969년 이 책의 개정판 서문을 통해, 초판에서 신고전학파 주류와 충분히 결별하지 못한 스스로를 비판했다. 그녀는 이 책의 가장 취약한 부분이 경제학계에 큰 영향을 미친 반면, 이 책에서 제기하는 핵심적인 부분은 거의 주목받지 못한 채 사장되고 있다는 사실에 유감을 표명했다.

3_ 스라파는 이 책의 부제를 "경제 이론에 대한 비판의 서막"Prelude to a Critique of Economic Theory이라고 이름 붙였다.

4_ 포스트 케인스학파 이론의 최근 발전까지 정리한 확대 증보판이 2014년도에 발간됐다(Lavoie 2014).

5_ Friedman(1953, 3-43)을 참조하라.

6_ 모든 사람들이 저축을 증가시키면 유효수요가 감소하고 성장이 둔화되어 오히려 총저축이 감소하는 결과를 초래한다는 것을 의미한다. 더 자세한 설명은 이 책의 제5장을 참조하라.

7_ 아리스토텔레스의 『형이상학』에 나오는 구절이다.

8_ 초기 상태에 미세한 변화가 발생할 때, 시스템이 선형성인 경우에는 결과에 큰 영향을 미치지 못하는 반면, 비선형성인 경우에는 매우 다른 결과를 초래할 수 있다. 신고전학파의 경제 이론은 본질적으로 선형성에 기초한다.

9_ 1961년 기상학자인 에드워드 로렌츠Edward Lorenz가 발견한 것으로, 불규칙하고 혼란스러워 보이는 현상에도 법칙성이 존재한다는 개념이다. '기묘한'이라는 수식어가 붙은 이유는 당시까지 알려진 규칙적인 끌개(예컨대 시계추 운동)와는 달리, 초깃값에 대해 매우 예민하게 변한 데서 생겨나는 불안정성을 내포하기 때문이다. 대류 현상처럼 삼차원 공간상에서 그려지는 기묘한 끌개는 결코 두 번 다시 같은 궤도를 돌지 않지만 한정된 공간 내를 무한히 돌게 된다. 따라서 아주 미묘한 초깃값의 차이가 계속적인 반복과정을 거치면서 증폭되어 전혀 다른 결과를 낳기 때문에('나비효과'), 미래를 예측할 수 없게 된다.

10_ 경제적 합리성에 대한 사이먼의 비판으로는 사이먼[사이먼](1987, 제2장)을 참조하라.

11_ 어떤 결정을 내리거나 어떤 가치를 계산할 때, 엄밀한 정확성에 기초하지 않고 경험에 근거해 대략적으로 적용하는 원리를 의미한다.

12_ 주류 경제학에서 기회비용은 하나의 재화를 선택했을 때, 그로 말미암아 포기한 다른 재화의 가치를 의미한다.

13_ 재정 거래는 어떤 상품의 가격이 시장에 따라 다를 경우 가격이 싼 시장에서 그 상품을 매입해 가격이 비싼 시장에 판매함으로써 매매 차익을 얻는 거래 행위이다. 재정 거래로 말미암아 개별 상품이 모든 시장에서 하나의 가격으로 수렴해 '일물일가의 법칙'law of one price이 성립하게 된다.

14_ 경제 내에서 주어진 생산요소와 생산기술을 사용해 생산할 수 있는 최대한의 산출물 조합을 나타내는 곡선이다.

15_ 주류 경제학자인 맨큐는 베스트셀러 교과서인 『경제학 원리』Principles of Economics에서 "공짜 점심은 없다."는 명제가 '경제학 원리' 중 하나라고 주장한다. 이 말은 거의 모든 경제활동에는 기회비용이 존재한다는 것, 즉 원하는 것을 하나 취하면 그 밖에 다른 원하는 것을 포기해야 한다는 의미이다.

16_ 어떤 경제주체의 경제활동이 다른 사람에게 의도하지 않은 경제적 이익이나 손실을 가져다주는 것을 의미한다. 다른 사람에게 경제적 이익을 주는 것(예컨대 양봉업자와 과수원 농부 간의 상호 혜택)을 양의 외부성positive externality이라 하고, 다른 사람에게 경제적 손실을 끼치는 것(예컨대 환경오염자에 의한 손실)을 음의 외부성negative externality이라 한다. 외부경제가 존재하는 경우 재화나 서비스가 과소 공급(양의 외부성이 있는 경우)되거나 과잉 공급(음의 외부성이 있는 경우)되어 비효율적인 자원 배분의 문제가 발생한다.

17_ 미국 대기업이었던 엔론과 월드컴은 분식 회계를 통해 수익을 조작해 주주들에게 막대한 피해를 입혔고 주식시장의 폭락까지 초래했다. 엔론은 2001년, 월드컴은 2002년에 파산했다.

18_ 마르크스는 독점은 경쟁이 낳은 결과이고, 경쟁적 투쟁을 통해서만 유지될 수 있다고 역설한다.

19_ '가계의 서로 다른 시점 간 소비 결정'은 저축의 의미를 내포한다. 포스트 케인스학파는 저축이 투자를 결정하는 것이 아니라 투자가 저축을 결정한다고 본다. 더 자세한 내용은 이 책의 제3장을 참조하라.

20_ 실업률과 인플레이션(혹은 임금 상승률) 사이의 관계를 나타내는 곡선이다. 주류 경제학에서 필립스 곡선은 '단기적으로' 우하향하는 곡선(실업률과 인플레이션 간의 상충 관계)으로 표현된다.

21_ 한 경제의 장기 총산출량(자연 산출량)과 결부된 실업률(유일한 장기 균형 실업률)이다.

22_ 인플레이션을 가속화하지 않는 실업률 수준이다. NAIRU보다 실업률이 낮으면 인플레이션이 높아지고 NAIRU보다 실업률이 높으면 인플레이션이 낮아지며, 궁극적으로 경제는 NAIRU 수준으로 수렴하는 경향이 있다고 주류 경제학자들은 믿는다. 일반적으로 이는 두 가지 효과에 의해 설명된다. 첫째, 실업률이 낮은[높은] 상황은 경기가 좋다[나쁘다]는 의미이고, 이는 수요의 증가[감소]를 초래해 인플레이션의 상승[하락] 압력이 커진다. 둘째, 실업률이 낮아[높아]지면서 기업들은 노동자를 고용하기가 점차 어려워[쉬워]지고, 이에 따라 임금과 생산비용이 상승[하락]해 인플레이션의 상승[하락]

압력이 커지게 된다. 그러나 현실에서 '유일한' 균형 실업률인 NAIRU가 관찰되지 않는다는 비판이 제기되자, 일부 주류 경제학자들은 '시간 변화time-varying NAIRU'라는 개념을 제안한다. 하지만 이 경우에도, 실제 실업률이 NAIRU로 수렴하는지, 아니면 NAIRU가 실제 실업률을 따라가는지를 판별하기 어려운 문제에 직면한다.

23_ 이 책에서 경제 변수 앞에 붙는 'actual'은 '실제'로, 'real'은 '실질'로 옮겼다.

24_ 이런 방식의 분석을 비교 정태분석comparative-static analysis이라고 부른다.

25_ 이는 논리적 시간이 다차원적이지 않고 시작과 끝이 동일한 하나의 점point으로 나타난다는 것을 의미한다. 즉 논리적 시간은 가역적reversible 개념에 기초한다.

26_ 경제적 충격이 발생했을 때, 그 효과가 사라지지 않고 중장기적으로 경제에 영향을 미치는 현상을 의미한다. 예를 들어, 경기 침체기에 일정 기간 이상 실직 상태인 노동자는 보유 기술 상실 등으로 말미암아 경기회복기에도 재취업하기가 어려워 장기간 실업자로 남을 가능성이 있다. 이처럼 노동 시장에서 이력현상이 장기에 걸쳐 나타나는 경우(즉 현재의 실업률이 장기 실업률에 영향을 미치는 경우), 신고전학파의 자연 실업률 가설은 성립하기 어렵다.

27_ 어떤 일정한 경로에 의존(제도, 행동 패턴 등)하기 시작하면 나중에 그 경로가 설사 비효율적이라도 여전히 그 경로를 벗어나지 못하는 경향성을 의미한다. 이처럼 과거와 현재의 경로가 미래의 경제 상태에 영향을 미치는 경우에는 복수의 균형 상태가 존재한다.

28_ 19세기에 도입된 'QWERTY'는 라틴어 기반의 알파벳을 갖는 타자기나 컴퓨터에 일반적으로 채용되는 자판 배열이고, 'AZERTY'는 유럽형 자판에 사용되는 배열이다. 각각의 명칭은 자판기 맨 윗줄에 있는 첫 여섯 개 글자에서 유래한다. 고안될 당시, 이 자판 배열은 종이 위에 리본을 치는 타자기의 활자가 서로 엉키지 않고 가장 빠른 속도로 타자를 치도록 고안된 방식이었다. 그러나 컴퓨터가 보편화된 지금은 둘 다 효율적인 자판 배열이 아니다. 그럼에도 이들이 계속 사용되는 것은 소비자나 생산자가 비합리적으로 행동해서가 아니라 오히려 합리적으로 행동하기 때문이다. 즉 컴퓨터 사용자는 컴퓨터 생산자가 계속해서 이 자판기들만 공급한다는 사실을 합리적으로 기대하고, 컴퓨터 생산자는 컴퓨터 소비자가 계속해서 이 자판기만을 사용하고 배운다는 사실을 합리적으로 기대하기 때문이다. 이 경우, 논리적 시간에서 소비자와 생산자는 비합리적이지만, 역사적 시간에서 소비자와 생산자는 합리적이다. 그러므로 설령 합리적 기대를 가정하더라도 (역사적 시간 속의) 현실에서는 최선이 아닌 차선의 균형으로 고착화되는 경향이 나타날지도 모른다는 사실을, 이 단순한 예를 통해 확인할 수 있다. 'QWERTY' 경제에 관해서는 David(1985, 332-337)를 참조하라.

29_ 어떤 상품의 가격 변화에 따른 상대가격 변화가 각 상품의 수요에 영향을 미치는 효과이다. 한 상품의 가격이 상승하면 소비자는 이를 다른 상품으로 대체하려 한다는 것이다.

30_ 실질소득(구매력)의 변화가 상품의 수요에 영향을 미치는 효과이다.

31_ 기업의 투자량이 증가함에 따라 (한계)위험이 증가한다는 원리이다. 투자 규모가 커질수록, 사업이 어려워지는 경우 기업의 자산 가치가 하락할 위험이 높아지고 고정자산의 비유동성illiquidity 위험이 증가하기 때문이다. 이렇게 위험이 증가하면 자금 차입에 따른 높은 이자율을 감당해야 하고, 그 결

과 위험은 더욱 커진다. 이와 관련한 내용은 제3장을 참조하라.

32_ 유동성은 어떤 자산이 자본손실 없이 즉시 현금으로 전환될 수 있는 용이성으로 정의되며, 유동성 선호는 유동화가 용이한 형태로 자산을 보유하려는 욕구를 의미한다. 은행의 유동성선호는 은행 대출을 얼마나 확대하려는지와 관계가 있다. 유동성선호가 높은 은행은 대출의 증가 혹은 신규 고객 유치를 꺼리는 경향이 있다. 자세한 내용은 제3장을 참조하라.

33_ 폴 데이비드슨Paul Davidson에 따르면, 신고전학파 이론은 에르고딕 가설ergodic hypothesis에 기초하고 있다. 에르고딕 가설은 "주어진 하나의 입자는 상태 공간에서 같은 에너지를 갖는 곡면의 모든 부분을 골고루 돌아다닌다."는 물리·천체 이론이다. 주류 경제학자인 새뮤얼슨은 경제학을 역사의 영역에서 과학의 영역으로 끌어들이기 위해 물리학의 에르고딕 가설을 받아들여야 한다고 주장한 바 있다. 신고전학파 이론에서 에르고딕 가설이 갖는 의미는 다음 인용문에 잘 설명되어 있다. "공리axiom는 증명할 필요가 없는 보편적 진리로서 정의된다. 고전적 에르고딕 공리는 과거와 현재의 시장 데이터로부터 계산된 확률이 미래에 대한 믿을 만한 통계적 지식을 제공한다고 주장하도록 경제학자들을 이끈다. 즉 미래는 단지 확률적으로 위험할 뿐 불확실하지는 않다. 경제가 에르고딕 확률적 과정을 따른다는 가정은 경제의 미래 경로가 이미 결정되어 있으며 현재의 인간 행동에 의해 변할 수 없다는 것을 의미한다"(Davidson 2009, 324-340).

34_ 인본주의 경제학Humanistic economics은 그 역사가 오래됐으나, 에른스트 슈마허Ernst Schumacher의 『작은 것이 아름답다』Small Is Beautiful: Economics as if People Mattered가 출판되면서 주목을 끌었다. 인본주의 경제학은 인본주의 심리학Humanistic psychology, 도덕철학, 정치학, 사회학 등 다양한 학문 분야의 주요 요소들을 수용하고 있다. 인본주의 경제학은 인간을 과도하게 추상화한 신고전학파의 경제 이론(원자론적 경제인)을 비판하고 인간 본성에 대한 더욱 풍부한 관점(전체론적 인간상)에 기초해 경제 원리, 정책, 제도 등을 제시하고자 한다. 특히 인간의 기본적 필요, 인간의 권리, 인간의 존엄성, 공동체, 협동, 경제민주화, 경제의 지속 가능성 등이 인본주의 경제학의 근간을 이룬다. 인본주의 경제학의 대표적인 소비자 이론은 에이브러햄 매슬로Abraham Maslow의 인본주의 심리학을 적용한 니콜라스 제오르제스쿠-로에겐Nicholas Georgescu-Roegen의 환원 불가능성 원리이다. 이와 관련해서는 제2장을 참조하라.

35_ 제도경제학institutional economics은 19세기 말부터 20세기에 걸쳐 미국에서 발전한 학파로, 경제 현상을 역사적으로 발전·진화하는 사회제도의 일환으로 파악한다. 베블런, 존 코먼스John Commons, 웨슬리 미첼Wesley Mitchell, 존 모리스 클라크John Maurice Clark 등이 이 학파에 속한다. 제도경제학파는 19세기 중반에 탄생한 독일의 역사학파historical school로부터 큰 영향을 받았다. 역사학파는 영국의 고전학파가 개인의 이기심과 경제적 합리주의에 기초해 행동하는 경제인homo economicus이라는 개념을 토대로 경제 이론을 전개하는 것을 비판하고, 역사 속에서 경제 제도가 어떻게 변해 왔는지를 연구함으로써 경제발전의 법칙을 추출할 수 있다는 주장을 폈다. 이를 수용한 제도경제학파는 자본주의경제가 가격기구에 의해서만 작동하는 것은 아니며 법률·관습·규범·규칙 등 다양한 제도에 의해 영향을 받거나 심지어 규정되므로, 경제 분석에는 제도 연구가 필수적이라는 입장을 견지한다. 또한 제도경제학파는 역사적으로 누적적 진화 과정을 거치며 변화하는 유기적 존재로서 한 사회의 경제를 인식한다

는 점에서, 신고전학파의 물리학적 접근 방법보다는 생물학적 접근 방법에 가깝다. 제도경제학파를 다룬 더 자세한 설명은 장하준(2012)을 참조하라.

36_ 조절학파는 1970년대 프랑스에서 발전한 학파로서 신고전학파의 자동적 조절 기제로서의 시장경제에 대한 비판과 마르크스주의의 구조주의적 접근에 대한 비판에서 출발했다. 조절학파는 시간, 공간, 역사성, 제도, 상호 작용 등이 제거된 진공상태의 시장분석을 비판하고, 제한된 합리성(상황 의존적 합리성)을 지닌 경제주체들의 의사 결정은 '균형'이 아닌 '조절 양식'을 통해 전체적인 일관성을 갖는다고 주장한다. 조절 양식이란, 국가 내의 '사회적 응집'social cohesion과 양립 가능한 한계 내에서, 자본축적이 야기한 왜곡을 억제하는 '매개mediation의 총체'(사회적 제도 등)이다. 이런 조절 양식을 통해, 모순과 불균형이 내재해 있는 자본주의의 축적 과정이 일정 기간 동안 거시 경제적 규칙성을 획득하고 안정적으로 진행되는 것이다. 또한 구조적·제도적 형태인 '사회적 매개' 덕분에 자본축적 과정이 노동자의 삶의 조건을 개선시키고 기술 진보가 사회적 진보로 전환될 수 있는 가능성을 내포할 수 있다. 여기서 조절 양식은 특정 시기와 특정 공간(국가)에서 다르게 나타나기 때문에 다양한 경제 시스템이 공존할 수 있게 된다. 한편 조절 이론의 창시자인 미셸 아글리에타Michel Aglietta는 2008년 글로벌 금융 위기는 1980년대 이후 신용팽창과 부채에 의존하는 성장 체제로 이행했기 때문에 발생했다고 본다. 그에 따르면, 제2차 세계대전 이후 자본주의 체제는 임금의 단체교섭과 사회보장 등 제도화된 타협을 특징으로 하는 '포디즘'Fordism 조절 방식을 통해 강력한 성장 체제를 구축했으나, 1970년 위기를 거치면서 고금리 신용이 새로운 형태의 자본주의 조절 방식으로 형성됐다. 생산력 상승분(기술 발전)을 노동과 자본이 함께 나누던 포디즘의 원리가 파괴되고 주주의 이익을 극대화하는 체제로 이행했다는 것이다. 주주 가치 극대화 원리하에서 주주들은 기업이 장기적으로 실현할 수 있는 자본이익률보다 높은 수준의 단기적 수익성을 요구하고, 이는 노동자의 실질임금이 생산성 증가를 따라가지 못하고 정체되거나 하락하는 것으로 나타났다. 결국 주주 가치 극대화로 말미암은 소득분배 불평등은 기업과 가계의 부채를 증가시키는 결과를 초래했고, 신용의 수요-공급 간 상승 작용으로 인한 신용팽창은 자산 거품을 확대시켰다. 신용이 지속적으로 팽창하는 과정에서 금리가 금융시장의 수요와 공급을 조절하는 역할을 하지 못함으로써 글로벌 금융 위기가 발생했다는 것이다. 조절학파를 다룬 더 자세한 설명은 서환주(2012)를 참조하라.

37_ 콩벵시옹학파는 1989년 프랑스 학술지인 『경제학 리뷰』Revue économique 의 '콩벵시옹 경제학'L'économie des conventions에 관한 특별호에 소개되면서 하나의 조류로 형성됐다. 이 학파에 따르면, 관습convention은 불확실성이 존재하는 상황에서 경제주체들의 의사 결정을 조정하는 중요한 역할을 담당한다. 근본적 불확실성을 내포한 경제 상황에 직면했을 때, 개별 경제주체들은 자신이 알고 있는 확률 분포 지식만으로는 경제적 의사 결정을 내리기 어렵다. 이에 대응하는 방안 중 하나는 동일한 경제 공간에서 상호 작용하는 개인들이 공유하고 있는 공통 지식을 자신의 지식에 편입하는 것이다. 관습은 상호 작용의 사회적 결과인 상식을 통합하는 제도 혹은 규칙이며, 정기적으로 발생하는 조정 문제의 해결책이다. 이해 집단들 간 상호 작용의 결과(사회적 과정)로 형성된 관습이 경제적 의사 결정을 지배하는 중요한 요소로 작용하므로, 개별 경제주체의 합리성이란 다른 사람들과의 관계를 고려

한 상황 의존적 합리성이라 할 수 있다. 콩벵시옹학파를 다룬 더 자세한 설명은 Latsis(2006), de Melo Modenesi et al.(2013)을 참조하라.

38_ 미국의 저널리스트이자 경제학자인 로버트 쿠트너Robert Kuttner는 『비즈니스위크』Business Week(1990/ 11/12)에 "경제학 노벨상을 이끄는 보이는 손"The Visible Hand Guiding The Nobel Prize in Economics이라는 글을 기고했다. 여기서, 노벨상 선정 위원회가 로빈슨·칼도·해로드 등 저명한 포스트 케인스학파 경제학 자들을 무시했다고 한탄했다. 특히 전기 작가인 마저리 터너Marjorie Turner는 직설적인 좌파 케인스학 파 경제학자인 로빈슨에게 적이 많아서 노벨 경제학상을 받지 못했다고 주장하고 있으며, 이와 더불 어 경제학계에서 여성의 지위가 낮은 현실과 무관하지 않다고 지적하는 경제학자들도 많다.

39_ 하나의 생산공정에서 복수의 상품이 생산되는 형태를 말한다. 결합생산 체계는 고정자본의 문제(예 컨대 고정자본 감가상각비의 결정)를 분석하는 데 효과적이다. 또한 결합생산 체계에서는 어떤 상품을 생 산하는 과정에서 발생하는 공해를 결합 상품으로 취급해 분석할 수 있기 때문에, 경제적 측면에서 환경문제를 분석할 때도 유용하게 활용할 수 있다.

40_ 신고전학파에서 이윤율·임금·지대 등 분배 변수들은 동일한 방식으로 결정되는데, 이 분배 변수들 에 대응하는 생산요소인 자본·노동·토지에 대해 우하향하는 수요곡선과 수직으로 주어진 공급곡선 이 만나는 점에서 분배가 결정된다. 여기서 수요곡선은 각 생산요소의 투입량에 대한 한계 생산을 나타내기 때문에, 신고전학파 이론에서는 '생산에 기여한 만큼' 생산요소 공급자에게 분배가 이루어 진다. 따라서 시장의 가격 메커니즘이 제대로 작동한다면, 실현된 분배는 정당한 결과이기에 그 자 체는 문제가 될 수 없다. 그 반면 스라파학파는 이윤율·임금·지대가 각기 다른 방식에 따라 결정된 다고 본다. 지대는 토지의 비옥도 차이(외연 지대 : 농산물의 생산이 증가함에 따라 이전에 비옥도가 낮아 사용 되지 않던 토지를 사용하게 되고, 이에 따라 비옥도가 높은 토지에 대해 발생하는 지대)와 생산기술의 차이(내연 지대 : 농산물의 생산이 증가하면서 이전에 생산성이 낮아 사용되지 않던 생산방법을 사용하게 되고, 이에 따라 생산 성이 높은 생산방법을 사용하는 생산자에게 발생하는 지대)에 의해 발생한다. 임금률은 노동 공급자와 노동 사용자 사이의 협상력, 사회적·문화적 요소를 고려한 생계 수준, 산업예비군의 규모 등 그 시대의 사 회적 상황에 따라 결정된다. 한편, 이윤율은 어떤 시기에 생산방법(요소 투입량), 임금률, 사회적 총생 산물의 수준과 구성이 주어지면 결정된다. 스라파학파는 신고전학파 이론의 치명적 오류들을 이론 적으로 증명했는데, 그중 하나가 자본집약도(1인당 자본량)와 이윤율의 관계이다(서론의 주 5 참조). 신고전 학파의 분배 이론이 성립하기 위해서는 자본의 수요함수(비용 극소화 생산기술의 자본집약도와 이윤율 사 이의 함수관계)가 우하향하는 곡선으로 나타나야 하지만, 스라파학파는 우상향하는 곡선으로 나타날 수 있음을 밝혔다. 이처럼 우상향하는 자본의 수요함수는 균형점이 불안정(균형점에서 이탈할 경우 이윤 율은 영으로 수렴하거나 무한대가 된다)하다는 것을 의미하고, 따라서 신고전학파의 분배 이론은 성립하 기 어려워진다. 더 자세한 내용은 박만섭(2012, 제9장)을 참조하라.

41_ 중범위 경제학은 전통적인 미시 경제학(가격 신호, 수요와 공급곡선 등)과 거시 경제학(총생산·실업률·인 플레이션 등)에서 고려하고 있지 않은 중간 영역의 구조에 초점을 두고 있으며, 유쾅 응(Yew-Kwang Ng 1986)과 스테판 만(Stefan Mann 2011)은 이를 위해 다른 측정 기법과 수리적 공식화 연구를 제안한다.

42_ 포스트 왈라스학파의 경제모형은 새고전학파의 합리적 기대(이용 가능한 모든 정보를 활용해 기대를 형성)에 기초하고 있음에도, 새고전학파의 이론적 결과(예컨대 장기에서뿐만 아니라 단기에서도 경제가 유일한 자연실업률 상태에 존재할 수 있음)와 상반된 결론(복잡한 카오스 동학)에 도달하기 때문에 합리적 기대의 '합리성'은 현실적 의미를 상실하고 미래 상태의 예측(혹은 계산) 가능성에 의문을 던진다.

제2장 _ 비주류 미시 경제학

1_ 소비자에게 동일한 효용(만족)을 주는 상품의 조합들을 연결한 곡선이다.

2_ 신고전학파의 미시 경제 이론에서 평균비용곡선·평균가변비용곡선·한계비용곡선은 모두 U자형으로 나타난다. 평균비용은 총비용(고정비용 + 가변비용)을 산출량으로 나누는 것이고, 평균가변비용은 가변요소(노동·원료·원재료 등) 비용을 총산출량으로 나누는 것이며, 한계비용은 산출량 1단위를 변화시킬 때 발생하는 추가 비용이다. 이 비용곡선들이 U자형으로 나타나는 것은 신고전학파의 비용 함수(혹은 생산함수)의 특성, 즉 수익체감의 원리와 연관된다. 그 반면 포스트 케인스학파의 평균비용곡선(혹은 단위비용곡선)은 완전 가동률까지 우하향하는 모양을 나타내고, 평균가변비용곡선과 한계비용곡선은 완전 가동률까지 거의 직선인 모양으로 나타난다. 더 자세한 내용은 이 장의 3절을 참조하라.

3_ 동일한 수준의 산출량을 효율적으로 생산해 낼 수 있는 생산요소(자본·노동)의 조합들을 연결한 곡선이다. 신고전학파의 등량 곡선은 자본과 노동을 두 개의 축으로 했을 때 원점에 대해 볼록한 형태를 취한다. 이는 한계 기술 대체율marginal rate of technical substitution이 체감한다고 가정하기 때문이다. 한계 기술 대체율은 동일한 생산수준을 유지하기 위한 노동량과 자본량 사이의 대체 관계를 나타내며, 노동량 1단위를 계속해서 추가[포기]할 때 포기되는 자본량이 계속해서 감소[증가]한다는 것이다. 이 역시 노동과 자본에 대한 수익체감의 원리가 작용한 결과이다.

4_ 어떤 대안을 구성하는 요인 중 일부가 소비자의 기준을 충족하지 못하면, 충족하는 다른 요인이 아무리 많더라도 그 대안을 고려 대상에서 제외하는 방식이다. 예를 들어, 소비자가 스마트폰을 구입할 때 장착된 카메라의 화소(화질)가 일정 수준을 넘어서지 못하면 디자인이 아무리 좋더라도 선택 대상에서 제외하는 경우이다.

5_ 어떤 재화의 소비를 아무리 증가시켜도 한계효용은 마이너스 값을 갖지 않는다는 것이다.

6_ 한 재화의 가격 변화에 따른 수요의 변화 정도를 나타낸다.

7_ 다른 재화의 가격 변화에 따른 한 재화의 수요 변화 정도를 나타낸다. 교차 가격탄력성은 대체재의 경우 양의 값, 보완재의 경우 음의 값을 갖는다.

8_ 사전에 'ㄱ'으로 시작하는 단어들이 모두 실리고 나서 'ㄴ', 'ㄷ', 'ㄹ'로 시작하는 단어들이 순차적으로 배열되듯이, 소비자들은 우선순위가 높은 필요를 충족하고 난 뒤에 그다음 우선순위의 필요를 순차적으로 충족하는 방식으로 예산을 할당한다는 의미이다.

9_ 필요의 층위는 행렬로 나타낼 수 있고, 각 층위의 하위 그룹은 하위 행렬들sub-matrices로 나타낼 수 있

다. 이처럼 하나의 필요가 행렬의 형태로 나타나고 효용이 어떤 필요의 충족을 표현하는 것이라면, 효용은 계층성을 갖는 행렬(벡터)로 나타나야 한다.

10_ 아르키메데스 정리에 따르면, 어떤 주어진 두 양 A와 B에 대해 'A < B'라 할 때, 'mA > B'가 되는 정수 m이 항상 존재한다. 신고전학파 경제학에 적용한다면, 서로 다른 두 가지 필요에 위계가 정해져 있다 하더라도 하위에 속하는 필요의 양을 적절히 늘리면 그 필요들 간의 위계를 바꿀 수 있다. 즉 필요들 간에 대체가 가능하다는 것이다.

11_ 어떤 재화의 가격이 상승[하락]할 때 다른 재화의 수요가 증가[감소]하는 경우 두 재화는 조대체재 관계에 있다고 말한다. 여기서 두 재화 간 조대체성은 대체효과뿐만 아니라 (상대)가격 변화에 따른 소득효과를 모두 포괄한다는 의미에서 'gross'라는 표현을 사용한다. 즉 다른 조건이 동일할 때 어떤 재화의 가격 상승[하락]은 주어진 소득 수준에서 가계의 구매력을 감소[증가]시키기 때문에 실제 소득이 감소[증가]하는 것과 유사한 효과가 발생하는데, 조대체성은 이런 소득효과를 포함한다. 만약 소득효과를 제거한 뒤에도 가격 변화에 따른 대체효과가 존재한다면, 두 재화는 순대체재net substitutes 관계에 있다고 말한다.

12_ 제품이나 서비스의 가격이 상승함에도 일부 계층의 과시욕이나 허영심 때문에 수요를 줄이지 않거나 오히려 증가시키는 행위를 의미한다. '베블런 효과'라고도 한다.

13_ 비시장재non-market goods and services에 대한 가상적인 시나리오를 응답자에게 제공하고 이에 대한 금전적인 지불 의사액bid을 설문해 비시장재의 경제적 가치를 추정하는 방법이다.

14_ 자원 배분의 판단 기준을 정립하고 다양한 자원 배분 상태에서 사회 구성원들의 전반적인 효용 수준을 상호 비교하는 이론이다. 신고전학파 후생경제 이론은 교환의 최적성(파레토최적)에 기초하고 있는데, 이는 개인들 간에 재화를 배분할 때 한 사람의 후생을 감소시키지 않고서는 어느 누구의 후생도 증대시킬 수 없도록 배분해야 한다는 것이다. 파레토최적 상태Pareto optimal state는 모든 개인의 한계대체율(어떤 재화 1단위를 증가시킬 때 동일한 효용을 유지하기 위해 감소시켜야 하는 다른 재화의 수량)이 같아지는 상태이다. 만약 각 개인의 효용 함수(혹은 만족도)가 사전 편찬식이라면, 한계대체율은 무한대이거나 영에 가까워지고, 사회적으로 어떤 분배를 선택하더라도 파레토최적 상태가 되므로 그 의미를 상실한다.

15_ 신고전학파의 효용 함수를 가정해, 〈그림 2-1〉에서 점 B와 점 C가 동일한 효용 곡선(원점을 향해 볼록한 무차별곡선)상에 있다고 하자. 점 C에서 소득 y^*를 유지한 채 산림 면적을 f_0에서 f_d로 줄이면 개인의 효용은 감소($C > D$)한다. 이때 점 D에서 소득을 y^*에서 y_a로 증가시키면 개인은 초기 효용을 유지($B = C$)할 수 있다. 따라서 신고전학파 이론에 따르면, 산림 면적의 감소($f_0 - f_d$)가 소득 증가($y_a - y^*$)에 의해 보상이 가능하다.

16_ 확장 경계선은 기업이 달성할 수 있는 최대 이윤율을 나타내기 때문에, 이 곡선 아래에서 이윤율이 실현된다.

17_ 금융 경계선은 기업이 달성해야 하는 최소 이윤율을 나타내기 때문에, 기업은 이 직선보다 높은 수준의 이윤율을 실현해야 한다.

18_ 생산비용이 평균비용곡선보다 높아서 생산이 비효율적으로 이루어지는 것을 의미하며, 독점 등 경쟁 압력이 없는 상황에서 기술적 효율성이 달성되지 못할 때 발생한다.

19_ 산출량이 증가함에 따라 단위 비용이 감소하는 것은 간접 비용이 고정비용의 특성을 갖기 때문이다. 즉 생산 초기에 투입된 간접 비용은 실제 산출량 수준과 무관하게 거의 동일한 규모이고, 따라서 산출량 증가에 따라 단위 간접 비용은 감소한다고 가정한다.

20_ 한국 통계청은 『광업·제조업 동향조사』를 통해 3천4백 개 제조업체를 대상으로 제조업 가동률을 조사하고 있다. 2000~14년 동안 평균 제조업 가동률은 78.1퍼센트이다.

21_ 여기서 마크업은 $\theta \times UDC$이다.

22_ 목표 이윤은 두 개의 식으로 나타낼 수 있다. 하나는 자본 가치(pK)에 목표 이윤율(r_n)을 곱한 $r_n pK = r_n K(1+\Theta)NUC$이다. 여기서 K는 자본량이다. 또 하나는 정상 비용가격 결정식에서 이윤 분배율인 $\Theta(NUC)$에 표준 생산수준 q_n을 곱한 $\Theta(NUC)q_n$이다. 이 두 식의 값을 같다고 놓고 순비용 마진 Θ에 대해 정리하면 다음 식을 얻는다.

$$\Theta = \frac{r_n K}{q_n - r_n K}$$

기술 계수 $\nu = K/q_{fc}$에 표준 가동률식인 $q_{fc} = q_n/u_n$을 대입한 뒤 K에 대해 정리하면, $K = \nu(q_n/u_n)$이 된다. 이 식을 앞서 도출한 순비용 마진 식에 대입하면, 최종적으로 다음 식을 도출할 수 있다.

$$\Theta = \frac{r_n \nu}{u_n - r_n \nu}$$

23_ 이와 관련해 좀 더 자세한 논의는 Lavoie(2014, 176-179)를 참조하라.

24_ 한편으로 산업의 이윤율과 전체 평균 이윤율 간 차이는 산업 간 산출량 비율을 변화시키고, 다른 한편으로 수요와 공급 간 차이는 시장가격을 변화시킨다는 것이다. 이런 이중적 동학은 장기적으로 산업부문 간 이윤율의 균등화와 정상 이윤율(또는 정상 생산가격)을 향한 실제 이윤율(또는 실제 가격)의 수렴을 동시에 보장한다. 그러나 표준적인 칼레츠키학파 모형에서는 특수한 경우를 제외하면 장기에서도 이윤율의 균등화와 정상 이윤율로의 수렴이 발생하지 않는다. 장기 상태에 대한 포스트 케인스학파 경제학자들 간의 상이한 견해는 제4장과 제5장에서 다룰 '절약의 역설'과 '비용의 역설'paradox of costs이 장기에도 성립하는지에 대한 논쟁과 연결되며, 이 모형들의 근본적 차이는 가격 함수price function와 투자함수investment function에 대한 상이한 가정에서 비롯된다. 이와 관련한 논쟁은 Lavoie(1995, 789-818)를 참조하라.

25_ 이를 '지역 화폐단위 가격 설정법'local currency pricing이라고 한다. 이는 외국 기업이 자국 시장과 해외 시장을 차별해 각 시장에서 통용되는 화폐단위로 가격을 설정하는 것을 의미한다.

26_ 국내에 수출하는 외국 기업이 자국의 통화가치로 매출을 유지시키기 위해, 국내 통화가 1퍼센트 절하할 때 국내 판매 가격을 1퍼센트 상승시키는 것을 의미한다. 이는 외국 기업이 국내외 시장을 동일시해, 해외 판매 가격을 국내 판매 가격에 시장 환율을 적용해 설정하는 방식으로서, '생산자 화폐단위 가격 설정법'producer currency pricing이라고 한다. 환율 전가 효과는 세계시장에서 독점적 지위도가 높

은 대기업일수록 크게 나타난다.

27_ 이는 표준 가동률과 자본 대비 생산능력의 비율이 외생적으로 결정된다는 것을 의미한다.

28_ 석유·광물 등 원자재 가격은 대부분 국제시장에서 결정되고 가격 변동성이 상대적으로 크다. 원자재 가격의 상승은 생산비용을 상승시켜 인플레이션을 유발하고 경제 전반에 가격 불안정성을 증폭할 수 있다. 이런 공급 측면(비용 상승)에서의 인플레이션 문제를 완화하려면 국가적 차원에서 상당한 규모의 원자재 재고를 확충(원자재 가격이 하락할 때 재고량을 늘이고 원자재 가격이 상승할 때 재고량을 축소)해야 한다. 원자재 재고는 원자재 가격의 변동성을 축소시키는 데 기여하기에 '완충' 역할을 한다.

제3장_ 거시 경제적 화폐순환

1_ 화폐 공급량(통화량)과 가격수준이 양의 관계에 있다는 이론이다. 항등식(화폐 지출 총액 = 화폐 수취 총액)으로서의 수량 방정식quantity equation은 $MV = PQ$이다. 여기서 M은 통화량, V는 화폐유통속도, P는 가격수준, Q는 산출량이다. 수량 방정식에서 화폐유통속도가 일정하고 산출량이 다른 변수들에 따라 결정된다면, 가격수준은 통화량(외생변수로서 중앙은행의 통제 변수)에 따라 결정된다.

2_ 19세기 영국에서는 통화에 대한 정의, 그리고 통화량의 결정과 관련해 통화학파와 은행학파 간에 논쟁이 있었다. 통화학파는 은행예금이 화폐가 아니고 중앙은행이 금 보유량과 연계해 통화량의 발행을 통제해야 한다는 입장에서, 금 보유량과 연계되지 않은 통화량 변동이 경기변동을 악화시키고 경제 위기를 초래한다고 보았다. 반면에 은행학파는 은행예금도 화폐이고 통화량이 금 보유량에 따라 제한되어서는 안 된다는 입장에서, 실물 충격에 따른 경제 위기가 발생했을 때 통화량을 통제하면 금융시장에 적절한 유동성을 제공하지 못하게 제약해 오히려 위기가 확대된다고 주장했다. 은행학파의 주요 원리는 진성 어음주의real bills doctrine, 상업 거래의 필요성주의needs of trade doctrine, 환류의 법칙law of reflux이다.

3_ 화폐 공급량이 중앙은행의 자의적 판단에 따라 결정되는 것이 아니라 경제주체들(특히 기업)의 화폐 수요에 따라 결정된다는 것을 의미한다.

4_ 랜들 레이(Randall Wray 2004)는 미국 중앙은행인 연방준비제도이사회Federal Reserve Board, FRB의 정책이 '화폐 이론의 새로운 콘센서스'를 실제 적용한 사례이고 이는 다음과 같은 6대 원리에 기초하고 있다고 주장한다. 이 원리들은 ① 투명성transparency, ② 점진주의gradualism, ③ 실천주의activism, ④ 유일한 공식 목표로서의 낮은 인플레이션low inflation as the only official goal, ⑤ 분배에 대한 암묵적인 목표surreptitious targeting of distributional variables, ⑥ 이 목표들을 달성할 정책 도구로서의 이자율neutral rate as the policy instrument to achieve these goals 등이다.

5_ 신고전학파의 이론에 따르면, '예금(저축)이 대출(투자)을 창출한다'.

6_ 이는 본원통화monetary base로도 불린다.

7_ 프리드먼의 통화주의에서 통화량은 본원통화에 통화승수money multiplier를 곱한 값 $M = mH$로 나타낼

수 있다. M은 통화량, m은 통화승수, H는 본원통화이다. 이에 따르면, 시중에 유통되는 통화량은 중앙은행이 발행한 본원통화량보다 많다. 시중은행이 예금 중에서 지급준비금을 제외한 돈을 대출하는 과정에서 통화량이 늘기 때문이다. 이때 인과관계가 문제가 된다. 통화승수가 주어졌을 때, 통화주의에서는 본원통화량이 시중 통화량을 결정한다고 본다. 그러나 역의 인과관계도 생각할 수 있다. 통화량 식을 다음과 같이 고쳐 쓸 수 있다. $H = (1/m)M = cM$. 여기서 $c(=1/m)$는 신용 제수이다. 역의 인과관계에서는, 신용 제수가 주어졌을 때 본원통화량이 시중 통화량에 따라 결정된다.

8_ 당좌대월 경제는 기업이나 가계가 필요한 자금을 시중은행으로부터 신용을 통해 조달하고, 시중은행은 중앙은행으로부터 선대출advances을 통해 자금을 조달하는 경제이다. 따라서 당좌대월 경제에서는 시중은행에 대한 기업(혹은 가계)의 부채와 중앙은행에 대한 시중은행의 부채라는 이중의 부채 구조를 갖는다. 따라서 당좌대월 경제는 중앙은행을 포함해 신용을 매개로 조직화된 경제, 즉 순수 신용경제pure credit economy라고 할 수 있다.

9_ 자산 기반 경제 혹은 금융시장경제는 경제주체들이 자신의 유동성 자산을 매각하거나 채권 혹은 주식의 발행을 통해 필요로 하는 자금을 조달하는 경제이다. 이런 경제에서 기업들은 투자지출을 위해 금융 자원을 보유하고, 은행들은 중앙은행 화폐를 보유하기 위해 국채를 비롯한 유동성 자산을 매각하는 방식을 취한다.

10_ 금융기관 상호간에 일시적인 자금 과부족을 조절하고자 초단기 자금을 차입 및 대여하는 시장이다.

11_ 한국은행은 금융기관과의 환매조건부채권매매와 자금조정 예금 및 대출 등의 거래를 할 때 기준이 되는 정책 금리(혹은 기준 금리)를 설정함으로써 시중 금리에 영향을 미친다. 한국은행 금융통화위원회는 매월 물가 동향, 국내외 경제 상황, 금융시장 여건 등을 종합적으로 고려해 기준 금리를 결정한다(2017년부터는 1년에 여덟 번 기준 금리를 결정). 한국은행 홈페이지(http://www.bok.or.kr)에는 "결정된 기준 금리는 초단기 금리인 콜금리에 즉시 영향을 미치고, 장단기 시장 금리, 예금 및 대출 금리 등의 변동으로 이어져 궁극적으로는 실물경제활동에 영향을 미치게 된다"(2016/08/27 확인)라고 명시하고 있기 때문에, 이자율의 외생성을 얼마간 인정하고 있다.

12_ 포스트 케인스학파 내에서 수평주의자와 구조주의자structuralists 간에 논쟁이 있어 왔다. 두 접근은 화폐의 내생성(금융 지출 과정에서 화폐가 창출)에는 동의하고 있으나, 화폐(혹은 신용)의 창출 과정에서 내생적으로 혹은 외생적으로 어떤 제약이 존재하는지에 대해서는 입장이 다르다. 수평주의자 접근은 (외생적으로 결정된) 어떤 이자율 수준에서 신용화폐가 무한정 공급될 수 있기 때문에, 화폐 공급곡선이 수평으로 나타난다고 본다. (대출 기준을 갖춘) 기업의 신용 요구를 민간은행과 중앙은행이 수용한다는 측면에서 수평주의자를 수용주의자accommodationists라고도 부른다. 한편 구조주의자 접근은 지급준비금에 대한 통화 당국의 제한에 따라, 그리고 경기변동에 따라 화폐 창출이 얼마간 제약될 수 있기 때문에, 케인스의 유동성선호 이론에 입각해 이자율은 외생적이지 않다고 본다. 이 경우에 화폐 공급곡선은 수평으로 나타나지 않는다. 지은이는 이 두 접근 간 논쟁의 상당 부분은 오해에서 비롯됐다고 평가한다. 그중 하나가 이자율 개념에 관한 것으로, 수평주의자는 기준 금리 혹은 초단기금리에 대해 주장하고 있는 반면, 구조주의자는 장기금리 혹은 금리 스프레드에 대해 주장하고

있다는 것이다. 이와 관련한 논의는 Wray(2007), Lavoie(2014, 230-232)를 참조하라.

13_ 국제수지 흑자 등으로 인해 해외 부문에서 외환이 유입되면 국내 통화량이 증가해 물가를 상승시킬 우려가 있기 때문에, 중앙은행은 통화채 발행, 재할인금리 인상, 지급준비율 상향 조정 등을 통해 국내 통화량의 증가를 상쇄시키는데, 이를 '불태화'라 부른다. 한국은행의 경우, 외환 유입으로 인해 증가한 국내 통화량을 환수하기 위해 통화안정증권을 발행해 공개시장에서 매각하는 방식의 불태화 정책을 실행하고 있다.

14_ 이는 존 테일러John Taylor가 제안한 이래 중앙은행이 정책 금리(기준 금리)의 목표 수준을 판단할 때 참고할 수 있는 공식으로 활용되고 있다. 이 준칙은 정책 금리의 수준을 다음과 같이 제안한다. $i = (r^n + \pi) + \theta_1 (\pi - \pi^T) + \theta_2 (y - \bar{y})$. 여기서 i는 명목(정책) 금리, r^n은 균형 실질금리, π는 실제 인플레이션, π^T는 목표 인플레이션, y는 실질GDP, $\bar{y}$는 잠재성장률, θ_1와 θ_2는 조정 계수(테일러는 $\theta_1 = \theta_2 = 0.5$로 가정)이다. 이 식에 따르면, 중앙은행의 명목(정책) 금리는 균형 명목 금리($r^n + \pi$), 인플레이션갭($\pi - \pi^T$), 미래 인플레이션 압력인 GDP갭($y - \bar{y}$)을 고려해 결정하는 것이 바람직하다는 것이다. 현실에서 테일러 준칙이 성립한다면, 중앙은행은 금리정책을 통해 두 가지 정책 목표인 인플레이션(명목 부문) 안정과 경기변동(실물 부문)의 축소를 단기적으로도 동시에 달성할 수 있는 길이 열린다. 그런데 테일러 준칙의 타당성 문제(예컨대 1990년대 이후 선진국에서 나타난 인플레이션 안정이, 중앙은행이 테일러 준칙을 따라서인지 아니면 다른 요인 때문인지)를 별개로 하더라도, 균형 실질금리를 어떻게 알수 있는지, 목표 인플레이션은 어느 수준으로 설정해야 하는지 등의 문제가 남아 있다.

15_ 사후적으로 우상향하는 화폐 공급곡선이 관찰되는 경우에도, 이는 중앙은행의 재량적 결정(예컨대 테일러 준칙을 적용한 기준 금리의 결정)에 따른 결과라는 사실을 의미한다.

16_ 만기가 동일한 위험 자산과 무위험 자산(국채)의 수익률 차이로서, 투자자가 감당할 위험부담에 대한 보상이다.

17_ 부실한 중소기업 등 신용 등급이 낮은 기업이 발행하는 채권으로, 수익률이 높은 반면 원금 손실 위험성도 높은 하위 등급 채권을 일컫는다. 정크 본드는 '고수익 채권' 혹은 '열등채'라고도 부른다.

18_ 1980년대 이후 신자유주의적 경제학의 사상적 기반을 제공한 새고전학파 혹은 합리적 기대학파rational expectation school는 노동시장의 불완전성, 임금과 가격의 경직성 등으로 말미암아 경기변동이 발생한다는 새케인스학파의 주장을 비판하면서 실물 부문에서의 충격이 경기변동을 발생시킨다는 실물 경기변동론real business cycle theory을 제시했다. 이에 따르면, 가격이 신축적인 경쟁적 시장에서 발생한 기술 발전 등 실물적 요인 때문에 경기변동이 발생한다. 즉 실제 산출량의 변동은 잠재 산출량에서 이탈해 발생하는 것이 아니라, 생산성의 향상 등 잠재적 산출량 자체의 변동을 반영한 결과라는 것이다. 이 주장을 받아들인다면, 경제변동은 정책 당국자가 완화시켜야 할 대상이기보다는 오히려 경제의 바람직한 속성이 된다.

19_ 좀 더 쉽게 이해하기 위해, 수직적으로 완전히 통합된 당좌대월 경제에서 기업이 처음 생산을 시작한 경우를 생각해 보자. 당좌대월 경제에서 기업은 은행 대출을 받아 생산을 시작한다(기업의 자본수지에서 $+\Delta L_f$). 수직적으로 완전히 통합된 폐쇄경제를 가정할 경우, 생산비용은 모두 노동임금으로

구성된다. 즉 기업은 은행에서 대출한 금액을 모두 임금으로 지불한다(기업의 경상수지에서 $-wL$). 또한 생산된 제품은 아직 팔리지 않았으므로 모두 재고로 들어간다(기업의 경상수지에서 $+\Delta S$). 그리고 이 재고는 기업 입장에서 자기 구매의 방식을 취한다(기업의 자본수지에서 $-\Delta S$). 여기서 재고의 변화는 임금과 일치하고, 대출액의 변화와도 일치한다. 이 과정은 〈표 3-2〉에서 기업의 경상수지와 자본수지 항목들 중 음영 부분으로 나타나고, 나머지 항목들은 모두 영으로 표시되는 상황이다.

20_ 이는 가계 부문의 예금액 변화 $-\Delta D$이다.

21_ 〈표 3-2〉에서 '대출액 변화'와 '예금액 변화'에서 음영으로 표시된 네 개 항목이다.

22_ 가계 부문이 자산 포트폴리오를 구성할 때, 두 가지 자산 총계 제약(수직적 총계 제약과 수평적 총계 제약)이 존재한다. 가계 부문이 예금(D), 단기채권(A_{ST}), 장기 채권(A_{LT})의 형태로 자산을 보유한다고 가정하면, 자산 포트폴리오 구성을 다음과 같은 행렬 형태로 나타낼 수 있다.

$$\begin{bmatrix} D \\ A_{ST} \\ P_{LT}A_{LT} \end{bmatrix} = \begin{bmatrix} \lambda_{10} \\ \lambda_{20} \\ \lambda_{30} \end{bmatrix} V + \begin{bmatrix} \lambda_{11} & \lambda_{12} & \lambda_{13} \\ \lambda_{21} & \lambda_{22} & \lambda_{23} \\ \lambda_{31} & \lambda_{32} & \lambda_{33} \end{bmatrix} \begin{bmatrix} i_D \\ i_{ST} \\ i_{LT} \end{bmatrix} V + \begin{bmatrix} \lambda_{14} \\ \lambda_{24} \\ \lambda_{34} \end{bmatrix} Y$$

여기서 P_{LT}는 장기 채권 가격, V는 가계의 부wealth, i는 자산에 대한 이자율(수익률), λ는 계수 값이다. 수직적 총계 제약은 토빈이 주장한 것으로, 총자산에서 차지하는 각 자산의 비중을 합하면 1이 되어야 한다는 내용이다. 이를 위해 계수들의 수직적 합이 다음의 조건을 만족해야 한다.

$$\lambda_{10} + \lambda_{20} + \lambda_{30} = 1$$
$$\lambda_{11} + \lambda_{21} + \lambda_{31} = 0$$
$$\lambda_{12} + \lambda_{22} + \lambda_{32} = 0$$
$$\lambda_{13} + \lambda_{23} + \lambda_{33} = 0$$
$$\lambda_{14} + \lambda_{24} + \lambda_{34} = 0$$

이 조건이 충족될 때, 가계 부문의 각 자산에 대한 수요의 합은 전체 부의 합과 같아진다. 한편 수평적 총계 제약은 고들리가 주장한 것으로, 어떤 자산의 이자율 증가가 총자산에 미치는 효과는 이로 말미암아 다른 모든 자산이 총자산에 미치는 효과에 의해 상쇄되어야 한다는 것이다. 이를 위해서는 이자율 항목이 있는 행렬에서 계수들의 수평적 합이 다음의 조건을 만족해야 한다.

$$\lambda_{11} = -(\lambda_{12} + \lambda_{13})$$
$$\lambda_{22} = -(\lambda_{21} + \lambda_{23})$$
$$\lambda_{33} = -(\lambda_{31} + \lambda_{32})$$

수평적 총계 제약을 충족하는 가장 단순한 행렬 형태는 대칭행렬(모든 $i \neq j$에 대해 $\lambda_{ij} = \lambda_{ji}$)이다. 자산 총계 제약을 다룬 더 자세한 설명은 **Godley and Lavoie**(2007, 141-146), **Tobin**(1969, 15-29), **Godley**(1996)를 참조하라.

23_ 스톡-플로 일관 체계 모형에서 화폐 수요(더 정확하게는 화폐 보유)는 불확실성에 대비하는 완충재buffer 역할을 한다. 즉 화폐 잔고는 기대하지 못한 자금의 흐름을 흡수하는 완충재이다(Godley and Lavoie 2007, 79-80). 그리고 스톡-플로 일관 체계에서는 '블랙홀'이 존재하지 않기에, 화폐의 내생성을 전제할 때 화폐 수요와 화폐 공급은 모형 내에서 항상 일치하는 '결과'로 나타난다. 즉 화폐 수요와 화폐 공급의 일치를 나타내는 식은 '잔여 방정식'redundant equation이며, 이 방정식을 모형에 포함할 경우 방정식의 수가 변수의 수보다 많아 과대 결정over-determined 문제가 발생한다(Godley and Lavoie 2007, 176).

제4장_ 단기분석 : 유효수요와 노동시장

1_ 단순화를 위해 정부 부문과 해외 부문은 없다고 가정하고 있다.

2_ 소비지출식($C = pa_c = pa_{cc} + pa_{cw}$)과 투자지출식($I = pa_i$)을 국민총생산식($Y = wN + P = C + I$)에 대입한 뒤, 노동자가 임금을 모두 소비($wN = pa_{cw}$)한다고 가정하면, 이윤 방정식($P = pa_{cc} + pa_i$)이 도출된다.

3_ 자본집약도는 노동자 1인당 자본량을 의미하며, 자본량이 일정할 때 노동자의 수가 변화하면 자본집약도가 변화한다. 자본집약도가 높아지면 노동자 1인당 산출량(노동생산성)은 커지는 경향이 있다.

4_ 노동 수요곡선의 도출은 160쪽 글상자 '칼레츠키학파 모형의 정식화'를 참조하라.

5_ 여기서 s는 저축률이다.

6_ 이 장의 앞에서 설명한 명목 국민총생산 식($Y = C + I$)을 실질 변수로 다시 쓰면, $y = c + i$이고, $y = q$이다. 여기서 y는 실질 국민총생산, q는 총산출량, c는 실질 소비, i는 실질 투자이다. 실질 소비는 $c = (1 - s)y = (1 - s)q$이고, 실질 투자는 $i = a_i$이다. 두 식을 실질 국민총생산 식에 대입해 총산출량에 대해 정리하면 $q = a_i / s$가 도출된다.

7_ 이 장의 모형에서 이윤(P)은 생산(Y)에서 임금(wN)을 뺀 값, 즉 $P = Y - wN$이다. 이 식과 앞서 도출한 케임브리지 방정식($P = I / s_c$)은 같아야 하므로, $Y - wN = I / s_c$가 된다. 양변을 가격(p)으로 나누어 실질 변수로 만들면, $q - (w/p)N = a_i / s_c$가 된다(여기서 $Y/p = q$, $I/p = a_i$). 앞의 글상자('칼레츠키학파 모형의 정식화')에서 $q = TN$, 즉 $N = q / T$이므로, 이를 좌변에 대입해 정리하면 다음 식이 도출된다.

$$q = \frac{a_i T}{s_c (T - w/p)}$$

8_ 글상자의 처음 두 식을 같다고 놓으면 케인스 승수($1/s$)가 바로 도출된다. 여기서 실질임금(w/p)은 1인당 산출량(T)보다 작아야 하므로 케인스 승수는 양의 값을 갖는다.

9_ $q = \dfrac{a_i T}{s_c (T - w/p)}$ 에서 $q = TN$이므로, $N = \dfrac{a_i}{s_c (T - w/p)}$ 이다.

10_ 실질임금이 상승하면 대체효과와 소득효과를 통해 노동 공급에 영향을 미친다. 시간당 실질임금이 상승하면 노동자는 여가 시간을 줄이고 노동 공급(또는 노동시간)을 늘리려는 유인이 발생하므로, 임금 상승이 노동 공급을 증가시킨다는 것이 대체효과이다. 반면에 시간당 실질임금이 상승하면 노동자의 소득이 증가해 노동 공급(또는 노동시간)을 줄이더라도 이전의 생활수준을 유지할 수 있기에 임금 상승이 노동 공급을 감소시킨다는 것이 소득효과이다. 두 효과의 상대적 크기에 따라 노동 공급곡선은 다양한 모양을 띠는데, 후방 굴절형 노동 공급곡선은 다음 그림처럼 나타낼 수 있다.

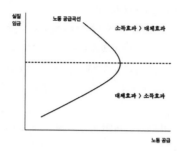

11_ 이는 앞에서 도출한 유효 노동 수요식에서 확인할 수 있다. $N^D_{eff} = \dfrac{a}{T - (w/p)}$

12_ 이 결과는 실질임금이 노동생산성(1인당 산출량)보다 작기 때문이다. 즉 실질임금과 노동생산성의 상승률이 동일해 그 비율이 일정하게 유지(소득분배율의 변화가 없는 경우)되더라도 상승 폭은 노동생산성이 더 크게 나타난다. 수식을 통한 설명은 173쪽 글상자 '기술적 실업, 가격 결정, 실질 독립수요'를 참조하라.

13_ 여기서 일정한 비용 마진은 일정한 이윤 분배율(즉 일정한 소득분배율)을 의미한다.

14_ 173쪽 글상자 '기술적 실업, 가격 결정, 실질 독립수요'의 마지막 식에 $T = T_h h$ 를 대입하면 도출된다.

제5장 _ 장기분석 : 성장 이론

1_ 자본 성장률 g에 붙은 위첨자 s는 성장률의 저축saving 측면을 의미한다.

2_ 자본 성장률 g에 붙은 위첨자 i는 성장률의 투자investment 측면을 의미한다.

3_ 임금-가격 상승의 악순환은 소득분배를 둘러싼 계급 간 대립이 표면화되어 임금과 가격(인플레이션)이 상호 상승 작용을 일으키는 과정이다. 이 현상은 기업 혹은 자본가가 이윤 몫을 높이려는 과정에서 발생하거나 외부 충격에 따른 비용 상승을 가격에 전가하는 경우에 발생할 수 있다. 후자는 1970년대 스태그플레이션stagflation 시기에 발생한 사례라고 할 수 있다. 당시 유류파동으로 말미암아 비용이 크게 상승하자, 기업들은 비용 상승분을 제품 가격에 전가했고 물가가 급격히 상승했다. 물가 상승으로 실질임금이 하락해 생활수준이 악화되자 노동자들은 (명목)임금의 인상을 강하게 요구했고, 기업들은 임금 상승분을 제품 가격에 다시 전가시켰다. 이 과정이 되풀이되면서 경제 침체에도 불구하고 하이퍼인플레이션이 발생했다.

4_ 소득 증가와 유발투자가 가속적으로 상승한다는 이론이다. 즉 소득이 늘어나면 유효수요가 증가하고 설비 가동률이 증가해 기업의 투자가 유발되며 이는 다시 소득을 높여 투자 가속화로 이어진다.

5_ 뒤이어 나오는 '칼레츠키학파 성장 모형의 정식화' 글상자의 마지막 식에서 균형 설비 가동률은 정상

설비 가동률과 차이가 남을 확인할 수 있다.

6_ 정상 설비 가동률이 외생변수로서 일정한 값으로 주어질 때, 〈식 5-1〉에서 저축함수는 결국 (칼레츠키학파 성장 모형에서 흔히 쓰이는) $g^i = a' + \beta u$ 로 다시 쓸 수 있다. 여기서 $a' = a - \beta u_n$ 이다.

7_ 〈그림 5-2〉에서 보는 바와 같이, 저축함수의 기울기가 투자함수의 기울기보다 더 커야 한다는 사실을 의미하며, 이 조건이 충족될 때 두 곡선은 교차한다. 바로 뒤에 나오는 안정조건은 이를 반영하고 있다.

8_ 마지막 식에서, 균형 설비 가동률 u^*가 외생적으로 주어지는 정상 설비 가동률 u_n 과 같아지는 경우는 매우 특수한 상황에서만 발생한다.

9_ 노동자의 임금 수준이 생산성에 영향을 미친다는 이론으로서, 노동자의 생산성에 따라 임금이 결정된다는 시장 청산 임금market-clearing wage 이론과 대비된다. 노동자의 임금이 시장 청산 임금보다 높으면 이직률이 낮아져 기업의 채용 비용(업무를 배우고 수행하는 데 걸리는 시간을 포함)이 감소할 뿐만 아니라, 노동자의 만족도가 높아져 작업의 질이 개선되고 생산성이 높아진다는 것이다.

10_ 방정식의 수보다 결정해야 할 변수가 많아서 해를 찾을 수 없는 경우이다.

11_ 경상수지 균형식, 수출 함수, 수입 함수를 나타내는 식은 각각 다음과 같다.

$$P_d X = P_f ME$$
$$X = [P_d / (P_f E)]^\pi Z^\epsilon$$
$$M = [(P_f E) / P_d)]^\Psi Y^\eta$$

여기서 P_d는 수출품의 평균가격, X는 수출량, P_f는 수입품의 평균가격, M은 수입량, E는 명목환율(국내통화/외국통화), Z는 세계 소득, Y는 국내 소득, $\pi < 0$는 수출의 가격탄력성, $\epsilon > 0$는 수출의 소득탄력성, $\Psi < 0$는 수입의 가격탄력성, $\eta > 0$는 수입의 소득탄력성이고, $[P_d / (P_f E)]$는 교역조건을 의미한다.

이 식들의 양변에 자연로그를 취한 뒤 시간에 대해 미분하면 다음과 같다(각각의 소문자는 증가율을 나타내고, g는 성장률이다).

$$p_d + x = p_f + m + e \cdots ①$$
$$x = \pi (p_d - p_f - e) + \epsilon z \cdots ②$$
$$m = \Psi(p_f + e - p_d) + \eta g \cdots ③$$

②와 ③을 ①에 대입한 뒤 성장률 g에 대해 정리하면 다음 식을 얻는다.

$$g^* = [(1 + \pi + \Psi)(p_d - p_f - e) + \epsilon z] / \eta$$

장기에 상대가격은 안정적이라고 가정(마셜-러너Marshall-Lerner 조건)하면, 즉 $(p_d - p_f - e) = 0$이면, 국제수지 제약하에서 한 국가경제의 균형 성장률은 다음과 같이 도출된다.

$$g^{BP} = \epsilon z / \eta$$

12_ 일본은 경상수지 흑자를, 국내 수요를 증가시키는 대신 해외 채권을 매입하는 데 사용했기에, 실제 성장률이 최대 성장률보다 낮은 결과를 초래했다고 해석할 수 있다.

13_ 이 책의 영어판이 2006년도에 처음 출간되었기 때문에, 2008년 글로벌 금융 위기가 발생하기 이

전에 이미 세계 차원의 총수요 부족으로 말미암아 세계경제가 심각한 위기에 직면할 가능성이 농후했음을 예견한 주장이라고 할 수 있다. 전 세계적인 무역 불균형 및 총수요 부족과 2008년 발생한 글로벌 금융 위기의 관계를 개괄한 것으로는 **Lavoie and Stockhammer**(2013)의 서문을 참조하라.

14_ 경상수지 흑자국이 내수 확대 정책을 펴면, 경상수지 적자국의 수출이 증가해 적자폭이 축소된다. 이 경우에는 경상수지 적자폭을 줄이기 위한 긴축정책을 취할 필요가 없다.

15_ 실업률의 경우 이력현상 등으로 말미암아 물가와의 관계가 안정적인 필립스곡선의 형태로 나타나지 않을 수 있다는 비판이 제기됐고, 이에 따라 수요 압력을 반영하는 변수로서 실업률보다는 설비 가동률이 적합하다는 주장이 대두됐다. 이를 물가 안정 설비 가동률non-accelerating inflation rate of capacity utilization, NAIRCU이라 부른다.

제6장 _ 맺음말

1_ 화폐량을 고정시키고 소득을 보장하는 정책을 의미한다.

2_ 정부는 기본임금base wage 수준에서 일할 의사가 있고 일할 준비가 되어 있는 모든 실직자를 공공 부문 프로젝트에 고용하는 최후의 고용자 역할을 해야 한다는 것이다. 여기서 기본임금은 민간 부문보다는 낮지만 생활임금living-wage 수준, 즉 최소한의 경제적 생활을 영위할 수 있는 임금수준을 말한다. 아르헨티나 예페 계획Plan Jefes에 대해서는 **Tcherneva and Wray**(2005), **Tcherneva**(2012) 등을 참조하라.

후기 _ 서브 프라임 금융 위기

1_ 주택 저당증권mortgage-backed securities, MBS이 대표적이다.

2_ 월 스트리트와 대비되는 용어로서, 북미 언론에서는 흔히 일반 사람들(중산층)과 소기업가의 이익을 표현하는 용어로 쓰인다.

3_ CDO 발행이 증가하면서 기존에 발행된 CDO를 담보로 또 다른 CDO를 발행하는 것이다.

4_ 채권이나 대출금 등 기초 자산의 신용 위험을 전가하고자 하는 보장 매입자protection buyer가 일정한 수수료를 지급하는 대가로 기초 자산의 채무불이행 등 신용 사건 발생 시 신용 위험을 떠안은 보장 매도자protection seller로부터 손실액 또는 일정 금액을 보전받기로 약정하는 신용 파생 상품이다. 채권을 보유한 주체가 동 채권의 채무 불이행에 대비해 일종의 보험에 가입하는 것과 유사하다.

5_ 네덜란드 예술가인 마우리츠 코르넬리스 에서Maurits Cornelis Escher의 1961년 석판 작품으로, 폭포의 맨 아래에서 물길을 따라 가다 보면 폭포의 맨 위에 도달하게 되는 '착시 현상'을 형상화한 것이다.

6_ 최근 피케티의 열풍과 함께, 국내에서 논의가 확산되고 있는 소득 주도 성장론income-led growth theory은

임금 주도 성장론을 사회적 소득분배 전반으로 확장한 이론이다. 소득 주도 성장론에서는 노동자의 임금 상승뿐만 아니라 자영업자 소득 안정과 근로 빈곤층 생활 소득 보장 등 사회보장제도 및 소득 재분배의 개선이 경제적 안정성을 높이고 유효수요를 증가시킴으로써, 더욱 높은 성장률을 달성할 수 있다고 주장한다. 국내에 소개된 소득 주도 성장론에 대한 논의는 이상헌(2014, 67-99), 홍장표(2014)를 참조하라.

7_ 1997년 '블랙-숄스 공식'으로 노벨 경제학상을 받은 로버트 머튼Robert C. Merton과 마이런 숄스Myron S. Scholes는 LTCM의 파트너였다.

8_ LTCM이 전 세계 은행들과 거래한 파생 상품의 규모는 1998년 9월 위기 당시 약 1조2,500억 달러에 달했다. 러시아 국채를 대량으로 보유하고 있던 LTCM는 러시아의 모라토리엄 선언 탓에 파산 위기에 직면했고, 세계경제에 미칠 파장을 우려한 미국 연방준비제도이사회의 주도하에 다른 대형 은행과 투자 기관으로부터 대규모의 구제금융을 받았다.

참고문헌

Amadeo, E. 1986. "The role of capacity utilization in long-period analysis." *Political Economy: Studies in the Surplus Approach* 2(2): 83-94.

Andrews, P. W. S. 1949. "A reconsideration of the theory of the individual business." *Oxford Economic Papers* 1(1) (January): 54-89.

Arena, R. 1992. "Une synthèse entre post-keynésiens et néo-ricardiens est-elle encore possible?." *L'actualité économique* 68(4): 587-606.

Arestis, P. 1992. *The Post-Keynesian Approach to Economics*. Aldershot: Edward Elgar.

_____. 1996. "Post-Keynesian economics: towards coherence." *Cambridge Journal of Economics* 20(1): 111-135.

Arestis, P. and M. Sawyer eds. 1994. *The Elgar Companion to Radical Political Economy*. Aldershot, UK and Brookfield, USA: Edward Elgar.

_____. 2002. *A Biographical Dictionary of Dissenting Economists*, 2nd edition. Cheltenham, UK and Northampton, MA, USA: Edward Elgar.

_____. 2006. *A Handbook of Alternative Monetary Economics*. Cheltenham, UK and Northampton, MA, USA: Edward Elgar.

Asimakopulos, A. 1975. "A Kaleckian theory of income distribution." *Canadian Journal of Economics* 8(3): 313-333.

Bellofiore, R. 2005. "Monetary economics after Wicksell: alternative perspectives within the theory of the monetary circuit." in G. Fontana and R. Realfonzo eds. *The Monetary Theory of Production: Tradition and Perspectives*. Basingstoke: Palgrave Macmillan, pp. 39-51.

Bellofiore, R. and P. Ferri eds. 2001. *The Economic Legacy of Hyman Minsky*, 2 volumes. Cheltenham, UK and Northampton, MA, USA: Edward Elgar.

Bhaduri, A. 1986. *Macro-economics: the Dynamics of Commodity Production*. Armonk, NY: M.E. Sharpe.

Bhaduri, A. and S. Marglin. 1990. "Unemployment and the real wage: the economic basis for contesting political ideologies." *Cambridge Journal of Economics* 14(4): 375–393.

Blecker, R. 2002. "Distribution, demand and growth in neo-Kaleckian macro-models." in M. Setterfield ed. *The Economics of Demand-led Growth: Challenging the Supply-side Vision in the Long Run.* Cheltenham, UK and Northampton, MA, USA: Edward Elgar, pp. 129–152.

Bloch, H. and M. Olive. 1995. "Can simple rules explain pricing in Australian manufacturing?." *Australian Economic Papers* 35: 1–19.

Boggio, L. 1980. "Full cost and Sraffa prices: equilibrium and stability in a system with fixed capital." *Economic Notes* 9: 3–33.

Boyer, R. 1990. *The Regulation School.* New York: Columbia University Press.

_____. 2000. "Is a finance-led growth regime a viable alternative to Fordism? A preliminary analysis." *Economy and Society* 29(1): 111–145.

Brunner, E. 1975. "Competitive prices, normal costs and industrial stability." in P. W. S. Andrews and E. Brunner. *Studies in Pricing.* London: Macmillan, pp. 18–34.

Cassetti, M. 2003. "Bargaining power, effective demand and technical progress: a Kaleckian model of growth." *Cambridge Journal of Economics* 27(3): 449–464.

Cecchetti, S. G. 2006. *Money, Banking, and Financial Markets.* New York: McGraw-Hill.

Chandler, A. D. 1977. *The Visible Hand: the Managerial Revolution in American Business.* Cambridge, MA: Harvard University Press. [앨프리드 챈들러. 『보이는 손 1-2』. 김두얼·신해경·임효정 옮김. 지식을만드는지식. 2014]

Cohen, A. and G. C. Harcourt. 2003. "Whatever happened to the Cambridge capital theory controversies?." *Journal of Economic Perspectives* 17(1): 199–214.

Colander, D. 2003. "Post Walrasian macro policy and the economics of muddling through." *International Journal of Political Economy* 33(2): 17–35.

Copeland, M. A. 1949. "Social accounting for moneyflows." *Accounting Review* 24 (July): 254–264. Reprinted in J. C. Dawson ed. 1996. *Flow-of-funds Analysis: a Handbook for Practitioners.* Armonk, NY: M.E. Sharpe.

Coutts, K., W. Godley and W. Nordhaus. 1978. *Industrial Pricing in the United Kingdom.* Cambridge: Cambridge University Press.

Cripps, F. and A. Izurieta. 2014. "The UN Global Policy Model (GPM): Technical description." <http://unctad.org/en/PublicationsLibrary/tdr2014_GPM_TechnicalDescription.pdf>

Davidson, P. 1972. *Money and the Real World*. London: Macmillan.

_____. 1982. *International Money and the Real World*. London: Macmillan.

_____. 1984. "Reviving Keynes's revolution." *Journal of Post Keynesian Economics* 6(4) (Summer): 561-575.

_____. 1988. "A technical definition of uncertainty and the longrun non-neutrality of money." *Cambridge Journal of Economics* 12(3): 329-337.

_____. 2005. "Responses to Lavoie, King, and Dow on what Post Keynesianism is and who is a Post Keynesian." *Journal of Post Keynesian Economics* 27(3): 393-408.

_____. 2008. "Securitization, liquidity, and market failure." *Challenge* 51(3): 43-56.

Del Monte, A. 1975. "Grado di monopolio e sviluppo economico." *Rivista Internazionale di Scienze Sociali* 46(3): 231-263.

Deleplace, G. and E. J. Nell eds. 1996. *Money in Motion: the Post Keynesian and Circulationist Approaches*. London: Macmillan.

Dostaler, G. 1988. "La théorie post-keynésienne, la *Théorie générale et Kalecki.*" *Cahiers d'économie politique*, 14-15, 123-142.

Dow, A. C. and S. C. Dow. 1989. "Endogenous money creation and idle balances." in J. Pheby ed. *New Directions in Post-Keynesian Economics*. Aldershot, UK and Brookfield, USA: Edward Elgar, pp. 147-164.

Dow, S. C. 2001. "Post Keynesian methodology." in R. P. F. Holt and S. Pressman eds. *A New Guide to Post Keynesian Economics*. Armonk, NY: M.E. Sharpe, pp. 11-20.

Drakopoulos, S. A. 1992. "Keynes's economic thought and the theory of consumer behaviour." *Scottish Journal of Political Economy* 39(3): 318-336.

_____. 1994. "Hierarchical choice in economics." *Journal of Economic Surveys* 8(2): 133-153.

Duménil, G. and D. Lévy. 1993. *The Economics of the Profit Rate*. Aldershot, UK and Brookfield, USA: Edward Elgar.

_____. 1999. "Being Keynesian in the short term and classical in the long term:

the traverse to classical long-term equilibrium." *The Manchester School* 67(6): 684–716.

Dutt, A. K. 1990. *Growth, Distribution and Uneven Development*. Cambridge: Cambridge University Press.

_____. 2003. "On Post Walrasian economics, macroeconomic policy and heterodox economics." *International Journal of Political Economy* 33(2): 47–67.

Dutt, A. K. and E. J. Amadeo. 1990. *Keynes's Third Alternative? The Neo-Ricardian Keynesians and the Post Keynesians*. Aldershot, UK and Brookfield, USA: Edward Elgar.

Earl, P. E. 1983. *The Economic Imagination: Towards a Behavioural Analysis of Choice*. Brighton: Wheatsheaf Books.

Eichner, A. S. 1976. *The Megacorp and Oligopoly: Microfoundations of Macro Dynamics*. Cambridge: Cambridge University Press.

_____. 1987. *The Macrodynamics of Advanced Market Economies*. Armonk, NY: M.E. Sharpe.

Eichner, A. S. and J. A. Kregel. 1975. "An essay on post-Keynesian theory: a new paradigm in economics." *Journal of Economic Literature* 13(4): 1,293–1,311.

Eisner, R. 1996. "The retreat from full employment." in P. Arestis ed. *Employment, Economic Growth and the Tyranny of the Market: Essays in Honour of Paul Davidson* vol. 2. Cheltenham, UK and Brookfield, USA: Edward Elgar, pp. 106–130.

Epstein, G. A. 1994. "A political economy model of comparative central banking." in G. Dymski and R. Pollin eds. *New Perspectives in Monetary Macroeconomics*. Ann Arbor: University of Michigan Press, pp. 177–231.

Fazzari, S. M., G. R. Hubbard and B. Petersen. 1988. "Financing constraints and corporate investment." *Brookings Papers on Economic Activity* 1, 141–195.

Filardo, A. J. 1998. "New evidence on the output cost of fighting inflation." *Federal Reserve Bank of Kansas City Quarterly Review* 83(3): 33–61.

Fontana, G. and B. Gerrard. 2004. "A post Keynesian theory of decisionmaking under uncertainty." *Journal of Economic Psychology* 25(5): 619–637.

Forstater, M. 1998. "Flexible full employment: structural implications of discretionary public sector employment." *Journal of Economic Issues* 32(2):

557–564.

Fullbrook, E. ed. 2003. *The Crisis in Economics: the Post-autistic Movement.* London: Routledge.

Galbraith, J. K. 1958. *The Affluent Society.* London: Hamish Hamilton. [존 갤브레이스. 『풍요한 사회』. 노택선 옮김. 한국경제신문. 2006]

_____. 1967. *The New Industrial State.* New York: Houghton Mifflin. [『새로운 산업국가』. 최황열 옮김. 홍성사. 1979]

Garegnani, P. 1990. "Quantity of capital." in J. Eatwell, M. Milgate and P. Newman eds. *Capital Theory.* London: Macmillan, pp. 1–78.

Georgescu-Roegen, N. 1966. *Analytical Economics.* Boston: Harvard University Press.

Godley, W. 1983. "Keynes and the management of real national income and expenditure." in D. Worswick and J. Trevithick eds. *Keynes and the Modern World.* Cambridge: Cambridge University Press, pp. 135–177.

_____. 1999a. "Money and credit in a Keynesian model of income determination." *Cambridge Journal of Economics* 23(4): 393–411.

_____. 1999b. "Seven unsustainable processes." Special report. The Levy Economics Institute of Bard College.

Godley, W. and F. Cripps. 1983. *Macroeconomics.* London: Fontana.

Godley, W. and M. Lavoie. 2005–06. "Comprehensive accounting in simple open economy macroeconomics with endogenous sterilization or flexible exchange rates." *Journal of Post Keynesian Economics* 28(2): 241–276.

_____. 2007. *Monetary Economics: An Integrated Approach to Credit, Money, Income, Production and Wealth.* London: Palgrave/Macmillan.

Gordon, M. J. 1997. "A Keynesian theory of finance and its macroeconomic implications." in G. C. Harcourt and P. Riach eds. *A Second Edition of the General Theory* vol. 2. London: Routledge, pp. 79–101.

Graziani, Augusto. 2003. *The Monetary Theory of Production.* Cambridge: Cambridge University Press.

Greenspan, A. 2007. *The Age of Turbulence.* New York: Penguin Books. [앨런 그린스펀. 『격동의 시대: 세계 신용위기를 말하다』(특별판). 현대경제연구원 옮김. 문학수첩. 2008]

Halevi, J. and P. Kriesler. 1991. "Kalecki, classical economics and the surplus approach." *Review of Political Economy* 3(1): 79-92.

Hall, R. L. and C. J. Hitch. 1939. "Price theory and business behaviour." *Oxford Economic Papers* 1(2): 12-45.

Hamouda, O. and G. C. Harcourt. 1988. "Post Keynesianism: from criticism to coherence." *Bulletin of Economic Research* 40(1): 1-33.

Hartwig, J. 2014. "Testing the Bhaduri-Marglin model with OECD panel data." *International Review of Applied Economics* 28(4): 419-435.

Hein, E. 2002. "Monetary policy and wage bargaining in the EMU: restrictive ECB policies, high unemployment, nominal wage restraint and inflation above the target." *Banca del Lavoro Quarterly Review* 222: 299-337.

Hein, E. and C. Ochsen. 2003. "Regimes of interest rates, income shares, savings and investment: a Kaleckian model and empirical estimations for some advanced OECD." *Metroeconomica* 54(4): 404-433.

Heiner, R. A. 1983. "The origin of predictable behavior." *American Economic Review* 73(4): 560-595.

Heinsohn, G. and O. Steiger. 2000. "The property theory of interest and money." in J. Smithin ed. *What is Money?*. London: Routledge, pp. 67-100.

Hicks, J. 1974. *The Crisis in Keynesian Economics*. Oxford: Basil Blackwell.

Holt, R. P. F. and S. Pressman eds. 2001. *A New Guide to Post Keynesian Economics*. Armonk, NY: M.E. Sharpe.

Ironmonger, D. S. 1972. *New Commodities and Consumer Behaviour*. Cambridge: Cambridge University Press.

Irvin, G. 2005. "The implosion of the Brussels economic consensus." Working paper 11. International Centre for Economic Research, University of Turin.

Isenberg, D. 1988. "Is there a case for Minsky's financial fragility hypothesis in the 1920s?." *Journal of Economic Issues* 22(4): 1,045-1,070.

_____. 1994. "Financial fragility and the Great Depression: New evidence on credit growth in the 1920s." in G. Dymski and R. Pollin eds. *New Perspectives in Monetary Macroeconomics: Explorations in the Tradition of Hyman P. Minsky*. Ann Arbor: University of Michigan Press, pp. 201-229.

Jorion, Paul. 2008. *L'Implosion: La finance contre l'économie*. Paris: Fayard.

Juniper, J. and B. Mitchell. 2005. "Towards a spatial Keynesian macroeconomics." Working paper 05-09. Center for Full Employment and Equity, University of

Newcastle.

Kaldor, N. 1956. "Alternative theories of distribution." *Review of Economic Studies* 23 (March): 83-100.

_____. 1957. "A model of economic growth." *Economic Journal* 67(December): 591-624.

_____. 1960. "Characteristics of economic development." in *Essays on Economic Stability and Growth*. London: Duckworth, pp. 233-242.

_____. 1976. "Inflation and recession in the world economy." *Economic Journal* 86 (December): 703-714.

_____. 1982. *The Scourge of Monetarism*. Oxford: Oxford University Press. [『통화주의 비판』. 이형순 옮김. 매일경제신문사. 1987]

_____. 1983. "Keynesian economics after fifty years." in D. Worswick and J. Trevithick eds. *Keynes and the Modern World*. Cambridge: Cambridge University Press, pp. 1-48

_____. 1985. *Economics without Equilibrium*. Armonk, NY: M.E. Sharpe.

Kalecki, M. 1971. *Selected Essays on the Dynamics of the Capitalist Economy*. Cambridge: Cambridge University Press. [미하우 칼레츠키. 『자본주의 경제 동학 에세이: 1933-1970』. 조복현 옮김. 지식을만드는지식. 2010]

Keen, S. 2001. *Debunking Economics: the Naked Emperor of the Social Sciences*. London: Zed Books.

Keynes, J. M. 1930. *The Treatise on Money* 2 vols. London: Macmillan.

_____. 1936. *The General Theory of Employment, Interest, and Money*. London: Macmillan. [존 메이너드 케인스. 『고용, 이자, 화폐의 일반이론』. 이주영 옮김. 필맥. 2010]

King, J. E. 1995a. *Conversations with Post Keynesians*. London: Macmillan.

_____. 1995b. *Post Keynesian Economics: an Annotated Bibliography*. Aldershot, UK and Brookfield, USA: Edward Elgar.

_____. 2002. *A History of Post Keynesian Economics since 1936*. Cheltenham, UK and Northampton, MA, USA: Edward Elgar.

King, J. E. ed. 2003 *The Elgar Companion to Post Keynesian Economics*. Cheltenham, UK and Northampton, MA, USA: Edward Elgar.

Kurz, H. 1990. "Technical change, growth and distribution: a steady-state approach to unsteady growth." in *Capital, Distribution and Effective*

Demand. Cambridge: Polity Press, pp. 210-233.

_____. 1994. "Growth and distribution." *Review of Political Economy* 6(4): 393-421.

Lancaster, K. 1971. *Consumer Demand: a New Approach*. New York: Columbia University Press.

Lanzillotti, R. F. 1958. "Pricing objectives in large companies." *American Economic Review* 48(5): 921-940.

Lavoie, M. 1992a. *Foundations of Post-Keynesian Economic Analysis*. Aldershot, UK and Brookfield, USA: Edward Elgar.

_____. 1992b. "Towards a new research programme for post-Keynesianism and neo-Ricardianism." *Review of Political Economy* 4(1): 37-78.

_____. 1996-97. "Real wages, employment structure, and the aggregate demand curve in a Kaleckian short-run model." *Journal of Post Keynesian Economics* 19(2): 275-288.

_____. 2001. "The reflux mechanism and the open economy." in L.-P. Rochon and M. Vernengo eds. *Credit, Interest Rates and the Open Economy*. Cheltenham, UK and Northampton, MA, USA: Edward Elgar, pp. 215-242.

_____. 2003. "A primer on endogenous credit-money." in L.-P. Rochon and S. Rossi eds. *Modern Theories of Money: the Nature and Role of Money in Capitalist Economies*. Cheltenham, UK and Northampton, MA, USA: Edward Elgar, pp. 506-543.

Lavoie, M. and E. Stockhammer. 2013. "Wage-led growth: concept, theories and policies." in M. Lavoie and E. Stockhammer eds. *Wage-led Growth: An Equitable Strategy for Economic Recovery*. Palgrave/Macmillan and International Labour Office, pp. 13-39. ["임금 주도 성장론: 개념, 이론 및 정책." 『국제노동브리프』 2012년 12월호. 한국노동연구원, 3-14쪽. 국문 요약본]

Lavoie, M. and W. Godley. 2001-02. "Kaleckian models of growth in a coherent stock-flow monetary framework: a Kaldorian view." *Journal of Post Keynesian Economics* 24(2): 277-312.

Le Bourva, J. 1992[1962]. "Money creation and money multipliers." *Review of Political Economy* 4(4): 447-462.

Lee, F. 1998. *Post-Keynesian Price Theory*. Cambridge: Cambridge University Press.

Leibenstein, H. 1978. *General X-efficiency Theory and Economic Development.* Oxford: Oxford University Press.

Leijonhufvud, A. 1976. "Schools, revolutions and research programmes in economic theory." in S. J. Latsis ed. *Method and Appraisal in Economics.* Cambridge: Cambridge University Press, pp. 65-108.

León-Ledesma, M. A. and A. P. Thirlwall. 2002. "The endogeneity of the natural rate of growth." *Cambridge Journal of Economics* 26(4): 441-459.

Lucas, R. 1981. *Studies in Business Cycle Theory.* Cambridge, MA: MIT Press.

Lutz, M. A. and K. Lux. 1979. *The Challenge of Humanistic Economics.* Menlo Park, CA: Benjamin/Cummings.

Marris, R. 1964. *The Economic Theory of Managerial Capitalism.* New York: Free Press of Glencoe.

McCombie, J. S. L. and A. P. Thirlwall. 1994. *Economic Growth and the Balance-of-payments Constraint.* New York: St Martin's Press.

Means, Gardiner. 1936. "Notes on inflexible prices." *American Economic Review* 26(1): 23-35.

Minsky, H. P. 1975. *John Maynard Keynes.* London: Macmillan. [하이먼 민스키. 『케인스 혁명 다시 읽기』. 신희영 옮김. 후마니타스. 2014]

_____. 1981. *Can 'It' Happen Again? Essays on Instability and Finance.* Armonk, NY: M.E Sharpe.

_____. 1986. *Stabilizing an Unstable Economy*, new 2008 edn. New York: McGraw Hill.

_____. 1987. "Securitization." reproduced in Policy Note 2008/2. The Levy Economics Institute of Bard College.

_____. 1996. "The essential characteristics of Post Keynesian economics." in G. Deleplace and E. J. Nell eds. *Money in Motion: The Circulation and Post-Keynesian Approaches.* London: Macmillan, pp. 70-88.

Mongiovi, G. 1991. "Keynes, Sraffa and the labour market." *Review of Political Economy* 3(1): 25-42.

Moore, B. J. 1988. *Horizontalists and Verticalists: the Macroeconomics of Credit Money.* Cambridge: Cambridge University Press.

Nell, E. J. 1988. *Prosperity and Public Spending: Transformational Growth and the Role of Government.* Boston: Hyman.

_____. 1992. *Transformational Growth and Effective Demand*. London: Macmillan.

_____. 1998. *The Theory of Transformational Growth: Keynes after Sraffa*. Cambridge: Cambridge University Press.

Okun, A. M. 1981. *Prices and Quantities*. Washington: Brookings Institution.

Onaran, Ö. and G. Galanis. 2012. "Is aggregate demand wage–led or profit–led: national and global effects." working paper 40. Conditions of Work and Employment Series. International Labour Office.

Palley, T. 1996. *Post Keynesian Economics: Debt, Distribution and the Macro Economy*. London: Macmillan.

Panico, C. 1988. *Interest and Profit in the Theories of Value and Distribution*. London: Macmillan.

Parguez, A. 2001. "Money without scarcity: from the horizontalist revolution to the theory of the monetary circuit." in L.–P. Rochon and M. Vernengo eds. *Credit, Interest Rates and the Open Economy: Essays on Horizontalism*. Cheltenham, UK and Northampton, MA, USA: Edward Elgar, pp. 69–103.

Pasinetti, L. L. 1977. *Lectures on the Theory of Production*. London: Macmillan.

_____. 1981. *Structural Change and Economic Growth*. Cambridge: Cambridge University Press.

_____. 1993. *Structural Economic Dynamics*. Cambridge: Cambridge University Press.

_____. 2005. "The Cambridge School of Keynesian economics." *Cambridge Journal of Economics* 29(6): 837–848.

Penrose, E. 1959. *The Theory of the Growth of the Firm*. Oxford: Basil Blackwell.

Pivetti, M. 1985. "On the monetary explanation of distribution." *Political Economy: Studies in the Surplus Approach* 1(2): 73–103.

Plihon, D. 2002. *Rentabilité et risque dans le nouveau régime de croissance*. Paris: La Documentation française.

Pollin, R. 2003. "Evaluating living wage laws in the United States: good intentions and economic reality in conflict?." Working Paper 61. PERI, University of Massachusetts, Amherst.

Reynolds, P. J. 1987. *Political Economy: a Synthesis of Kaleckian and Post Keynesian Economics*. Brighton: Wheatsheaf.

Robinson, J. 1956. *The Accumulation of Capital*. London: Macmillan.

_____. 1962. *Essays in the Theory of Economic Growth*. London: Macmillan.

_____. 1971. *Economic Heresies*. London: Macmillan.

_____. 1973. 'The second crisis of economic theory." in J. Robinson. *Collected Economic Papers*, vol. IV. Oxford: Basil Blackwell, pp. 92–105.

_____. 1980. "Time in economic theory." *Kyklos* 33(2): 219–229.

Rochon, L.-P. 1999. *Credit, Money and Production: an Alternative Post-Keynesian Approach*. Cheltenham, UK and Northampton, MA, USA: Edward Elgar.

Rochon, L.-P. and S. Rossi eds. 2003. *Modern Theories of Money: the Nature and Role of Money in Capitalist Economies*. Cheltenham, UK and Northampton, MA, USA: Edward Elgar.

Rogers, C. 1989. *Money, Interest and Capital: a Study in the Foundations of Monetary Theory*. Cambridge: Cambridge University Press.

Roncaglia, A. 1995. "On the compatibility between Keynes's and Sraffa's viewpoints on output levels." in G. Harcourt, A. Roncaglia and R. Rowley eds. *Income and Employment in Theory and Practice*. London: Macmillan, pp. 111–125.

_____. 2003. "Energy and market power: an alternative approach to the economics of oil." *Journal of Post Keynesian Economics* 25(4): 641–660.

Rosser, J. B. 1998. "Complex dynamics in New Keynesian and Post Keynesian Economics." in R. J. Rotheim ed. *New Keynesian Economics/Post Keynesian Alternatives*. London: Routledge, pp. 288–302.

Rotheim, R. J. ed. 1996. *New Keynesian Economics/Post Keynesian Alternatives*. London: Routledge.

Rowthorn, B. 1982. "Demand, real wages and economic growth." *Studi Economici* 18: 3–54.

Roy, R. 2005. "The hierarchy of needs and the concept of groups in consumer choice theory (1943)." *History of Economics Review* 42 (Summer): 50–56.

Sawyer, M. 1989. *The Challenge of Radical Political Economy: an Introduction to the Alternatives to Neo-classical Economics*. New York: Harvester Wheatsheaf.

_____. 1995. "Comment on Earl and Shapiro." in S. Dow and J. Hillard eds. *Keynes, Knowledge and Uncertainty*. Cheltenham, UK and Brookfield, USA: Edward Elgar, pp. 303–311.

Schefold, B. 1997. *Normal Prices, Technical Change and Accumulation*. London: Macmillan.

Seccareccia, M. 1991. "Salaire minimum, emploi et productivité dans une perspective post-keynésienne." *L'Actualité économique* 67(2): 166-191.

Setterfield, M. 2003. "What is analytical political economy?." *International Journal of Political Economy* 33(2): 4-16.

Shapiro, N. 1977. "The revolutionary character of post-Keynesian economics." *Journal of Economic Issues* 11(3): 541-560.

Shiller, R. 2005. *Irrational Exuberance*, 2nd edn. Princeton: Princeton University Press. [로버트 쉴러. 『비이성적 과열』. 이강국 옮김. 알에이치코리아(RHK). 2014]

Simon, H. A. 1976. "From substantive to procedural rationality." in S. J. Latsis ed. *Method and Appraisal in Economics*. Cambridge: Cambridge University Press, pp. 129-148.

Smithin, J. 2003. *Controversies in Monetary Economics*, 2nd edition. Cheltenham, UK and Northampton, MA, USA: Edward Elgar.

Spash, C. L. and N. Hanley. 1995. "Preferences, information and biodiversity preservation." *Ecological Economics* 12(3): 191-208.

Sraffa, P. 1960. *The Production of Commodities by Means of Commodities*. Cambridge: Cambridge University Press.

Stanley, T. D. 2004. "Does unemployment hysteresis falsify the natural rate hypothesis? A meta-regression analysis." *Journal of Economic Surveys* 18(4): 589-612.

Steedman, I. 1977. *Marx after Sraffa*. London: New Left Books.

Steindl, Josef. 1952. *Maturity and Stagnation in American Capitalism*. Oxford: Basil Blackwell.

Stiglitz, J. E. 2002. *Globalization and its Discontents*. New York: W. W. Norton. [조지프 스티글리츠. 『세계화와 그 불만』. 송철복 옮김. 세종연구원. 2002]
_____. 2003. *The Roaring Nineties*. New York: W. W. Norton.

Stockhammer, E. 2004. "Is there an equilibrium rate of unemployment in the long run?." *Review of Political Economy* 16(1): 59-78.

Storm, S. and C. W. M. Naastepad. 2013. "Wage-led or profit-led supply: wages, productivity and investment." in M. Lavoie and E. Stockhammer eds. *Wage-led Growth: An Equitable Strategy for Economic Recovery*.

Palgrave/Macmillan and International Labour Office.

Sylos Labini, P. 1971. "The theory of prices in oligopoly and the theory of growth." in P. Sylos Labini. *The Forces of Economic Growth and Decline*. Cambridge, MA: MIT Press, pp. 123-145.

Taleb, N. N. 2007. *The Black Swan: The Impact of the Highly Improbable*. New York: Random House. [나심 니콜라스 탈레브. 『블랙 스완에 대비하라』. 김현구 옮김. 동녘사이언스. 2011]

Taylor, J. B. 2004. *Principles of Macroeconomics*, 4th edition. New York: Houghton Mifflin.

Taylor, L. 1991. *Income Distribution, Inflation, and Growth: Lectures on Structuralist Macroeconomic Theory*. Cambridge, MA: MIT Press.

_____. 2004. *Reconstructing Macroeconomics: Structuralist Proposals and Critiques of the Mainstream*. Cambridge, MA: Harvard University Press.

Tobin, J. 1979. *Asset Accumulation and Economic Activity*. New Haven, CT: Yale University Press.

_____. 1982. "Money and finance in the macroeconomic process." *Journal of Money, Credit, and Banking* 14(2): 171-204.

Van Ees, H. and H. Garretsen. 1993. "On the contribution of New Keynesian economics." *De Economist* 141(3): 323-352.

Ventelou, B. 2001. *Au-delà de la rareté: la croissance économique comme construction sociale*. Paris: Albin Michel.

Vickrey, W. 1997. "A trans-Keynesian manifesto." *Journal of Post Keynesian Economics* 19(4): 495-510.

Walters, B. and D. Young. 1999. "On the coherence of post-Keynesian economics." *Scottish Journal of Political Economy* 44(3): 329-349.

Wolfson, M. H. 1996. "A post Keynesian theory of credit rationing." *Journal of Post Keynesian Economics* 18(3): 443-470.

_____. 2003. "Credit rationing." in J. King ed. *The Elgar Companion to Post Keynesian Economics*. Cheltenham, UK and Northampton, MA, USA: Edward Elgar, pp. 77-82.

Wood, A. 1975. *A Theory of Profits*. Cambridge: Cambridge University Press.

Wray, L. R. 1990. *Money and Credit in Capitalist Economies: the Endogenous Money Approach*. Aldershot, UK and Brookfield, USA: Edward Elgar.

후주 참고문헌

박만섭 엮음. 2012. 『경제학, 더 넓은 지평을 향하여』(개정판). 이슈투데이.

박만섭. 2014. "케인스 '일반이론'의 일반화: 조앤 로빈슨". 김진방 외. 『경제의 교양을 읽는다: 현대편』. 더난출판.

사이몬, 허버트 A. 1987. 『인공과학』. 이종범 옮김. 삼영사.

서환주. 2012. "조절이론: 경제의 위기와 경제학의 위기". 박만섭 엮음. 『경제학, 더 넓은 지평을 향하여』(개정판). 이슈투데이, 제12장.

이상헌. 2014. "소득 주도성장: 이론적 가능성과 정책적 함의". 『사회경제평론』 43호, 67-99쪽.

장하준. 2012. "제도경제학: 사람은 시장만으로 살 수 없다". 박만섭 엮음. 『경제학, 더 넓은 지평을 향하여』(개정판). 이슈투데이, 제1장.

홍장표. 2014. "소득 주도성장 전략의 정책과제". 2014년도 여름 정기학술대회. 한국사회경제학회.

David, Paul. 1985. "Clio and the Economics of QWERTY." *American Economic Review* 75(2): 332-337.

Davidson, Paul. 2009. "Can future systemic financial risks be quantified? Ergodic vs nonergodic stochastic processes." *Brazilian Journal of Political Economy* 29(4): 324-340.

de Melo Modenesi, Andre et al. 2013. "Convention, interest rates and monetary policy: a post-Keynesian-French-conventions- school approach." *European Journal of Economics and Economic Policies* 10(1).

Friedman, M. 1953. "The Methodology of Positive Economics." *Essays in Positive Economics.* University of Chicago Press, pp. 3-43.

Godley, W. 1996. "Money, finance and national income determination: An integrated approach." Working Paper No.167. Jerome Levy Economics Institute of Bard College.

Godley, Wynne and Marc Lavoie. 2007. *Monetary Economics: An Integrated Approach to Credit, Money, Income, Production and Wealth.* Palgrave, pp.141-146

Harcourt, G. C. 1972. *Some Cambridge Controversies in the Theory of Capital.*

Cambridge University Press.

Latsis, John. 2006. "Convention and intersubjectivity: new developments in French economics." *Journal for the Theory of Social Behaviour* 36(3).

Lavoie, M. and E. Stockhammer. 2013. *Wage-led Growth: An Equitable Strategy for Economic Recovery*. Palgrave.

Lavoie, Marc. 1995. "The Kaleckian model of growth and distribution and its neo-Ricardian and neo-Marxian Critiques." *Cambridge Journal of Economics* 19(6): 789-818.

_____. 2014. *Post-Keynesian Economics: New Foundations*. Edward Elgar.

Mann, Stefan. 2011. *Sectors Matter!: Exploring Mesoeconomics*. Springer.

Quiggin, John. 2010. *Zombie Economics*. Princeton University Press, chapter 1. [존 퀴긴. 『경제학의 5가지 유령들: 우리 사회를 갉아먹은 경제 이론의 진실』. 정수지 옮김. 21세기북스. 2012].

Tcherneva, Pavlina and Randall Wray. 2005. "Employer of Last Resort Program: A case study of Argentina's Jefes de Hogar program." Working Paper No. 41.

Tcherneva, Pavlina. 2012. "Beyond Full Employment: The Employer of Last Resort as an Institution for Change." Working Paper No. 732. Levy Economics Institute.

Tobin, J. 1969. "A general equilibrium approach to monetary theory." *Journal of Money, Credit, and Banking* 1(1): 15-29.

Wray, Randall. 2004. "The FED and the new monetary consensus." *Public Policy Brief.* LEVY Economics Institute.

_____. 2007. "Endogenous Money: Structuralist and Horizontalist." Working Paper No. 512. Levy Institute.

Yew-Kwang Ng. 1986. *Mesoeconomics: A Micro-Macro Analysis*. St. Martin's Press.

찾아보기

부록

포스트 케인스학파 경제학 추천문헌PKSG Reading List

포스트 케인스학파 연구 그룹Post Keynesian Study Group(이하 PKSG)이 제시한 포스트 케인스학파 경제학 추천문헌 목록은 이 학파에 관심이 있는 사람들에게 입문부터 고급 수준에 이르기까지 다양한 주제에 관한 주요 문헌을 소개하고 있다. 이 추천문헌은 주로 학부생과 대학원생을 대상으로 하며, 포스트 케인스학파 경제 이론을 수업에서 가르치려는 교수들에게 제공하는 데 목적이 있다. 각 주제별로 제시되어 있는 주요 추천문헌들을 통해 포스트 케인스학파 경제학을 깊고 폭넓게 살필 수 있다. PKSG는 추천문헌에 포함하지 않은 다른 중요한 문헌을 의도적으로 배제하지 않았으며, 추가적인 주요 문헌들은 이 목록에 있는 논문과 서적의 참고문헌을 통해 참조하기를 바란다.

● 이 목록은 웨스트 잉글랜드 브리스톨 대학교University of the West of England, Bristol 강사인 야니스 다퍼모스Yannis Dafermos와 그리니치 대학교University of Greenwich 강사인 마리아 니콜라이디Maria Nikolaidi가 작성했고, PKSG 홈페이지(https://www.postkeynesian.net/)에서 내려받을 수 있다. 포스트케인스학파 추천문헌 목록을 사용할 수 있게 허락해 준 두 분께 감사의 말을 전한다.

포스트 케인스학파 경제학 입문

Arestis, P. 1996. "Post-Keynesian economics: Towards coherence." *Cambridge Journal of Economics* 20(11): 111-135.

Eichner, A. and J. Kregel. 1975. "An essay on Post-Keynesian theory: A new paradigm in economics." *Journal of Economic Literature* 13(4): 1,293-1,320.

King, J. E. 2013. "A brief introduction to Post Keynesian macroeconomics." *Wirtschaft und Gesellschaft - WuG* 39(4): 485-508.

Sawyer, M. 1996. "Post-Keynesian macroeconomics." in D. Greenaway, M. Bleaney, and I. Stewart eds. *A Guide to Modern Economics*. London and New York: Routledge, chapter 3.

소득분배 및 성장

① 입문

Hein, E. 2014. "The basic Kaleckian distribution and growth models." in E. Hein. *Distribution and Growth after Keynes*. Cheltenham, UK and Northampton, MA, USA: Edward Elgar, chapter 6.

Lavoie, M. and E. Stockhammer. 2014. "Wage-led growth: Concepts, theories and policies." in M. Lavoie and E. Stockhammer eds. *Wage-led Growth: An Equitable Strategy for Economic Recovery*. London and New York: Palgrave Macmillan, chapter 1.

Stockhammer, E. and Ö. Onaran. 2012. "Rethinking wage policy in the face of the Euro crisis: Implications of the wage-led demand regime." *International Review of Applied Economics* 26(2): 191-203.

② 고급(이론 분석)

Bhaduri, A. and S. Marglin. 1990. "Unemployment and the real wage: the economic basis for contesting political ideologies." *Cambridge Journal of Economics*

14(4): 375-393.

Blecker, R. A. 2002. "Distribution, demand and growth in neo-Kaleckian macro-models." in M. Setterfield ed. *The Economics of Demand-led Growth: Challenging the Supply-side Vision of the Long-run.* Cheltenham, UK and Northampton, MA, USA: Edward Elgar, chapter 8.

Dutt, A. K. 2011. "Growth and income distribution: A post-Keynesian perspective." in E. Hein and E. Stockhammer eds. *A Modern Guide to Keynesian Macroeconomics and Economic Policies.* Cheltenham, UK and Northampton, MA, USA: Edward Elgar, chapter 3.

Hein, E. and T. van Treeck. 2010. "'Financialisation' in post-Keynesian models of distribution and growth: A systematic review." in M. Setterfield ed. *Handbook of Alternative Theories of Economic Growth.* Cheltenham, UK and Northampton, MA, USA: Edward Elgar, chapter 13.

③ 고급(실증 분석)

Hein, E. and L. Vogel. 2008. "Distribution and growth reconsidered: empirical results for six OECD countries." *Cambridge Journal of Economics* 32(3): 479-511.

Naastepad, C. W. M. and S. Storm. 2007. "OECD demand regimes (1960-2000)." *Journal of Post Keynesian Economics* 29(2): 211-246.

Onaran, Ö. and G. Galanis. 2014. "Income distribution and aggregate demand: National and global effects." *Environment and Planning A* 46(2): 373-397.

Onaran, Ö, E. Stockhammer, and L. Grafl. 2011. "The finance-dominated growth regime, distribution, and aggregate demand in the US." *Cambridge Journal of Economics* 35(4): 637-661.

실업

① 입문

King, J. E. 2001. "Labor and unemployment." in R. P. F. Holt and S. Pressman eds.

A New Guide to Post-Keynesian Economics. London and New York: Routledge, chapter 8.

Smith, R. and G. Zoega. 2009. "Keynes, investment, unemployment and expectations." *International Review of Applied Economics* 23(4): 427-444.

Stockhammer, E. 2011. "Wage norms, capital accumulation and unemployment: A post Keynesian view." *Oxford Review of Economic Policy* 27(2): 295-311.

② 고급

Davidson, P. 1998. "Post Keynesian employment analysis and the macroeconomics of OECD unemployment." *The Economic Journal* 108(448): 817-831.

Storm, S. and C. W. M. Naastepad. 2007. "It is high time to ditch the NAIRU." *Journal of Post Keynesian Economics* 29(4): 531-554.

Stockhammer, E. 2008. "Is the NAIRU theory a monetarist, New Keynesian, Post Keynesian or a Marxist theory?." *Metroeconomica* 59(3): 479-510.

인플레이션

① 입문

Lavoie, M. 2014. "Inflation theory." in M. Lavoie. *Post-Keynesian Economics: New Foundations.* Cheltenham, UK and Northampton, MA, USA: Edward Elgar, chapter 8.

Rowthorn, R. 1977. "Conflict, inflation and money." *Cambridge Journal of Economics* 1(3): 215-239.

Wray, L. R. 2001. "Money and inflation." in R. P. F. Holt and S. Pressman eds. *A New Guide to Post-Keynesian Economics.* London and New York: Routledge, chapter 8.

② 고급

Arestis, P. and M. Sawyer. 2005. "Aggregate demand, conflict and capacity in the inflationary process." *Cambridge Journal of Economics* 29(6): 959-974.

Setterfield, M. 2007. "The rise, decline and rise of incomes policies in the US during the post-war era: An institutional-analytical explanation of inflation and the functional distribution of income." *Journal of Institutional Economics* 3(2): 127-146.

Taylor, L. 2004. "Prices and distribution." in L. Taylor. *Reconstructing Macroeconomics. Structuralist Proposals and Critiques of the Mainstream.* Cambridge, Massachusetts and London: Harvard University Press, chapter 2.

화폐경제학(내생 화폐 포함)

① 입문

Arestis, P. and M. Sawyer. 2006. "The nature and the role of monetary policy when money is endogenous." *Cambridge Journal of Economics* 30(6): 847-860.

Davidson, P. 2006. "Keynes and money." in P. Arestis and M. Sawyer eds. *A Handbook of Alternative Monetary Economics.* Cheltenham, UK and Northampton, MA, USA: Edward Elgar, chapter 9.

Fontana, G. 2004. "Rethinking endogenous money: A constructive interpretation of the debate between horizontalists and structuralists." *Metroeconomica* 55(4): 367-385.

Wray, L. R. and E. Tymoigne. 2009. "Macroeconomics meets Hyman P. Minsky: The financial theory of investment." in G. Fontana and M. Setterfield eds. *Macroeconomic Theory and Macroeconomic Pedagogy.* London and New York: Palgrave Macmillan, chapter 12.

② 고급

Fullwiller, S. T. 2013. "An endogenous money perspective on the post-crisis monetary policy debate." *Review of Keynesian Economics* 1(2): 171-194.

Howells, P. 2006. "The endogeneity of money: Empirical evidence." in P. Arestis and M. Sawyer eds. *A Handbook of Alternative Monetary Economics.*

Cheltenham, UK and Northampton, MA, USA: Edward Elgar, chapter 4.

Lavoie, M. 2014. "Credit, money and central banks." in M. Lavoie. *Post-Keynesian Economics: New Foundations*. Cheltenham, UK and Northampton, MA, USA: Edward Elgar, chapter 4.

Rochon, L.-P. and M. Setterfield. 2007. "Interest rates, income distribution, and monetary policy dominance: Post Keynesians and the 'fair rate' of interest." *Journal of Post Keynesian Economics* 30(1): 13-42.

국제경제학

① 입문

Blecker, R. A. 2012. "International economics." in J. E. King ed. *The Elgar Companion to Post Keynesian Economics*. Cheltenham, UK and Northampton, MA, USA: Edward Elgar.

McCombie, J. S. L. and A. P. Thirlwall. 1999. "Growth in an international context: A Post-Keynesian view." in J. Deprez and J. T. Harvey eds. *Foundations of International Economics: Post Keynesian Perspectives*. London and New York: Routledge, chapter 3.

Thirlwall, A. P. 2002. "Balance of payments constrained growth: Theory and evidence." in A. P. Thirlwall. *The Nature of Economic Growth: An Alternative Framework for Understanding the Performance of Nations*. Cheltenham, UK and Northampton, MA, USA: Edward Elgar, chapter 5.

② 고급

Blecker, R. A. 2011. "Open economy models of distribution and growth." in E. Hein and E. Stockhammer eds. *A Modern Guide to Keynesian Macroeconomics and Economic Policies*. Cheltenham, UK and Northampton, MA, USA: Edward Elgar, chapter 9.

Lavoie, M. 2014. "Open-economy macroeconomics." in M. Lavoie. *Post-Keynesian Economics: New Foundations*. Cheltenham, UK and Northampton, MA, USA:

Edward Elgar, chapter 7.

Perraton, J. 2003. "Balance of payments constrained growth and developing
    countries: an examination of Thirlwall's hypothesis." *International Review
    of Applied Economics* 17(1): 1-22.

미시경제학

① 입문

Dunn, S. P. 2002. "A Post Keynesian approach to the theory of the firm." in S. C.
    Dow and J. Hillard eds. *Post Keynesian Econometrics, Microeconometrics
    and the Theory of the Firm: Beyond Keynes*, Volume 1. Cheltenham, UK and
    Northampton, MA, USA: Edward Elgar, chapter 5.

Lavoie, M. 2001. "Pricing." in R. P. F. Holt and S. Pressman eds. *A New Guide to
    Post-Keynesian Economics*. London and New York: Routledge, chapter 3.

Lavoie, M. 2006. "Heterodox microeconomics." in M. Lavoie. *Introduction to
    Post-Keynesian Economics*. London and New York: Palgrave Macmillan,
    chapter 2.

② 고급

Harcourt, G. C. 2006. "Post-Keynesian theories of the determination of the
    mark-up." in G. C. Harcourt. *The Structure of Post-Keynesian Economics:
    The Core Contributions of the Pioneers*. Cambridge: Cambridge University
    Press, chapter 2.

King, J. E. 2015. "Post-Keynesian microeconomics." in J. E. King. *Advanced
    Introduction to Post Keynesian Economics*. Cheltenham, UK and
    Northampton, MA, USA: Edward Elgar.

Lavoie, M. 2014. "Theory of the choice." in M. Lavoie. *Post-Keynesian Economics:
    New Foundations*. Cheltenham, UK and Northampton, MA, USA: Edward
    Elgar, chapter 2.

Lee, F. S. 1999. "The pricing model, the grounded pricing foundation, and Post

Keynesian price theory." in F. S. Lee. *Post Keynesian Price Theory*.
Cambridge: Cambridge University Press, chapter 12.

경제정책

① 입문

Arestis, P. and M. Sawyer. 1998. "Keynesian economic policies for the new
　　millenium." *The Economic Journal* 108(446): 181-195.
Arestis, P, C. McCauley, and M. Sawyer. 2001. "An alternative stability pact for the
　　European Union." *Cambridge Journal of Economics* 25(1): 113-130.
Tymoigne, R. 2008. "Minsky and economic policy: 'Keynesianism' all over again?."
　　Working Paper 547. The Levy Economics Institute of Bard College.

② 고급

Asensio, A. and M. Hayes. 2009. "The Post Keynesian alternative to inflation
　　targeting." *European Journal of Economics and Economic Policies:
　　Intervention* 6(1): 65-79.
Davidson, P. 2009. "Reforming the world's money." in P. Davidson. *The Keynes
　　Solution: The Path to Global Economic Prosperity*. London and New York:
　　Palgrave Macmillan, chapter 8.
Kalecki, M. 1943. "Political aspects of full employment." *The Political Quarterly*
　　14(4): 322-330.

금융위기

① 입문

Crotty, J. 2009. "Structural causes of the global financial crisis: A critical
　　assessment of the 'new financial architecture'." *Cambridge Journal of*

Economics 33(4): 563-580.

Minsky, H. P. 1978. "The financial instability hypothesis: A restatement." Hyman P. Minsky Archive. Paper 180.

Palley, T. 2009. "The limits of Minsky's financial instability hypothesis as an explanation of the crisis." Working Paper 11/2009. IMK.

Stockhammer, E. 2015. "Rising inequality as a cause of the present crisis." *Cambridge Journal of Economics* 39(3): 935-958.

② 고급

Dymski, G. 2010. "Why the subprime crisis is different: A Minskyian approach." *Cambridge Journal of Economics* 34(2): 239-255.

Keen, S. 2015. "Post-Keynesian theories of crisis." *American Journal of Economics and Sociology* 74(2): 298-324.

Kregel, J. 2009. "The natural instability of financial markets." Working Paper 04/2009. The IDEAS Working Paper Series.

Minsky, H. P. 1992. "The financial instability hypothesis." Working Paper 74. The Levy Economics Institute.

금융화 Financialisation

① 입문

Epstein, G. A. and A. Jayadev. 2005. "The rise of rentier incomes in OECD countries: Financialization, central bank policy and labor solidarity." in G. A. Eptein ed. *Financialization and the Word Economy*. Cheltenham, UK and Northampton, MA, USA: Edward Elgar.

Palley, T. I. 2007. "Financialization: What it is and why it matters." Working paper 525. The Levy economics Institute of Bard College.

Stockhammer, E. 2013. "Financialization and the global economy." in G. Epstein and M. Wolfson eds. *The Handbook of the Political Economy of Financial Crises*. New York: Oxford University Press, chapter 25.

② 고급

Boyer, R. 2000. "Is a finance-led growth regime a viable alternative to Fordism? A preliminary analysis." *Economy and Society* 29(1): 111-145.

Dallery, T. 2009. "Post-Keynesian theories of the firm under financialization." *Review of Radical Political Economics* 41(4): 492-515.

Stockhammer, E. 2004. "Financialization and the slowdown of accumulation." *Cambridge Journal of Economics* 28(5): 719-741.

포스트 케인스학파 경제학의 방법론

① 입문

Chick, V. 1995. "Is there a case for Post Keynesian economics?." *Scottish Journal of Political Economy* 42(1): 20-36.

Davidson, P. 2005. "The Post Keynesian school." in B. Snowdon and H. R. Vane eds. *Modern Macroeconomics: Its Origins, Development and Current State.* Cheltenham, UK and Northampton, MA, USA: Edward Elgar, chapter 8.

Dow, S. C. 2013. "Methodology and Post-Keynesian economics." in G. C. Harcourt and P. Kriesler eds. *The Oxford Handbook of Post-Keynesian Economics, Volume 2: Critiques and Methodology.* New York: Oxford University Press, chapter 3.

② 고급

Chick, V. 2013. "The future is open: On open-system theorising in economics." in J. Jespersen and M. O. Madsen eds. *Teaching Post Keynesian Economics.* Cheltenham, UK and Northampton, MA, USA: Edward Elgar, chapter 3.

Davidson, P. 1991. "Is probability theory relevant for uncertainty?." *Journal of Economic Perspectives* 5(1): 129-143.

Kregel, J. 1976. "Economic methodology in the face of uncertainty: The modelling methods of Keynes and the Post-Keynesians." *Economic Journal* 86(342):

209-225.

Lavoie, M. 2011. "History and methods of Post-Keynesian economics." in E. Hein and E. Stockhammer eds. *A Modern Guide to Keynesian Macroeconomics and Economic Policies.* Cheltenham, UK and Northampton, MA, USA: Edward Elgar, chapter 1.

스톡-플로 일관 모형Stock-flow consistent modelling

Caverzasi, E. and A. Godin. 2015. "Post-Keynesian stock-flow-consistent modelling: a survey." *Cambridge Journal of Economics* 39(1): 157-187.

Godley, W. and M. Lavoie. 2005-6. "Comprehensive accounting in simple open economy macroeconomics with endogenous sterilization or flexible exchange rates." *Journal of Post Keynesian Economics* 28(2): 241-276.

Lavoie, M. and W. Godley. 2001-2. "Kaleckian models of growth in a coherent stock-flow monetary framework: A Kaldorian view." *Journal of Post Keynesian Economics* 24(2): 277-311.

Le Heron, E. and T. Mouakil. 2008. "A Post-Keynesian stock-flow consistent model for dynamic analysis of monetary policy shock on banking behaviour." *Metroeconomica* 59(3): 405-440.

주류 경제학 접근법에 대한 비판

Arestis, P. 2009. "New consensus macroeconomics: A critical appraisal." WP05-09, Cambridge Centre for Economic and Public Policy, Department of Land Economy, University of Cambridge.

Hayes, M. 2009. "Efficient markets hypothesis." in J. E. King ed. *The Elgar Companion to Post Keynesian Economics.* Cheltenham, UK and Northampton, MA, USA: Edward Elgar.

Felipe, J. and J. McCombie. 2010. "On accounting identities, simulation experiments and aggregate production functions: a cautionary tale for (neoclassical) growth theorists." in M. Setterfield ed. *Handbook of*

Alternative Theories of Economic Growth. Cheltenham, UK and
Northampton, MA, USA: Edward Elgar, chapter 9.

Kriesler, P. and M. Lavoie. 2007. "The new consensus on monetary policy and its
post-Keynesian critique." *Review of Political Economy* 19(3): 387-404.

케임브리지 자본 논쟁

Cohen, A. J. and G. C. Harcourt. 2003. "Retrospectives: Whatever happened to
Cambridge capital controversies?." *Journal of Economic Perspectives* 17(1):
199-214.

Harcourt, G. C. 1969. "Some Cambridge controversies in the theory of capital."
Journal of Economic Literature 7(2): 369-405.

King, J. 2002. "Those Cambridge controversies." in J. E. King. *A History of
Post-Keynesian Economics since 1936.* Cheltenham, UK and Northampton,
MA, USA: Edward Elgar, chapter 4.

포스트 케인스학파와 다른 경제학파

Chick, V. and G. Tily. 2014. "Whatever happened to Keynes's monetary theory?."
Cambridge Journal of Economics 38(3): 681-699.

King, J. E. 2012. "Post Keynesian and others." *Review of Political Economy* 24(2):
305-319.

Lavoie, M. 2014. "Essentials of heterodox and post-Keynesian economics." in M.
Lavoie. *Post-Keynesian Economics: New Foundations.* Cheltenham, UK and
Northampton, MA, USA: Edward Elgar, chapter 1.

포스트 케인스학파와 발전경제학

Cozzi, G. and J. Toporowski. 2006. "The balance sheet approach to financial crises
in emerging markets." Working Paper 485. The Levy Economics Institute of

Bard College.

Dutt, A. K. 2002. "Thirlwall's law and uneven development." *Journal of Post Keynesian Economics* 24(3): 367-390.

Taylor, L. 1994. "Gap models." *Journal of Development Economics* 45: 17-34.

Vernengo, M. 2006. "Technology, finance, and dependency: Latin American radical political economy in retrospect." *Review of Radical Political Economics* 38(4): 551-568.

포스트 케인스학파와 생태경제학Ecological economics

Fontana, G. and M. Sawyer. 2016. "Towards post-Keynesian ecological macroeconomics." *Ecological Economics* 121: 186-195.

Kronenberg, T. 2010. "Finding common ground between ecological economics and post-Keynesian economics." *Ecological Economics* 69(7): 1,488-1,494.

Mearman, A. 2009. "Recent developments in Post Keynesian methodology and their relevance for understanding environmental issues." in R. P. F. Holt, S. Pressman, and C. L. Spash eds. *Post Keynesian and Ecological Economics: Confronting Environmental Issue*. Cheltenham, UK and Northampton, MA, USA: Edward Elgar, chapter 2.

포스트 케인스학파와 젠더경제학Gender economics

Braunstein, E., I. van Staveren, and D. Tavani. 2011. "Embedding care and unpaid work in macroeconomic modeling: A structuralist approach." *Feminist Economics* 17(4): 5-31.

Todorova, Z. 2009. "Towards a gendered Post Keynesian-institutional analysis." *Money and Households in a Capitalist Economy: A Gendered Post Keynesian-Institutional Analysis*. Cheltenham, UK and Northampton, MA, USA: Edward Elgar, chapter 4.

van Staveren, I. 2010. "Post-Keynesianism Meets Feminist Economics." *Cambridge Journal of Economics* 34(6): 1,123-1,144.

Darity, Jr., W. 2002. "Racial/Ethnic Disparity and Economic Development." in P. Davidson ed. *A Post Keynesian Perspective on Twenty-First Century Economic Problems*. Cheltenham, UK and Northampton, MA, USA: Edward Elgar, chapter 7.

Dymski, G. 2005. "Financial globalization, social exclusion, and financial crisis." *International Review of Applied Economics* 19(4): 439-457.

Dymski, G. and C. B. Aldana. 2007. "The racial U-curve in U.S. residential credit markets in the 1990s: Empirical evidence from a Post Keynesian world." in R. Holt and S. Pressman eds. *Empirical Post Keynesian Economics: Looking at the Real World*. London and New York: Routledge, chapter 4.

고전 문헌

Kalecki, M. 1968. *Theory of Economic Dynamics: An Essay on Cyclical and Long-Run Changes in Capitalist Economy*. New York: Monthly Review Press.

Keynes, J. 1978. *The General Theory of Employment, Interest and Money. The collected writings of John Maynard Keynes volume VII*. Cambridge: Cambridge University Press.

Minsky, H. P. 1986. *Stabilizing an Unstable Economy*. New Haven and London: Yale University Press.

Robinson, J. 1956. *The Accumulation of Capital*. London and New York: Palgrave Macmillan.

안내서

① 입문

Harcourt, G. C. and P. Kriesler. 2013. *The Oxford Handbook of Post-Keynesian Economics, Volume 1: Theory and Origins*. New York: Oxford University

Press.

Harcourt, G. C. and P. Kriesler. 2013. *The Oxford Handbook of Post-Keynesian Economics, Volume 2: Critiques and Methodology.* New York: Oxford University Press.

King, J. E. 2012. *The Elgar Companion to Post Keynesian Economics.* Cheltenham, UK and Northampton, MA, USA: Edward Elgar.

② 고급

Arestis, P. and M. Sawyer. 2006. *A Handbook of Alternative Monetary Economics.* Cheltenham, UK and Northampton, MA, USA: Edward Elgar.

Backhouse, R. E. and B. W. Bateman. 2006. *The Cambridge Companion to Keynes.* London and New York: Palgrave Macmillan.

Epstein, G. and M. Wolfson. 2013. *The Handbook of the Political Economy of Financial Crises.* New York: Oxford University Press.

Setterfield, M. 2010. *Handbook of Alternative Theories of Economic Growth.* Cheltenham, UK and Northampton, MA, USA: Edward Elgar.

Papadimitriou, D. and L. R. Wray. 2010. *The Elgar Companion to Hyman Minsky.* UK and Northampton, MA, USA: Edward Elgar.

기타 문헌

① 입문

Davidson, P. 2009. *The Keynes Solution: The Path to Global Economic Prosperity.* Basingstoke: Palgrave Macmillan.

Dow, S. C. 1985. *Macroeconomic Thought: A Methodological Approach.* Oxford: Basil Blackwell.

Fontana, G. and M. Setterfield. 2009. *Macroeconomic Theory and Macroeconomic Pedagogy.* London and New York: Palgrave Macmillan.

Holt, R. P. F. and S. Pressman. 2001. *A New Guide to Post-Keynesian Economics.* London and New York: Routledge.

King, J. E. 2002. *A History of Post-Keynesian Economics since 1936*. Cheltenham, UK and Northampton, MA, USA: Edward Elgar.

Lavoie, M. 2006. *An Introduction to Post-Keynesian Economics*. London and New York: Palgrave Macmillan.

Sheehan, B. 2009. *Understanding Keynes' General Theory*. London and New York: Palgrave Macmillan.

Thirlwall, A. P. 2002. *The Nature of Economic Growth: An Alternative Framework for Understanding the Performance of Nations*. Cheltenham, UK and Northampton, MA, USA: Edward Elgar.

② 고급

Arestis, P. and M. C. Sawyer. 2010. *21st Century Keynesian Economics*. Basingstoke and New York: Palgrave Macmillan.

Cardim de Carvalho, F. J. 1992. *Mr. Keynes and the Post Keynesians: Principles of Macroeconomics for a Monetary Production Economy*. Cheltenham, UK and Northampton, MA, USA: Edward Elgar.

Chick, V. 1983. *Macroeconomics after Keynes: A Reconsideration of the General Theory*. Cambridge, MA: The MIT Press.

Davidson, P. 2002. *Financial Markets, Money and the Real World*. Cheltenham, UK and Northampton, MA, USA: Edward Elgar.

Dow, S. C. 1996. *The Methodology of Macroeconomic Thought: A Conceptual Analysis of Schools of Thought in Economics*. Cheltenham, UK and Northampton, MA, USA: Edward Elgar.

Dutt, A. K. 1990. *Growth, Distribution, and Uneven Development*. Cambridge: Cambridge University Press.

Dymski, G. and R. Pollin. 1994. *New Directions in Monetary Macroeconomics: Essays in the Tradition of Hyman P. Minsky*. University of Michigan Press.

Eatwell, J. and M. Milgate. 2011. *The Fall and Rise of Keynesian Economics*. New York: Oxford University Press.

Fazzari, S. M. and D. Papadimitriou. 1992. *Financial Conditions and Macroeconomic Performance*. New York and London: ME Sharpe.

Galbraith, J. K. 2012. *Inequality and Instability: A Study of the World Economy Just Before the Great Crisis*. New York: Oxford University Press.

Harcourt, G. C. 2006. *The Structure of Post-Keynesian Economics: The Core Contributions of the Pioneers*. Cambridge: Cambridge University Press.

Harris, D. J. 1978. *Capital Accumulation and Income Distribution*. Stanford University Press.

Hein, E. 2011. *Distribution and Growth after Keynes*. Cheltenham, UK and Northampton, MA, USA: Edward Elgar.

Hein, E. and E. Stockhammer. 2011. *A Modern Guide to Keynesian Macroeconomics and Economic Policies*. Cheltenham, UK and Northampton, MA, USA: Edward Elgar.

Kaldor, N. 1982. *The Scourge of Monetarism*. New York: Oxford University Press.

King, J. E. 2015. *Advanced Introduction to Post Keynesian Economics*. Cheltenham, UK and Northampton, MA, USA: Edward Elgar.

Lavoie, M. 2014. *Post-Keynesian Economics: New Foundations*. Cheltenham, UK and Northampton, MA, USA: Edward Elgar.

Marglin, S. 1984. *Growth, Distribution, and Prices*. Cambridge, Massachusetts and London: Harvard University Press.

Minsky, H. P. 1975. *John Maynard Keynes*. New York–London: McGraw-Hill.

Moore, B. J. 1988. *Horizontalists and verticalists: The macroeconomics of credit money*. Cambridge: Cambridge University Press.

Pasinetti, L. L. 2007. *Keynes and the Cambridge Keynesians: A 'Revolution in Economics' to be Accomplished*. Cambridge, Massachusetts and London: Harvard University Press.

Taylor, L. 2004. *Reconstructing Macroeconomics. Structuralist Proposals and Critiques of the Mainstream*. Cambridge, Massachusetts and London: Harvard University Press.

_____. 2010. *Maynard's Revenge: The Collapse of Free Market Macroeconomics*. Cambridge, Massachusetts and London: Harvard University Press.

후마니타스의 책 | 발간순

금융세계화와 한국 경제의 진로 | 조영철 지음

도시의 창, 고급호텔 | 발레리 줄레조 외 지음, 양지은 옮김

정치적인 것의 귀환 | 샹탈 무폐 지음, 이보경 옮김

정치와 비전 1 | 셸던 월린 지음, 강정인·공진성·이지윤 옮김

정치와 비전 2 | 셸던 월린 지음, 강정인·이지윤 옮김

정치와 비전 3 | 셸던 월린 지음, 강정인·김용찬·박동천·이지윤·장동진·홍태영 옮김

사회 국가, 한국 사회 재설계도 | 진보정치연구소 지음

법률사무소 김앤장 | 임종인·장화식 지음

여성·노동·가족 | 루이스 틸리·조앤 스콧 지음, 김영·박기남·장경선 옮김

민주 노조 운동 20년 | 조돈문·이수봉 지음

소수자와 한국 사회 | 박경태 지음

평등해야 건강하다 | 리처드 윌킨슨 지음, 김홍수영 옮김

재벌개혁의 현실과 대안 찾기 | 송원근 지음

민주화 20년, 지식인의 죽음 | 경향신문 특별취재팀 지음

한국의 노동체제와 사회적 합의 | 노중기 지음

한국 사회, 삼성을 묻는다 | 조돈문·이병천·송원근 엮음

국민국가의 정치학 | 홍태영 지음

아시아로 간 삼성 | 장대업 엮음, 강은지·손민정·문연진 옮김

우리의 소박한 꿈을 응원해 줘 | 권성현·김순천·진재연 엮음

국제관계학 비판 | 구갑우 지음

부동산 계급사회 | 손낙구 지음

부동산 신화는 없다 | 전강수·남기업·이태경·김수현 지음, 토지+자유연구소 기획

양극화 시대의 한국경제 | 유태환·박종현·김성희·이상호 지음

절반의 인민주권 | E. E. 샤츠슈나이더 지음, 현재호·박수형 옮김

민주주의와 법의 지배 | 아담 쉐보르스키·호세 마리아 마리발 외 지음, 안규남·송호창 외 옮김

박정희 정부의 선택 | 기미야 다다시 지음

의자를 뒤로 빼지마 | 손낙구 지음, 신한카드 노동조합 기획

와이키키 브라더스를 위하여 | 이대근 지음

존 메이너드 케인스 | 로버트 스키델스키 지음, 고세훈 옮김

시장체제 | 찰스 린드블롬 지음, 한상석 옮김

권력의 병리학 | 폴 파머 지음, 김주연·리병도 옮김

팔레스타인 현대사 | 일란 파폐 지음, 유강은 옮김

자본주의 이해하기 | 새뮤얼 보울스·리처드 에드워즈·프랭크 루스벨트 지음,
        최정규·최민식·이강국 옮김

한국정치의 이념과 사상 | 강정인·김수자·문지영·정승현·하상복 지음

위기의 부동산 | 이정전·김윤상·이정우 외 지음

산업과 도시 | 조형제 지음

암흑의 대륙 | 마크 마조워 지음, 김준형 옮김

부러진 화살(개정판) ┃ 서형 지음

냉전의 추억 ┃ 김연철 지음

현대 일본의 생활보장체계 ┃ 오사와 마리 지음, 김영 옮김

복지한국, 미래는 있는가(개정판) ┃ 고세훈 지음

분노한 대중의 사회 ┃ 김헌태 지음

워킹 푸어, 빈곤의 경계에서 말하다 ┃ 데이비드 K. 쉬플러 지음, 나일등 옮김

거부권 행사자 ┃ 조지 체벨리스트 지음, 문우진 옮김

초국적 기업에 의한 법의 지배 ┃ 수전 K. 셀 지음, 남희섭 옮김

한국 진보정당 운동사 ┃ 조현연 지음

근대성의 역설 ┃ 헨리 임·곽준혁 엮음

브라질에서 진보의 길을 묻는다 ┃ 조돈문 지음

동원된 근대화 ┃ 조희연 지음

의료 사유화의 불편한 진실 ┃ 김명희·김철웅·박형근·윤태로·임준·정백근·정혜주 지음

대한민국 정치사회 지도(수도권편) ┃ 손낙구 지음

대한민국 정치사회 지도(집약본) ┃ 손낙구 지음

인권을 생각하는 개발 지침서 ┃ 보르 안드레아센·스티븐 마크스 지음, 양영미·김신 옮김

불평등의 경제학 ┃ 이정우 지음

왜 그리스인가? ┃ 자클린 드 로미이 지음, 이명훈 옮김

민주주의의 모델들 ┃ 데이비드 헬드 지음, 박찬표 옮김

노동조합 민주주의 ┃ 조효래 지음

유럽 민주화의 이념과 역사 ┃ 강정인·오향미·이화용·홍태영 지음

우리, 유럽의 시민들? ┃ 에티엔 발리바르 지음, 진태원 옮김

지금, 여기의 인문학 ┃ 신승환 지음

비판적 실재론 ┃ 앤드류 콜리어 지음, 이기홍·최대용 옮김

누가 금융 세계화를 만들었나 ┃ 에릭 헬라이너 지음, 정재환 옮김

정치적 평등에 관하여 ┃ 로버트 달 지음, 김순영 옮김

한낮의 어둠 ┃ 아서 쾨슬러 지음, 문광훈 옮김

모두스 비벤디 ┃ 지그문트 바우만 지음, 한상석 옮김

진보와 보수의 12가지 이념 ┃ 폴 슈메이커 지음, 조효제 옮김

한국의 48년 체제 ┃ 박찬표 지음

너는 나다 ┃ 손아람·이창현·유희·조성주·임승수·하종강 지음

(레디앙, 삶이보이는창, 철수와영희, 후마니타스 공동 출판)

정치가 우선한다 ┃ 셰리 버먼 지음, 김유진 옮김

대출 권하는 사회 ┃ 김순영 지음

인간의 꿈 ┃ 김순천 지음

복지국가 스웨덴 ┃ 신필균 지음

대학 주식회사 ┃ 제니퍼 워시번 지음, 김주연 옮김

국민과 서사 ┃ 호미 바바 편저, 류승구 옮김

어떤 민주주의인가(개정판) | 최장집·박찬표·박상훈 지음

베네수엘라의 실험 | 조돈문 지음

거리로 나온 넷우익 | 야스다 고이치 지음, 김현욱 옮김

건강할 권리 | 김창엽 지음

복지 자본주의 정치경제의 형성과 재편 | 안재흥 지음

복지 한국 만들기 | 최태욱 엮음

넘나듦(通涉)의 정치사상 | 강정인 지음

막스 베버, 소명으로서의 정치 | 막스 베버 지음, 최장집 엮음, 박상훈 옮김

한국 고용체제론 | 정이환 지음

이것을 민주주의라고 말할 수 있을까? | 셸던 월린 지음, 우석영 옮김

경제 이론으로 본 민주주의 | 앤서니 다운스 지음, 박상훈·이기훈·김은덕 옮김

철도의 눈물 | 박흥수 지음

의료 접근성 | 로라 J. 프로스트·마이클 R. 라이히 지음, 서울대학교이종욱글로벌의학센터 옮김

광신 | 알베르토 토스카노 지음, 문강형준 옮김

뚱뚱해서 죄송합니까? | 한국여성민우회 지음

배 만들기, 나라 만들기 | 남화숙 지음, 남관숙·남화숙 옮김

저주받으리라, 너희 법률가들이여! | 프레드 로델 지음, 이승훈 옮김

케인스 혁명 다시 읽기 | 하이먼 민스키 지음, 신희영 옮김

기업가의 방문 | 노영수 지음

니콜로 마키아벨리, 군주론 | 니콜로 마키아벨리 지음, 박상훈 옮김

그의 슬픔과 기쁨 | 정혜윤 지음

신자유주의와 권력 | 사토 요시유키 지음, 김상운 옮김

코끼리 쉽게 옮기기 | 김영순 지음

사람들은 어떻게 광장에 모이는 것일까? | 마이클 S. 최 지음, 허석재 옮김

감시사회로의 유혹 | 데이비드 라이언 지음, 이광조 옮김

신자유주의의 위기 | 제라르 뒤메닐·도미니크 레비 지음, 김덕민 옮김

젠더와 발전의 정치경제 | 시린 M. 라이 지음, 이진옥 옮김

나는 라말라를 보았다 | 무리드 바르구티 지음, 구정은 옮김

가면권력 | 한성훈 지음

반성된 미래 | 참여연대 기획, 김균 엮음

선택이라는 이데올로기 | 레나타 살레츨 지음, 박광호 옮김

세계화 시대의 역행? 자유주의에서 사회협약의 정치로 | 권형기 지음

위기의 삼성과 한국 사회의 선택 | 조돈문·이병천·송원근·이창곤 엮음

말라리아의 씨앗 | 로버트 데소비츠 지음, 정준호 옮김

허위 자백과 오판 | 리처드 A. 레오 지음, 조용환 옮김

민주 정부 10년, 무엇을 남겼나 | 참여사회연구소 기획, 이병천·신진욱 엮음

민주주의의 수수께끼 | 존 던 지음, 강철웅·문지영 옮김

왜 사회에는 이견이 필요한가(개정판) | 카스 R. 선스타인 지음, 박지우·송호창 옮김